Autor: Des Hannigan
»Wohin zum...«: Josephine Quintero
Aktualisierung: Josephine Quintero
unter Leitung von Bookwork Creative Associates

Übersetzung: Jutta Ressel M.A., München

© MAIRDUMONT GmbH & Co. KG, Ostfildern, **2. Auflage 2008**

Unsere Autoren haben nach bestem Wissen recherchiert.
Trotzdem schleichen sich manchmal Fehler ein,
für die der Verlag keine Haftung übernehmen kann.
Hinweise, Verbesserungsvorschläge und Korrekturen
sind jederzeit willkommen. Einsendungen an:
E-Mail: spirallo@nationalgeographic.de oder
NATIONAL GEOGRAPHIC SPIRALLO-Reiseführer
MAIRDUMONT GmbH & Co. KG,
Postfach 31 51, D-73751 Ostfildern

Original 3ʳᵈ English Edition
© AA Media Limited 2008
Kartografie: © AA Media Limited 2008
Covergestaltung und Art der Bindung
mit freundlicher Genehmigung von AA Publishing

Herausgegeben von AA Publishing, einem Unternehmen
der AA Media Limited, Fanum House,
Basing View, Basingstoke, Hampshire RG21 4EA, UK.
Handelsregister Nr. 06112600.

Farbauszug: Leo Reprographics
Druck und Bindung: Leo Paper Products, China

A04574

NATIONAL
GEOGRAPHIC

ANDALUSIEN

Inhalt

Das Magazin

Das
Andalusien
der Mauren

In Andalusien lebt das maurische Erbe fort. Von der spanischen Mittelmeerküste aus drang im 8. Jahrhundert eine Streitmacht aus Arabern, Syrern, Berbern und Ägyptern nach Westeuropa vor, und bis ins späte 15. Jahrhundert prägte der Islam Andalusien.

Der Begriff Mauren leitet sich von dem Wort *maurus* ab, mit dem die Griechen und Römer die Bevölkerung von Mauretanien in Nordwestafrika bezeichneten. Ab dem Mittelalter nannten die Europäer Muslime aller Art Mauren.

Wie häufig in der Geschichte, kamen die Invasoren in der Absicht, ihr Territorium zu erweitern. Sie blieben über 700 Jahre. Zeugnisse ihrer Handwerkskunst wie auch ihrer gesellschaftlichen und politischen Errungenschaften sind in Andalusien bis zum heutigen Tag überall sichtbar, vor allem jedoch in den Stuckaturen und geschwungenen Arabesken so großartiger Bauwerke wie der Alhambra in Granada, der Mezquita von Córdoba und der Giralda von Sevilla.

An die Mauren erinnern aber auch Burgen hoch auf Felsspitzen, die labyrinthartigen Viertel vieler Dörfer und Städte in Andalusien und bunte Kacheln, so genannte *azulejos*, die *patios* (Höfe) und Wände zieren.

> **»Wie andere Invasoren wollten die Mauren ihr Territorium erweitern«**

Ein Paradies auf Erden

Als die Mauren nach Andalusien kamen, fanden sie hier das Paradies auf Erden, von dem sie in der nordafrikanischen Wüste immer geträumt

---

Gitarrenspieler

Der muslimische Dichter und Musiker Ziryab, der im 9. Jahrhundert in Córdoba lebte, soll im maurischen Spanien das Frisörhandwerk, kulinarische Raffinessen und Tischmanieren eingeführt haben – und die Zahnpasta. Die für jeden Musikfreund wichtigste Neuerung ist aber sicher, dass er die arabische Laute durch eine fünfte Saite ergänzte, was schließlich zur Entwicklung der spanischen Gitarre führte.

hatten. Das Zauberwort lautete: Wasser. Es verwandelte trockenes Land in grüne Oasen und verschönte die Paläste der Mauren wie auch ihre bescheidenen Häuser mit üppigen Gärten, in denen zwischen der blühenden Pracht Brunnen plätscherten und Wasserbecken schimmerten.

Die Mauren hatten das Gebiet jenseits der Straße von Gibraltar seit alters her al-Andalus genannt. Vielleicht bezog sich der Name auf die Vandalen, die Spanien und Teile Nordafrikas im 5. Jahrhundert besetzten. Möglicherweise verwendeten die Muslime aus dem Osten den Begriff zunächst auch, um den »Islam des Westens« zu beschreiben.

Als die Mauren nach Norden vordrangen, gebrauchten Sie ihn für ganz Spanien und schließlich für das Gebiet bis hin zur Loire bei Poitiers. Weiter als bis dort drangen sie nie vor. Stück für Stück drängten die Christen die Muslime im Zuge der Reconquista wieder über die Pyrenäen zurück.

Die Rückeroberung sollte 700 Jahre dauern, denn die Christen trugen in Spanien zur gleichen Zeit auch untereinander Streitigkeiten aus, was ihre Macht erheblich einschränkte.

Oben: Wasser war der größte Schatz der neu eroberten Gebiete

Unten: Ausschnitt aus einem Gemälde von Karl Steuben (1838), das die Schlacht bei Poitiers (732) darstellt; sie markierte den Wendepunkt der maurischen Expansion

Artesonado und Azulejos

Der Einfluss der islamischen Architektur prägt Andalusien. Die nachfolgenden Begriffe kommen in der Literatur über die Region häufig vor.
- **Artesonado** Mit Ornamenten verzierte Holzdecke, z.B. im Alcázar von Sevilla (► 146f).
- **Azulejos** Glasierte Kacheln in bunten Farben und vielen Mustern. Man findet sie in privaten und öffentlichen Gebäuden, etwa in der Casa de Pilatos, Sevilla (► 150f).
- **Mudéjar** Während der Reconquista wurden in al-Andalus viele Muslime vertrieben. Wer handwerkliche und künstlerische Fähigkeiten hatte, durfte bleiben: die *mudéjar*. Der Begriff wurde später auf den Stil angewendet, den diese Kunsthandwerker entwickelten, indem sie islamische und christliche Elemente mischten, z.B. im Alcázar in Sevilla (► 146f) oder der Casa de Pilatos (► 150f).
- **Muqarnas** Hohlformen und Stuckaturen mit Stalaktiteneffekt, z.B. in der Alhambra von Granada (► 83ff) und im Alcázar von Sevilla (► 146f).

Das goldene Zeitalter

Nachdem die Mauren im 8. Jahrhundert nach Spanien und sogar bis nach Frankreich vorgerückt waren, machten sie sich die Region untertan, die heute als Andalusien bekannt ist, und siedelten sich dort an. Hier, in al-Andalus, arrangierten sie sich mit ihren christlichen Nachbarn, deren Religion sie tolerierten. Aber die Herrschaft des Islam hatte auch ihre chaotischen Seiten: Die einzelnen Dynastien rivalisierten miteinander, und so kamen immer wieder muslimische Invasoren aus Nordafrika, um die regierenden Machthaber abzulösen. Trotz dieser Aufstände und der Rückeroberung einiger Städte und kleiner Besitzungen durch die spanischen Christen, erlebte Andalusien unter den Mauren ein goldenes Zeitalter. Córdoba stieg zur Hauptstadt der Mauren auf, die Kalifen konkurrierten mit Bagdad und Damaskus um Reichtum und Fortschritt.

Den Reyes Católicos, Ferdinand (oben links) und Isabella (oben rechts), gelang die Reconquista des islamischen al-Andalus

Links: Die Eroberung von Málaga durch Ferdinand V. im Jahr 1487

Im Jahre 756 begann man mit dem Bau der Mezquita, der Großen Moschee, in Córdoba. In den folgenden 200 Jahren wurde die Stadt reich durch den Handel mit Gold und Silber, Leder, Seide, Parfüm und Gewürzen und entwickelte sich zum Zentrum von Kunst und Wissenschaft.

Muslimische Königreiche

Zu Beginn des 11. Jahrhunderts endete das goldene Zeitalter aufgrund von politischen Streitigkeiten und internen Machtkämpfen der Kalifen von Córdoba. Al-Andalus zerfiel in eine Reihe von kleineren, unabhängigen Königreichen, genannt *taifas*.

In den folgenden Jahrhunderten stellte eine neue Welle

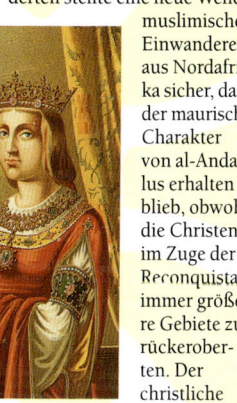

muslimischer Einwanderer aus Nordafrika sicher, dass der maurische Charakter von al-Andalus erhalten blieb, obwohl die Christen im Zuge der Reconquista immer größere Gebiete zurückeroberten. Der christliche König Ferdinand III. nahm 1236 Córdoba den Mauren ab, 1248 eroberten seine Truppen auch Sevilla. Im 14. Jahrhundert beruhigte sich die Lage für kurze Zeit, doch gegen Ende des 15. Jahrhunderts bildete Granada mit der mächtigen Alhambra der Nasriden-Herrscher die letzte Bastion der Mauren in al-Andalus.

1485 ergab sich das Königreich Ronda den Christen, das maurische Málaga sollte wenig später folgen. Bis 1492 hatten Ferdinand und Isabella – be-

kannt als *Los Reyes Católicos*, die Katholischen Könige – auch Granada erobert. Al-Andalus als Staat der Mauren gab es nicht mehr. Der maurische Charakter der Region blieb jedoch unzerstörbar.

Das maurische Erbe wurde in die christliche Kultur Spaniens integriert, es entstanden bemerkenswerte Renaissancegebäude und Barockkirchen. Wer heute durch Andalusien reist, spürt den Zauber des maurischen al-Andalus noch.

Die herrliche Decke des Salón de Embajadores in der Alhambra von Granada

> »Das maurische Erbe wurde in die christliche Kultur integriert«

Wer brachte das kühle Wasser aus seinen Felsenverstecken hinab und verwandelte Ödland in sonnige Weinfelder und Gärten? Die Mauren…
Wer pflanzte Orangenbaum und Palme, Feige und Olive? Die Mauren…
Matilda Betham-Edwards
Durch Spanien zur Sahara (1866)

Das romantische Image Andalusiens beruht auf den nordeuropäischen Reiseberichten aus dem 19. Jahrhundert. Das in diesen Büchern und in volkstümlichen Erzählungen und Liedern geprägte, verführerische Bild verleiht einem Urlaub in Andalusien zusätzliche Würze, doch sah und sieht die Wirklichkeit oft anders aus.

Im 19. Jahrhundert beschworen Reisende gern das Bild einer verführerischen Welt herauf, einer Welt aus Hitze und Leidenschaft, feurigen Charakteren und Banditen in den Bergen, von sittenlosen Don Juans und lasziven Carmens. Dieses Bild tradierte sich selbst, zumal viele Reisende ihre Erfahrungen übertrieben, um sie romantischer erscheinen zu lassen. Andalusien erschien auch aufgrund seiner Nähe zu Afrika als exotisches, ja fast schon gefährliches Land. Der englische Schriftsteller Richard Ford, der 1830 erstmals nach Andalusien kam, bezeichnete Spanien als »rassig und frisch« im Gegensatz

»Don Juans und Banditen ...«

Die *bandoleros* (oben) lebten im 19. Jahrhundert in abgelegenen Gegenden wie der Serranía de Ronda (oben links)

zur »langweiligen Gleichför-
migkeit« Europas, und mit Sicherheit entspricht dieses Bild
genau den Erwartungen vieler
Touristen, die sich heute
durch die Straßen von Sevilla
drängen.

Ford beschrieb das Andalusien dieser Zeit sehr ein-
drucksvoll. Er besuchte Spanien 1830 zum ersten Mal
und verfasste in den Folgejah-
ren sein umfassendes *Hand-
book for Travellers in Spain and
Readers at Home*, das 1845
veröffentlicht wurde und bis
heute als eines der besten,
fundiertesten und auch amü-
santesten Werke über Spanien
gilt. Washington Irving kam
1826 nach Spanien, um in
Madrid für die American Le-
gation zu arbeiten, 1828
unternahm er eine Reise nach
Andalusien. Er lebte eine Weile in der halb verfallenen Alhambra und schrieb dort *The
Conquest of Granada*, bevor er
sein bekanntestes Buch, *The
Alhambra: A Series of Tales*, in
Angriff nahm, das heute unter
dem Titel *Erzählungen von der
Alhambra* bekannt ist. Das
Buch verbindet romantische
Geschichten um die mauri-
sche Vergangenheit der Al-

*Unten: Die Al-
hambra, das
Symbol des
maurischen
Andalusien*

Wo sind die Banditen, bitte?

Im 19. Jahrhundert hielt jeder Andalusienreisende Ausschau nach Banditen, den
Kopf voller Geschichten von spanischen Robin Hoods in der malerischen Sierra. Viele
dieser Geschichten beruhten auf reiner Phantasie, und sie übertraf die Realität bei
weitem. Natürlich gab es in den abgelegenen Bergen von Andalusien – der Sierra
Morena, den Alpujarras und der Serranía Ronda – im 19. Jahrhundert *bandoleros*.
Aufzeichnungen belegen jedoch, dass nur ein einziger Ausländer gekidnappt wurde,
und noch dazu in der Nachbarprovinz La Mancha. Um dennoch in den Genuss eines
Raubüberfalls zu kommen, schickte der französische Romancier Alexandre Dumas
angeblich einem Banditen Geld, damit er ihn und seine Mitreisenden unterwegs aus-
plünderte – wobei er ihm allerdings das Versprechen abnahm, dass nichts Ernstes
passieren würde. Und der Däne Hans Christian Andersen war zutiefst enttäuscht,
nachdem er unbehelligt die Sierra Morena durchquert hatte …

Das Bild leicht geschürzter Arbeiterinnen in der drückenden Hitze der Tabakfabrik von Sevilla im 19. Jahrhundert ließ bei vielen Männern eher lüsterne als romantische Gedanken aufkommen. In Wirklichkeit mussten die Frauen dort unter schrecklichen Bedingungen arbeiten. Verschiedene Schriftsteller äußerten sich zu den Mädchen in den Tabakfabriken.

»Die meisten von ihnen waren jung und einige auch sehr hübsch. Da sie so überaus zwanglos gekleidet waren, konnten wir ihre Reize in aller Ruhe würdigen.«
Théophile Gautier, *Reise in Andalusien* (1826)

»Eine derartige Ansammlung von Hässlichkeit hatte ich noch nie zuvor gesehen.«
George Dennis, *Ein Sommer in Andalusien* (1839)

hambra mit Beschreibungen vom Verfall des großartigen Palasts. Letztere riefen in Spanien und auch in Nordeuropa Bewegungen auf den Plan, die für den Erhalt der Alhambra kämpften und sie zugleich bekannt machten. Irving und Ford verbrachten viel Zeit in Andalusien und prägten wesentlich das romantische Bild, das zu einer wahren Flut von Besuchern führte.

Literarische Werke über Andalusien taten ein Übriges. Die Oper *Carmen* basiert auf einem Roman des Franzosen Prosper Merimée. Carmen erfüllte sämtliche Klischees: Die Zigeunerin mit maurischen Zügen arbeitete in der Tabakfabrik von Sevilla, hatte eine Affäre mit einem Banditen aus Ronda und einem Torero – eine leidenschaftliche Liebesgeschichte mit Verrat, Mord und Hinrichtung. Georges Bizets Opernversion setzte Carmen ein Denkmal – obgleich Bizet Spanien nie selbst besuchte. Carmens männliches Gegenstück ist Don Juan, der zum ersten Mal in dem Drama *Der Verführer von Sevilla* (1630) von Tirso de Molina auftrat. Wieder trug die brisante Mischung aus Verführung, Betrug und Mord zum romantischen Image bei. Don Juan wurde zur Legende, auf die noch viele zurückgreifen sollten, so Mozart mit seiner Oper *Don Giovanni*.

Für den Reisenden heute ist diese Romantik ebenso wichtig wie die andalusische Sonne – doch ist ein Hauch von Skepsis nicht unangebracht.

STIERKAMPF

KUNST, SPORT ODER QUÄLEREI?

Für viele Touristen hat der Stierkampf etwas Abschreckendes – und auch in Spanien nimmt die Zahl seiner Gegner zu. In Andalusien erfreut sich die *corrida* jedoch noch großer Beliebtheit. Die brisante Mischung aus Kunstfertigkeit, Spektakel und grausamem Ende zieht bis heute die Massen an, garantiert hohe Zuschauerzahlen im Fernsehen und liefert Stoff für hitzige Diskussionen.

Fur den *aficionado*, den Fan, ist der Stierkampf mehr eine Kunst als ein Sport. Berichte über Stierkämpfe erscheinen in den spanischen Tageszeitungen im Feuilleton, wobei die *corrida* mit denselben Superlativen bedacht wird wie eine Ballett- oder Theaterproduktion. Und Theatralik ist sicher ein Element des Stierkampfs, sie zeigt sich in den Kostümen der Stierkämpfer wie auch in den athletischen und tänzerischen Bewegungen des *matador* und seines Teams. Da gibt es die *capeadores*, die den Stier mit dem grellen Mantel reizen, die

> **»Die *corrida*, ein wildes, magisches Spektakel«**

banderilleros, die dem Tier Stäbe mit Widerhaken in den Nacken rammen, und die *picadores*, die ihn mit der Pike weiter schwächen. Trotz dieser vordergründigen Grausamkeit haftet dem Ritual einer *corrida* etwas Magisches an. Die letzte Konfrontation ist oft eine Zurschaustellung von Mut und Eleganz auf Seiten des *matador* und von Tapferkeit auf Seiten des Stiers.

Außerhalb von Spanien steht man dem Stierkampf oft mit gemischten Gefühlen gegenüber, wobei es jedoch

Die Kunst der *corrida*: *matador*, *capa* und Stier

durchaus leidenschaftliche Anhänger gibt. Der Schriftsteller Ernest Hemingway und der Schauspieler Orson Welles waren beide große *aficionados*. Hemingway schrieb zwei Bücher über den Stierkampf, *Tod am Nachmittag* und *Gefährlicher Sommer*. Welles hatte es besonders die Arena von Ronda angetan, und so ließ er sich auf dem Grundstück eines bekannten Stierkämpfers von Ronda bestatten. Ein weiterer Amerikaner, Sidney Franklin,

bedeutendsten Arenen zählt die Maestranza von Sevilla (► 168), wo das Erlebnis sicher am intensivsten ist. Die besten *matadores* treten natürlich in den bekanntesten Arenen auf, um gegen die wildesten Stiere Andalusiens zu kämpfen.

Selbst das kleinste Dorf lässt es sich jedoch nicht nehmen, zumindest einmal pro Jahr eine *corrida* zu veranstalten. Meistens findet sie im Rahmen einer *fiesta* statt, in einer halb verfallenen mauri-

Der gefeierte *matador* aus Córdoba, Manuel Benítez, genannt El Cordobés, führt seine *cuadrilla* (Team) in die Arena

machte sich in Mexiko und Spanien in den Dreißigerjahren sogar als *matador* einen Namen; trat er auf, war die Arena in Madrid stets ausverkauft.

In Andalusien bieten sich viele Gelegenheiten, sich einen Stierkampf anzusehen. Saison ist von Ostern bis Oktober. *Novilladas*, Stierkämpfe mit neuen, unerfahreneren Toreros, finden an der Costa del Sol sogar noch im November statt. Zu den

Schmutzige Tricks

Stierkampfgegner verurteilen das Spektakel natürlich generell, doch selbst Anhänger müssen zugeben, dass die *corrida* heute nicht mehr ist, was sie einmal war. So gibt es Praktiken, bei denen die Hörner des Stiers rasiert und somit desensibilisiert werden. Besonders gefährliche Tiere werden mit Medikamenten behandelt, um ihre unter Umständen tödliche Kraft zu verringern.

Aficionados beklagen, dass die Kunst einem billigen Spektakel weichen musste.

Beim Stierkampf

- Findet die *corrida* in einer Stadt statt, kauft man die Eintrittskarten an der Kasse der Arena; vor freien Händlern sollte man sich hüten, da sie meist zu hohe Preise verlangen.
- Am teuersten sind Sitzplätze im Schatten (*sombra*), da es dort nicht nur kühler ist, sondern auch der Präsident und der Kampfrichter dort sitzen. Der *matador* schenkt hauptsächlich dieser Seite seine Aufmerksamkeit.
- Die meisten Stierkämpfe an der Costa del Sol sind *novilladas*, bei denen ungeübte *matadores* und junge Stiere auftreten, die manchmal sogar für den Stierkampf gar nicht geeignet sind.

Stierkampfposter sind eine Kunst für sich

schen Burg oder auf dem Hauptplatz des Dorfes. Und auch bekannte *matadores* wie José Tomás treten oft in kleinen Arenen auf, denn schließlich ist auf dem Land die Wiege des Stierkampfs.

Außerdem wird jungen Talenten die Möglichkeit geboten, sich zu beweisen. Bereits 16-jährige setzen ihr Leben aufs Spiel, um ihr Talent unter Beweis zu stellen. In Spanien endet der Kampf nach wie vor mit dem Tod des Stieres – oder des Toreros.

Frauen als Toreros

Bis zum Jahr 1908, als weibliche Toreros verboten wurden, gab es mehrere Frauen, die es zu Ruhm brachten. Eine von ihnen war Martina García, die 1880 im Alter von 76 Jahren ihren letzten Stierkampf bestritt. Kurz nach dem Tod von General Franco wurde das Verbot 1975 dann aufgehoben. Im glitzernden *traje de luces* machte nun Cristina Sánchez Furore, die viele ihrer männlichen Kollegen in den Schatten stellte. Bei einer unvergesslichen *corrida* tötete sie alle sechs Stiere. 1997 zog sie sich aus dem Stierkampf zurück, weil sich kaum ein bekannter *matador* fand, der bei einem hochklassigen Kampf zusammen mit ihr auftreten wollte.

FLAMENCO

FEUER IM BLUT

Im Flamenco verschmelzen Stimme, Gitarre und Tanz zum typischen Rhythmus Andalusiens. Charakteristisch sind der leidenschaftlich-elementare Gesang, das Klatschen und das rhythmische Schlagen der Gitarre, die das Aufstampfen und die schlangenartigen Bewegungen der Tänzer und Tänzerinnen begleiten.

Manche behaupten, dass die Tradition des Flamenco auf die Musik der Araber oder der Juden zurückgeht, ihre Wurzeln in Indien oder Byzanz hat oder auch in den heiligen Gesängen der Christen. Der Flamenco, wie er sich heute präsentiert, hat sich aus der Volkskunst der Zigeuner vornehmlich in Cádiz, Jerez de la Frontera und im Viertel Triana von Sevilla (▶ 152) entwi

Flamencostimmen

Die besten Flamencosänger besitzen die so genannte *duende*, jene geheimnisvolle Inspiration, die eine einfache Vorführung zum unvergesslichen Erlebnis macht. Erst nach etlichen Zigarillos und Gläsern des feurigen *aguardiente*, der jedem Nichteingeweihten die Sprache verschlägt und den Atem raubt, erreicht die Stimme die für den ausdrucksvollen Flamencogesang typische Lage.

ckelt. Auch heute noch kommen die besten Flamencotänzer aus Zigeunerfamilien, und Andalusien gilt als die Wiege ihrer Kunst.

Als Flamenco in Reinkultur gilt der *cante* (Gesang), wobei der *cante jondo* (inniger Gesang) am intensivsten wirkt, wenn die *cantadores* (Sänger) mit ihren gepressten Stimmen allem Leid der Welt Ausdruck verleihen und dabei doch das Leben verherrlichen. Die meisten Touristen in Andalusien begeistern sich jedoch besonders für die magisch anmutende Verbindung von *cante, toque* (Gitarre) und *baile* (Tanz), die den Flamenco besonders faszinierend macht.

In Andalusien bieten sich zahlreiche Gelegenheiten, Flamenco zu sehen, nicht jede Vorführung ist jedoch wirklich authentisch. Es gibt aber durchaus sehenswerte Flamencoabende, die man über ein Hotel oder ein Reisebüro buchen kann.

Wer Flamenco lieber improvisiert erleben möchte, geht in ein *tablao*, wo ausgebildete Tänzer klassischen Flamenco zeigen. Flamencoclubs und Vereinigungen, genannt *peñas*, stehen Besuchern ebenfalls offen (siehe Kasten rechts). Sowohl die *tablaos* als auch die *peñas* setzen den Flamenco wirkungsvoll in Szene.

Experten behaupten, dass der beste Flamenco spontan und meist in den frühen Morgenstunden in versteckten Bars und auf eher privaten Festen, den *juergas*, zu sehen ist, doch hat man als Tourist in aller Regel Schwierigkeiten, von diesen Veranstaltungen zu erfahren. In ganz Andalusien finden den zahllose Flamencofestivals

Veranstaltungsorte

Die Touristeninformation gibt Auskunft über alle *tablaos* und *peñas*. Auch halten die Hotels Informationen über Flamencoshows vor Ort bereit, die jedoch oft eher den Charakter eines Varietés haben und zudem mit einem Abendessen verbunden sind. Hüten sollte man sich vor Leuten, die auf der Straße für Flamencoabende Werbung machen, da oft horrende Summen berappt werden müssen; dies gilt besonders für das Viertel Sacromonte in Granada.
Empfehlenswert sind folgende Lokalitäten:
Tablao Cardenal und **La Bulería** in Córdoba (► 136)
Tarantos in Granada (► 108)
Teatro Miguel de Cervantes in Málaga (► 76)
Casa Santa Pola in Ronda (► 76)
La Taberna Flamenca in Jerez de la Frontera (► 76)
La Cava in Cádiz (► 76)
Los Gallos und **El Tamboril** in Sevilla (► 168)

Flamencohände: ausdrucksstark und pure Leidenschaft

statt, bei denen allerdings oft der Gesang im Vordergrund steht. Die endlosen Wehklagen des *cante jondo* sind auf die Dauer dann für ungeübte Ohren etwas fad. Die Vorführungen dauern oft mehrere Stunden und ermüden Sänger wie Zuschauer gleichermaßen. Die schönsten Flamencoveranstaltungen erleben Touristen wohl bei Dorffesten, wenn die Musik bereits zu hören ist, lange bevor man den Tanzplatz erreicht.

Links: Zum Flair des Flamenco tragen farbenprächtige Kleider *(batas de cola)* bei

Unten: Paco de Lucía, Meister der Flamencogitarre aus Algeciras

Berühmte Flamencokünstler

Berühmte Flamencosänger sind meist unter einem Beinamen bekannt. Zu den größten zählt **Manolo Caracol** (Manolo, die Schnecke), ein Zigeuner aus der Provinz Sevilla. Seine Karriere begann er als Elfjähriger 1922 bei einer Flamencovorführung in der Alhambra von Granada, die von dem Komponisten Manuel de Falla, dem Schriftsteller Frederico García Lorca und dem Gitarristen Andrés Segovia veranstaltet wurde. Als bekanntester Sänger gilt **Camarón de la Isla** (Garnele von der Insel), dessen leidenschaftlicher Gesang Fatalismus und Schmerz Ausdruck verliehen. Er starb 1992 an seiner Heroinsucht. Zu den bemerkenswertesten Sängerinnen gehören heute die Schwestern **Fernanda und Bernarda de Utrera**, zu den Gitarristen **Paco Peña** und **Paco de Lucía**. **Carmen Amaya** (1913–63), eine Zigeunerin aus Barcelona, gilt als beste Flamencotänzerin aller Zeiten. **Christina Hoyos** hat den Flamenco heute theater- und balletttreif gemacht. Ein weiterer innovativer, dynamischer und weltweit bekannter Flamencotänzer ist **Joaquin Cortés**. Es gibt eine Vielzahl von CDs mit den besten Sängern und Gitarristen des Flamenco.

Festtagskalender

Die Begriffe *festival, fiesta* und *feria* beschreiben das gesamte Angebot an Feiern, die in den Dörfern und Städten Andalusiens im Lauf eines Jahres stattfinden. Die *fiesta* war ursprünglich ein Feiertag auf dem Land, die *feria* ein ländlicher Jahrmarkt mit Pferden und Stieren, wobei sich dieser Charakter auch in den Großstädten gehalten hat. Dann gibt es noch die religiösen Feste, vor allem Ostern, wenn zu Trommelschlag und Glockengeläut Büßer mit hohen Spitzmützen durch die Straßen der Dörfer und Städte ziehen.

Büßer mit Spitzmütze bei der Semana Santa in Sevilla

FEBRUAR
Karneval Zu Beginn der Fastenzeit finden beeindruckende Faschingsveranstaltungen in Cádiz und Málaga statt, jedoch auch in Córdoba, Carmona, Nerja und vielen anderen Dörfern und Städten.

MÄRZ/APRIL
Semana Santa In der Karwoche vor Ostern sind in allen größeren Städten Prozessionen.

APRIL
Feria de Abril In Sevilla findet etwa zwei Wochen nach Ostern die farbenprächtigste *feria* Spaniens statt.

Feucht-fröhlich

Es heißt, dass während der Feria de Abril in Sevilla in einer Woche mehr Sherry getrunken wird als in Spanien das ganze Jahr über. Dennoch kommt es trotz des exzessiven Alkoholkonsums kaum einmal zu Ausschreitungen oder gar Gewalt, die das Stilempfinden der Spanier stören würden.

Feria de la Manzanilla Weinfest von Sanlúcar de Barrameda (letzte Maiwoche).
Corpus Christi Prozessionen und Feierlichkeiten in größeren Städten und vielen Dörfern (Ende Mai/Anfang Juni).

Links: Eine Bruderschaft, *cofradía*, bei der Semana Santa

MAI

Feria del Caballo Ein prächtiger Pferdemarkt mit Pferdeschauen und Reitervorführungen (Jerez de la Frontera, Anfang Mai).

Moros y Cristianos Fingierte Schlachten zwischen Mauren und Christen und andere Veranstaltungen (Pampaneira, Las Alpujarras, 3. Mai).

Fiesta de los Patios Viele Privatpatios in Córdoba stehen Besuchern offen (Anfang Mai).

Romería del Rocío Die bedeutendste Wallfahrt mit Fest in Spanien (El Rocío, 7. Woche nach Ostern, ▶ 162).

Feria de Primavera Weinfest in Puerto de Santa María (letzte Maiwoche).

JUNI

Feria de San Bernabé Opulentes Fest in Marbella (2. Juniwoche).

Fiestas Patronales de

Oben: Flamenco gehört zu jedem Fest in Andalusien

Links: Die *Feria del Caballo*

Sonne und Spaß

Die Andalusier sind dafür bekannt, dass sie die Feste feiern wie sie fallen. »Jeder Tag ist wie ein Feiertag«, kommentierte der Brite Richard Ford im 19. Jahrhundert seine erste Begegnung mit der Sonne und der Feierwut der Spanier. »Es liegt an der Sonne«, rief der Politiker und Schriftsteller Benjamin Disraeli begeistert aus, als er 1830 nach einer Krankheit erstmals nach Andalusien reiste – und sofort genas …

San Antonio Fest mit nachgestellten Schlachten zwischen Mauren und Christen (Trevélez, Las Alpujarras, 13./14. Juni).
Moros y Cristianos Fest in Mojácar (10. Juni).
Internationales Gitarrenfestival in Córdoba (zwei Wochen im Juni/Juli).

JULI
Internationales Musik- und Tanzfestival Umfangreiches Programm mit Kammermusik und Tanzvorführungen in der Alhambra (Granada, Ende Juni/Anfang Juli).
Virgen de la Mar Berühmtes Sommerfest in Almería (letzte Juliwoche).

AUGUST
Feria de Málaga Fröhliches, ausschweifendes Sommerfest in Málaga (Mitte Aug.).
Pferderennen von Sanlúcar de Barrameda Spannende Pferderennen am Strand von Sanlúcar (zweite Augusthälfte).
Feria de Grazalema Dorffest von Grazalema mit Stierjagden in den Straßen (letzte Augustwoche). Nichts für schwache Nerven.
Fiestas Patronales San Augustin Mojácar-Fest (letzte Augustwoche).

SEPTEMBER
Fiesta de la Vendimia Wichtigstes Weinfest in Jerez de la Frontera (1./2. Woche im Sept.).
Romería del Cristo de la Yedra Bedeutendstes Fest von Baeza (7. Sept.).
Feria y Fiestas de Pedro Romero Fiesta in Ronda mit Flamenco und Stierkämpfern in traditionellen Kostümen aus dem 18. Jahrhundert in der berühmten Arena von Ronda (1. Septemberhälfte).

OKTOBER
Fiesta de San Miguel Fest in Úbeda und zahlreichen anderen Orten (1. Okt.).
Feria de San Lucas Wichtigstes Fest in Jaén (Mitte Okt.).

Tipps für Festivals

• Fragen Sie in der Touristeninformation nach dem offiziellen Festivalführer, *Ferias y Fiestas de Analucía*.
• Bei großen Festivals wie der *Semana Santa* oder der *Feria* von Sevilla, aber auch dem Karneval von Cádiz ist es ratsam, die Unterkunft im Voraus zu buchen; die Preise sind horrend.
• Wer sich während der *Semana Santa* in einer der größeren Städte Andalusiens aufhält, sollte sich ein Veranstaltungsprogramm für die gesamte Karwoche besorgen. Die Tageszeitungen veröffentlichen das Tagesprogramm. Besonders in Sevilla ist mit großen Menschenmassen zu rechnen.
• Zum Karneval in Cádiz und Málaga sollte man sich entsprechend kleiden.

Der Mann, der alles verspielte

Der Westgotenkönig Roderich war wohl eher vom Pech verfolgt denn schuldig, als seine unvorbereitete Armee 711 von den einfallenden Mauren in der Nähe des heutigen Jerez de la Frontera geschlagen wurde.

Die Mauren waren vermutlich nach Spanien gekommen, um neues Territorium zu gewinnen. Allerdings hielt sich lange die Legende, ein Feind Roderichs habe sie zu der Invasion überredet, weil der König seine Tochter geschändet hatte.

> **»Die maurischen Invasoren besiegten die Armee des Westgotenkönigs Roderich«**

Der erste und der letzte Maure

Tariq Ibn Ziyad, der Gouverneur von Tanger in Marokko, landete als erster Maure 711 in Gibraltar und sicherte seiner Armee einen Standort. Der berühmte Felsen ist nach ihm benannt: Jabal Tariq, der Felsen von Tariq.

Abur Abd Allah, bekannt in Spanien als **Boabdil**, war der letzte Sultan der Nasridendynastie in Granada und auch der letzte maurische Herrscher mit Einfluss in Spanien.

Es heißt, dass er sich, zum Entsetzen seiner stolzen Mutter bei seinem Rückzug aus Granada noch einmal umgedreht haben soll, um einen letzten bedauernden Blick auf die Stadt zu werfen. Die entsprechende Stelle auf einer Anhöhe heißt Puerta del Suspiro del Moro, »Seufzerpass«.

HELDEN &

SCHURKEN

Ferdinand V. von Aragonien (links) und seine Gemahlin Isabella von Kastilien (unten links)

Die Katholischen Könige

Die Eheschließung **Isabellas I. von Kastilien** mit **Ferdinand V. von Aragonien** im Jahr 1479 läutete das Ende der islamischen Herrschaft ein. Vor der Vereinigung der beiden mächtigen katholischen Königreiche war das christliche Spanien zu gespalten, um die Reconquista des islamischen al-Andalus in Angriff zu nehmen. Isabella und Ferdinand, die bis heute als *Los Reyes Católicos*, die Ka-

> **»Los Reyes Católicos – eines der schrecklichsten Herrscherpaare der Geschichte«**

tholischen Könige, bezeichnet werden, gaben dem nun gänzlich christlichen Spanien neue Impulse. Für Nichtchristen

Dickschädel

Die katholischen Könige Isabella und Ferdinand liegen in der Krypta der Capilla Real gleich bei der Kathedrale von Granada (▶ 88f) begraben. Eine Marmorplastik des Königspaares ziert das Grabmal; das Mausoleum bildet das Herzstück der Kapelle. Isabellas Kopf sinkt dabei tiefer in das Marmorkissen als der von Ferdinand, ein subtiler Hinweis darauf, dass Isabella mehr Esprit besaß als Ferdinand und auch einen größeren Dickschädel ...

waren die beiden das schrecklichste Herrscherpaar der Geschichte. Muslimischen Bürgern wurde zuerst Religionsfreiheit gewährt, doch zwang man sie in der Folgezeit, zum Christentum zu konvertieren oder das Land zu verlassen. Unter Isabella und Ferdinand nahm die Inquisition ihren Anfang, mit der man kritische Untertanen rasch zum Schweigen bringen konnte.

1492 fiel Granada an die Reyes Católicos zurück

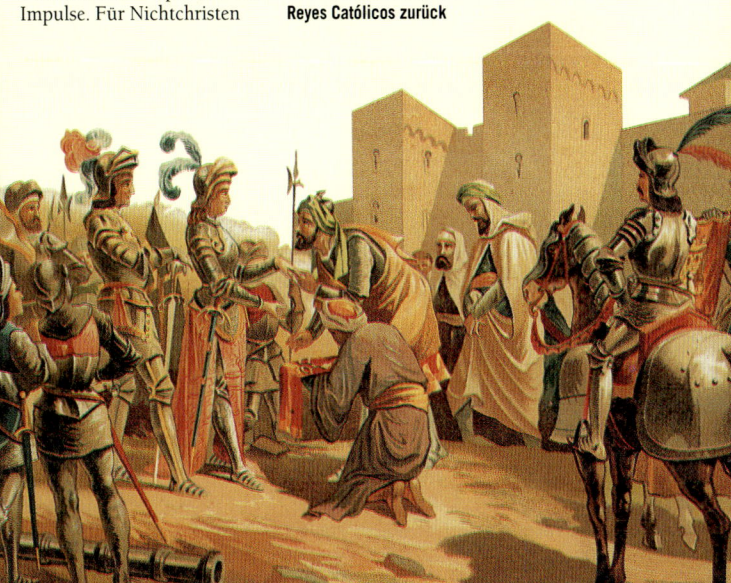

Das Andalusien der Künstler

Die Namen zweier großer Maler verbinden sich mit Andalusien: **Francisco de Zurbarán** (1598–1664) kam in der Nachbarprovinz, der Extrema-

dura, zur Welt, verbrachte aber fast sein ganzes Leben in Sevilla. Zurbaráns Gemälde von Mönchen in Kutten und Heiligen vermitteln ein nüchtern-herbes Bild, das man eigentlich nicht mit Andalusien in Verbindung bringt. Und dennoch ging es im Sevilla des 17. Jahrhunderts nicht gerade zimperlich zu: Zurbaráns beide Kinder aus zweiter Ehe fielen 1649 der Pest zum Opfer.

Sein Zeitgenosse **Esteban Murillo** (1617–82) war ein überaus beliebter Künstler, der das Leben mit der typischen Begeisterung des Andalusiers sah und sogar in den religiösen Darstellungen, die so viele Kirchen schmücken, Sinnlichkeit, Fröhlichkeit und Frömmigkeit gemeinsam ausdrückte. In seinen frühen Jahren schuf Murillo sehr far-

benprächtige und mitunter etwas sentimental-kitschige Madonnen, dazu malerische Gassenbuben; sein Spätwerk wirkt vergleichsweise düster und intensiver. Werke von Zurbarán und Murillo sind in zahlreichen Kirchen und Galerien in den größeren Städten Andalusiens zu bewundern.

Am berühmtesten ist jedoch zweifellos **Pablo Ruiz Picasso** (1881–1973), der in Málaga geboren wurde, mit seiner Familie nach Galizien zog, später nach Barcelona und die meiste Zeit über in

Links: Miguel de Cervantes verarbeitete sein schillerndes Leben im Roman

Frankreich lebte. Im **Museo Picasso** in Málaga sind einige seiner Werke zu sehen (➤ 51f).

Oben: Pablo Picasso kam in Málaga zur Welt

Das Andalusien der Literaten

Miguel de Cervantes Saavedra (1547–1616), Autor des großen Romans *Don Quijote*, wurde zwar in der Nähe von Madrid geboren, hielt sich jedoch Ende des 16. Jahrhunderts als Steuereinzieher in Andalusien auf. Er kam eine

Weile hinter Gitter wegen angeblicher »Unregelmäßigkeiten« und soll den größten Teil seines Romans im Gefängnis geschrieben haben.

Einer der bedeutendsten Schriftsteller Andalusiens ist **Federíco García Lorca** (1898–1936), ein Dichter und

Granada, doch war seine Beziehung zu dieser Stadt keineswegs einfach: Er war homosexuell und hielt sich in der Szene der *Gitanos* auf, die für ihn den Geist Andalusiens verkörperte; so bevorzugte er Málaga und Cádiz, Städte, die offener und kreativer waren.

Tragisches Ende

Das Leben der Maler im 17. Jahrhundert konnte recht gefährlich sein. So starb Murillo an den Folgen der Verletzungen, die er sich zuzog, als er beim Malen eines Altarbilds in einer Kirche in Cádiz vom Gerüst stürzte. Er war aber bereits 64 Jahre alt, was für die damalige Zeit ein sehr hohes Alter war.

Oben: Der Dichter Federíco García Lorca beschrieb seine Heimatstadt Granada nicht nur positiv

Links: Der Maler Murillo wurde in Sevilla geboren; seine Gemälde zeugen von der Sinnlichkeit und Spiritualität Andalusiens

Dramatiker von enormem lyrischen Talent, der 1936 vom Franco-Regime ermordet wurde. Lorca stammte aus

Zu seinen berühmtesten Werken zählen die beiden Theaterstücke *Bluthochzeit* und *Bernarda Albas Haus.*

Flamencotänzerin in Aktion

TOP-TIPPS

Ideen

• **Eine gute Flamencoshow**, wenn Sänger, Musiker, Tänzer und Tänzerinnen wirklich abheben.

• **Der erste Schluck Sherry**, ein Spitzen-*fino* aus Jerez de la Frontera oder eine *manzanilla* aus Sanlúcar de Barrameda, anschließend ein Bissen *jamón de Serrano*, luftgetrockneter Schinken, oder *boquerones fritos*, frittierte Sardellen.

• **Besuch der Feria de Abril** (➤ 19) in Sevilla, des Karnevals von Cádiz oder einer anderen Fiesta oder Feria der Gegend.

• **Ein Abendbesuch des Nasridenpalastes** in der Alhambra (➤ 84).

• **An einem einsamen Strand im Meer schwimmen**, z. B. an der Costa de la Luz (➤ 68f) oder am Cabo de Gata (➤ 99).

Für Kinder

• **Mini Hollywood**, ein Wild-West-Themenpark bei Tabernas (➤ 102).

• **Isla Mágica**, ein Themenpark bei Sevilla mit vielen Attraktionen (➤ 152).

• Delphine beobachten bei einem Bootsausflug von Tarifa oder Gibraltar aus (➤ 76).

• **Tivoli World**, ein riesiger Themenpark in Benalmádena Costa mit vielen Unterhaltungsmöglichkeiten (➤ 62).

• **Parque de las Ciencias**, Unterhaltung und naturwissenschaftliche Erkenntnisse in einem Park in Granada (➤ 90).

Strände

• **Estepona**, ruhiger Ferienort an der Costa del Sol mit gepflegtem Strand (➤ 61).

• **Nerja** an der Costa del Sol bietet alles, was man sich von einem Ferienort wünschen kann und hat sich seinen individuellen Charme bewahrt (➤ 65).

• **Cabo de Gata** bietet einen kleinen abgeschiedenen Strand mit Leuchtturm; der kleine Ort San José kann zu Fuß oder über eine Straße erreicht werden (➤ 99).

• **Los Caños de Meca** liegt an der Costa de la Luz bei Cádiz und bietet einen weitgehend unberührten Strand (➤ 68).

• **Playa Cuesta de Maneli** befindet sich am westlichen Abschnitt der Costa de la Luz; (➤ 162).

Rauschende Feste

Unberührte Natur

- **Sierra de Grazalema**: die schönste und wildeste Bergregion in Andalusien mit Felsgipfeln, von Kiefern bestandenen Tälern und vielen Möglichkeiten zum Wandern, Klettern, Vögel beobachten und Paragliden (▶66f).
- **Parque Natural del Torcal**: spektakuläre Mondlandschaft mit Kalksteinformationen und ausgeschilderten Wegen durch das Naturreservat (▶66).
- **Las Alpujarras**: in den bewaldeten Ausläufern der Sierra

Nevada, gut zum Wandern und Reiten (▶92ff) geeignet.
- **Sierra Morena**: in der Provinz Aracena unweit von Sevilla, schön für Wander- und Radtouren (▶168).
- **Sierra de Cazorla**: Zerklüftete Berge mit Kiefern prägen diese abgelegene Region im Nordosten von Andalusien; Wandern, Reiten, Jeep-Safaris (▶124f).

Restaurants

- **Bistro**, Fuengirola (▶72), gute internationale Küche zu vernünftigen Preisen im alten Teil von Fuengirola
- **Habanita**, Sevilla (▶165), mit der besten vegetarischen Küche und kubanischen Spezialitäten.
- **Restaurante Chinitas**, Málaga (▶72), mit der schönsten Innenausstattung im andalusischen Stil: Balken, Ziegel und viel historisches Flair.

- **El Patio de Los Perfumes**, Marbella (▶72), ein romantisches Restaurant mit Live-Flamenco.

nur Zeit für 1 …

- **islamisches Bauwerk**: die Alhambra in Granada (▶83ff).
- **Kunstgalerie**: Museo de Bellas Artes in Sevilla mit der schönsten Gemäldesammlung Spaniens in herrlichem Ambiente (▶148ff).
- **Barockkirche**: Monasterio de la Cartuja in Granada mit üppiger Ausstattung (▶90).
- **Bergdorf**: Zahara de La Sierra in der Provinz Cádiz (▶66f, 177) mit einer imposanten Burg und toller Aussicht.
- **Ferienort an der Costa del Sol**: Viel Glamour bietet Marbella mit dem Puerto Banús (▶61f).

Oben: Das Dorf Zahara de la Sierra in der Sierra de Grazalema

Links: Wanderung in den Alpujarras

Flamenco – ein absolutes Muss

Flüssiges Gold

Sherry – eine Erfahrung

Unten: Ein Kenner prüft Geschmack und Klarheit des Sherrys

In Andalusien trinkt man nicht einfach ein Glas Sherry – das goldbraune Getränk verströmt das Aroma einer ganzen Kultur, die es dabei zu erfahren gilt.

Ein Gesetz schreibt fest, dass Weißwein nur dann als »Sherry« ausgewiesen werden darf, wenn er aus dem so genannten »Sherry-Dreieck« stammt, nämlich der Gegend zwischen Jerez de la Frontera, Sanlúcar de Barrameda und El Puerto de Santa María. In der Region um Jerez wird schon seit den Phöniziern Wein angebaut, die Sherry-Produktion nahm jedoch erst im 16. Jahrhundert ihren Anfang, als britische Glaubensflüchtlinge sich in Südspanien mit dem Weinbau beschäftigten, sich

Ernte der Palomino-Trauben

mit Andalusiern verheirateten und Sherry-Dynastien gründeten. Im England des Mittelalters war der Sherry bereits unter dem Namen *sack* bekannt; er gewann in der Folgezeit weiter an Beliebtheit, nachdem Sir Francis Drake und der Earl of Essex von 1580 bis 1590 Cádiz angegriffen und zahlreiche Fässer Sherry erbeutet hatten.

Sherry wird aus drei Arten von Weintrauben gewonnen: *Palomino* ist die Grundlage eines jeden Sherry, *Moscatel* und *Pedro Ximénez* werden jeweils für verschiedene Sherry-Verschnitte verwendet. Das Geheimnis der Herstellung liegt in der Anreicherung des Palomino mit Alkohol, der dann in riesigen Eichenfässern in *bodegas* reift. Im Laufe der

Zeit bildet sich ein Film an der Oberfläche, der *velo de flor* – Blütenschleier – heißt und die Oxidation verhindert. Diese Ablagerung des Weins ist verantwortlich für die blasse Färbung des *fino*, des beliebtesten Sherrys Spaniens. Sie verleiht ihm die typische Trockenheit und das besondere Bouquet. Fehlt dieser »Schleier«, findet ein Oxidationsprozess statt, der den dunkleren und vollmundigeren *amontillado* oder den *olo-*

stapelter Fässer, die *criaderas*, begutachten, in denen der Sherry drei bis sieben Jahre ruhen muss. Tausende von Fässern lagern hier in bis zu fünf Reihen übereinander. Dabei wird er nach einem bestimmten System immer wieder mit Wein verschnitten und schließlich als flüssiges Gold aus einem Fass in der untersten Reihe, der *solera*, in Flaschen abgefüllt. *Manzanilla* heißt der hervorragende trockene Sherry aus Sanlúcar de Barrameda mit seinem ganz besonderen Bouquet. Er hat eine andere Blume als der *fino* aus Jerez, denn in der Gegend um Sanlúcar ist die Luftfeuchtigkeit durch das Meer höher, was sich auf den Reifungsprozess in den Fässern stabilisierend auswirkt.

roso hervorbringt. Mit Moscatel und Pedro Ximénez verschnitten, entstehen die süßeren Sorten, der Medium Sherry oder der likörartige Cream Sherry.

Wer eine der berühmten *bodegas* wie Domenqc, González, Byass, Sandeman oder Osborne (► 56f) besucht, kann die langen Reihen aufeinander ge-

Wer in Andalusien essen geht, der probiert mit einiger Sicherheit Tapas, kleine Tellerchen mit Köstlichkeiten, die ausgezeichnet zu einer *copa de fino*, einem Glas trockenen Sherry, schmecken.

Zeit für Tapas

Wörtlich übersetzt bedeutet *tapa* so viel wie »Deckel«. Die Überlieferung besagt, dass man früher sein Sherry-Glas mit einem kleinen Teller abdeckte, damit keine Fliegen oder Staub hineinfielen. Das Personal in den Bars legte dann immer Brotstückchen, Käse

Eine der zahlreichen Tapas-Bars in Sevilla

Werbeplakat für La Gitana *manzanilla*

• Pro Tapa muss man etwa € 3–4 berappen; man sollte die Preise jedoch genauer ansehen, da besonders *jamón*, Schinken, teurer kommen kann. Wer mit einer Gruppe von Freunden unterwegs ist, bestellt eine *ración*, eine größere Menge, die sich alle teilen können.

• Ganz hervorragende Tapas werden in Andalusien oft in relativ unscheinbaren Bars serviert. Man achte einfach darauf, ob sich viele Einheimische in der Bar aufhalten und ob das Personal jung und auf Zack ist. Die Rechnung wird oft einfach mit Kreide auf den Tresen geschrieben.

oder auch Oliven auf diese Teller, woraus eben die *tapas* entstanden. Heute bieten gute Tapas-Bars eine große Auswahl an warmen und kalten Leckerbissen, die in langen Reihen am Tresen ausgestellt sind, dazu zahlreiche Sherry-Sorten, Wein und andere Getränke. Über dem Tresen hängen meist dicke, luftgetrocknete Schinken, die ebenfalls köstlich schmecken.

Tapas sind eine gute Lösung, wenn man an einem

Tapas – eine Versuchung

»Köstlichkeiten zum Sherry«

Es gibt viele verschiedene Tapas, von einfachen Oliven bis hin zu Tintenfisch

Leckere Tapas – eine Auswahl

Es gibt unendlich viele verschiedene Tapas. In Sevilla findet alljährlich sogar eine Feria de la Tapa statt, ein Fest, das die Tapas-Kultur zelebriert. Die nachfolgende Liste nennt typische Tapas, die Namen können je nach Bar etwas differieren.

Fisch und Fleisch

Gambas a la plancha gegrillte Garnelen

Puntillitas fritas frittierter Baby-Tintenfisch

Boquerones fritas frittierte Sardellen

Cazón en adobo in Essig, Zitrone und Gewürzen eingelegter Fisch, der dann frittiert wird

Croquetas mit Fleisch oder Fisch gefüllte Kroketten

Jamón Serrano luftgetrockneter Schinken, teuer

Habas con jamón Dicke Bohnen mit Schinken

Flamenquin casero Schweinefleischstückchen, gekochtes Ei und Gemüse im Teig

Lomo al Jerez Schweinelende in Sherry gekocht

Pollo al ajillo Huhn in Knoblauchsoße

Pimientos rellenos gefüllte Paprika mit Thunfisch

Vegetarisch

Acietunas Oliven

Ensalada mixta gemischter Salat

Revueltos Rührei mit verschiedenem Gemüse

Champiñones a la plancha gebratene Champignons mit Knoblauch

Patatas ali-oli gewürfelte Kartoffelstücke in Knoblauch-Mayonnaise-Dressing

Tortilla de patatas Kartoffelomelette

Arroz Reis

heißen Tag am frühen Abend nicht weiß, was man essen soll; eine komplette warme Mahlzeit ist dann oft zu viel. Außerdem können *tapas* auch als Vorspeise genossen werden und sind generell ein Garant für ein lockeres, informelles Essen.

In den Städten Andalusiens gibt es viele schicke Bars, die sich auf Tapas spezialisiert haben und eine enorme Auswahl anbieten. Oft ist es jedoch auch nett, in einem lauschigen Lokal, einer *taberna*, einen Sherry zu bestellen und dazu ein Stück Schinken oder Käse, Brot, Oliven, Nüsse oder eingelegte Sardinen zu essen. Gute, schlichte *tabernas* findet man auf dem Land oder in Granada oder Málaga einfach an der Ecke.

In einigen Tapas-Bars gibt es mehrsprachige Speisekarten, doch die Regel ist das nicht. Wer kein Spanisch kann, spielt dann Tapas-Roulette – und bestellt womöglich die wohl klingenden *criadillas* – frittierte Schweinehoden. Fragen Sie lieber vorher nach, wenn Sie sich nicht sicher sind.

Gegenüber: Pilger mit Kutsche auf dem Weg nach El Rocío

Die fünf besten Tapas-Bars

• **Bar Logüeno**, Málaga (► 71): eine der besten Adressen Andalusiens, Riesenauswahl von 75 verschiedenen Tapas.
• **Matahambre**, Torremolinos (► 72): klassische Tapas-Bar mit einer großartigen Auswahl an Weinen.
• **El Faro**, Cádiz (► 73): besonders gute Meeresfrüchte, schickes Ambiente.
• **La Gran Taberna**, Granada (► 105): traditionelles Lokal, in dem der Schinken an der Decke hängt und man zwischen Fässern sitzt.
• **El Patio**, Sevilla (► 165): berühmte Bar mit großer Auswahl an Tapas.

Erster Überblick

Ankunft

Ankunft in Málaga

Der Flughafen von Málaga

Der internationale Flughafen von Málaga (Tel. 952 04 88 44), etwa acht
Kilometer westlich von Málaga, ist der wichtigste Airport Andalusiens.

- Ein **Nahverkehrszug** (Línea C-1) verbindet die Städte Málaga und Fuengirola
  mit dem Flughafen, Torremolinos und Benalmádena. Man muss zum
  Bahnhof einige Minuten zu Fuß gehen, dennoch ist dieser Zug das beste
  öffentliche Verkehrsmittel. Der Weg zum Bahnhof ist ausgeschildert und
  führt über eine Fußgängerbrücke. Fahrkarten erhält man an einem Automaten am Ende der Fußgängerbrücke. Tickets gibt es auch im Zug, sind
  dort aber teurer. Der erste Zug nach Málaga fährt um 7 Uhr, danach halbstündlich bis 24 Uhr; Fahrtzeit: zwölf Minuten.
- **Bus** Alle 30 Minuten verkehrt die Linie 19 zwischen dem Flughafen und
  der Stadt Málaga, von 7 bis 24 Uhr; Preis 1,50 €; Fahrzeit: 25 Minuten.
  Hauptstation ist Alameda Principal 9.
- **Taxi** Die Kosten in die Innenstadt von Málaga liegen bei 15 €, bis Marbella
  bei 40 €. Registrierte – weiße – Taxis stehen am Flughafenausgang. Man
  prüfe, ob das Taxameter funktioniert. Weitere Informationen zu Taxis (►37).
- **Auto** Folgen Sie der Ausfallstraße. Wenn man sich der N340 nähert, nimmt
  man die linke Spur, die über eine Überführung auf den Ring von Málaga
  (Ronda de Málaga) führt und von dort nach Málaga, Granada, Almería und
  Orte im Norden der Stadt Málaga. Auf der rechten Spur gelangt man auf
  die andere Seite der N340 (und anschließend auf die A7/AP7), die nach
  Westen an die Costa del Sol und weiter nach Cádiz und Sevilla verläuft.
  Um nach Ronda zu gelangen, müssen Sie die Ausfahrt Coín wählen.

Der Bahnhof von Málaga (Málaga RENFE)

Der Hauptbahnhof von Málaga (Tel. 902 24 02 02) liegt etwa 0,75 Kilometer
vom Zentrum entfernt. Ein **Nahverkehrszug** (Línea C-1) fährt zum Alameda Centro in der Innenstadt. Busse 1, 4, 5, 10, 12, 16, 19, 24 bis Alameda Principal.

Der Busbahnhof von Málaga

Der Busbahnhof (Tel. 952 35 00 61) ist etwa 0,75 Kilometer vom Zentrum
entfernt und grenzt an den Bahnhof am Paseo de los Tilos. Zug- und Busverbindungen ins Stadtzentrum siehe Hauptbahnhof.

Ankunft in Almería

Der Flughafen von Almería

Der Airport (Tel. 950 21 37 00 oder 950 21 37 01) befindet sich neun Kilometer östlich der Stadt. Der **Bus**, Linie 14, verkehrt zwischen dem Flughafen
und der Innenstadt (Rambla de Belén) etwa alle 30 Minuten, von 7–22.30
Uhr. Ein **Taxi** zur Puerta de Purchena kostet etwa 15 €.

Bahnhof und Busbahnhof von Almería

Der Bahnhof (Estación de Ferrocarril, Tel. 902 24 02 02) und der Busbahnhof (Estación de Autobuses, Tel. 950 26 20 98) haben an der Plaza de la

Estación einen gemeinsamen Zugang. Es sind etwa 700 Meter zu Fuß in Richtung Meer zur Avenida Federico García Lorca (Rambla de Belén).

Ankunft in Granada

Der Flughafen von Granada
Der Flughafen (Tel. 902 40 05 00) liegt etwa 15 Kilometer westlich der Innenstadt und wird nur für Inlandsflüge genutzt. **Busse** fahren 5x täglich vom Flughafen zur Plaza Isabel la Católica am Ende der Gran Vía de Colón im Zentrum. Ein Taxi ins Zentrum kostet etwa 25 €

Der Bahnhof von Granada
Der Bahnhof (Tel. 902 24 02 02) an der Avenida de Andaluces liegt etwa 1,5 Kilometer von der Innenstadt entfernt. Die **Busse** 1, 3, 4, 5, 6, 7, 9 und 11 verkehren zwischen dem Bahnhof und der Gran Vía de Colón und Los Reyes Católicos im Zentrum. **Taxis** kosten etwa 4 € bis Los Reyes Católicos.

Der Busbahnhof von Granada
Carretera de Jaén (Tel. 958 18 58 10), etwa 3 km vom Zentrum entfernt. Der Stadtbus Nr. 3 fährt ins Zentrum.

Ankunft in Córdoba

Der Bahnhof von Córdoba
Der Bahnhof (Tel. 902 24 02 02) ist etwa 1,25 Kilometer von der Innenstadt entfernt. **Bus Nr. 3** fährt über die Plaza de las Tendillas bis zur Mezquita am Fluss. **Taxis** hierher kosten 5 €.

Der Busbahnhof von Córdoba
Bus Nr. 3 (s. oben) verbindet den Busbahnhof (Tel. 957 40 40 40) mit der Innenstadt.

Ankunft in Sevilla

Der Flughafen von Sevilla
Vom Flughafen (Tel. 954 44 90 00) starten Inlandsflüge wie internationale Flüge. Er liegt etwa acht Kilometer vom Zentrum entfernt. Von 6.45 bis 23.30 Uhr fährt stündlich ein **Bus** in die Innenstadt. Ein **Taxi** kostet etwa 18 €.

Der Bahnhof von Sevilla
Vom Bahnhof (Tel. 902 24 02 02) fährt Bus Nr. C1 zur Avenida Carlos V; die Kathedrale ist nicht weit. Ein **Taxi** zur Kathedrale kostet etwa 6 € plus 2 € für Gepäck. Im **Touristeninformationsbüro** können Sie Hotelzimmer buchen.

Der Busbahnhof von Sevilla
Sevilla hat zwei Busbahnhöfe. Der internationale Busbahnhof, an dem auch Busse aus anderen Teilen Spaniens ankommen, liegt an der Plaza de Armas (Tel. 954 90 77 37/90 80 40); Busse aus Andalusien fahren zum Prado de San Sebastián (Tel. 954 41 71 11).

Touristeninformationen
Es gibt die regionalen **Oficinas de Turismo de la Junta de Andalucía (J de A)** sowie in den Städten die **Oficina Municipal de Turismo (OMT)**.

Unterwegs in Andalusien

Öffentliche Verkehrsmittel

Zug

RENFE (Red Nacional de Ferrocarril de España) heißt das Bahnnetz in Spanien. Die Zugverbindungen zwischen den Großstädten sind in der Regel schnell und bequem. Züge zwischen kleineren Städten und auf dem Land sind erheblich langsamer, dafür hat man oft eine schöne Aussicht. Die Bahnhöfe können auf dem Land mehrere Kilometer vom Zentrum entfernt liegen, und es stehen nicht immer öffentliche Verkehrsmittel zur Verfügung, sodass man gegebenenfalls auf ein Taxi angewiesen ist.

- Allgemeine Informationen zu RENFE-Verbindungen bekommt man in Andalusien unter Tel. 902 24 02 02. Außerdem gibt es eine umfangreiche Website in englischer und spanischer Sprache: www.renfe.es.
- Auf den Hauptstrecken ist es ratsam, **Plätze** zu reservieren. **Fahrkarten** und Platzreservierungen halten Reisebüros mit dem RENFE-Zeichen bereit. In den Bahnhöfen muss man aus einem Automaten mit der Bezeichnung *Venta anticipada su turno* eine Nummer ziehen, die dann am Schalter aufgerufen wird.
- Einzelheiten zu den **Bahnhöfen** von Málaga, Almería, u. a. (➤ 34f).

Zugkategorien

- **Cercanías** verbinden Städte und Vorstädte, manchmal fahren sie bis in die Provinzhauptstadt. Sie sind schnell und preiswert.
- **Regionales** verkehren zwischen den Großstädten und sind ebenfalls schnell und bequem; die komfortablere Version heißt TRD (Tren Regional Diésel).
- **Larga Distancia** Die Hochgeschwindigkeitszüge AVE (Tren Alta Velocidad) fahren von Madrid nach Córdoba und Sevilla.

Bus

In Andalusien gibt es hervorragende regionale Busverbindungen, die von mehreren Firmen betrieben werden. Im Allgemeinen sind die Busse bequem und zuverlässig; Intercity-Busse haben eine Klimaanlage. Die Preise liegen etwa 25 Prozent unter denen der Bahn. Besonders auf dem Land sind Busse oft schneller als Züge.

- Genauere Informationen und Telefonnummern der **Busbahnhöfe** (➤ 34f).
- **Fahrkarten** sollte man möglichst einen Tag im Voraus kaufen, da der Andrang besonders am Morgen groß ist.
- In den meisten Bahnhöfen gibt es einen zentralen Fahrkartenschalter. **Málaga** ist eine Ausnahme, hier kauft man bei der Gesellschaft Alsina Graells Fahrkarten ins Landesinnere, bei Automoviler Portillo in die Küstenregion.
- An Sonn- und Feiertagen verkehren erheblich weniger Busse.
- Gepäck wird im Kofferraum verstaut. Kleinere Gepäckstücke finden unter dem Sitz Platz.

Taxi

In Andalusien sind Taxis mit einem Taxameter ausgestattet. Die Preise liegen weit unter dem Niveau von Westeuropa. Außerhalb der Städte, nachts sowie an Sonn- und Feiertagen steigen die Preise. Gepäck ist extra zu bezahlen.

Auto fahren

Außerhalb der Großstädte fährt es sich relativ stressfrei. Auf der **N340** kann es jedoch zu Staus kommen.

- Es herrscht **Rechtsverkehr.**
- Es besteht **Anschnallpflicht.**
- **Treibstoff** gibt es als *normal, super, sin plomo* (bleifrei) und *gasoleo* (Diesel). Tankstellen in Städten akzeptieren meist Kreditkarten, auf dem Land ist Barzahlung die Regel.
- Die **Geschwindigkeitsbegrenzung** liegt auf *autopistas* (Autobahnen mit Maut) und *autovías* (kostenlose Autobahnen) bei 120 km/h, auf Schnellstraßen mit Überholspur bei 100 km/h, auf Landstraßen bei 90 km/h. In der Stadt sind 50 km/h erlaubt, in Wohngebieten 25 km/h.
- Die **Promillegrenze** liegt bei 0,5.
- Prüfen Sie beim Parken in Städten stets, ob sie auf einem **kostenpflichtigen Parkplatz** stehen. Sie riskieren einen Strafzettel oder das Abschleppen Ihres Wagens.
- Ein **Warndreieck, Ersatzglühbirnen** sowie **Warnwesten** sind mitzuführen.

Mietwagen

- Zur Ferienzeit empfiehlt sich eine **Reservierung** etwa bei Budget (Tel. 08701 56 56 56, www.budget.co.uk) oder Europcar (Tel. 0870 607 5000, www.europcar.com) von Deutschland aus.
- An Flughäfen und Bahnhöfen stehen von örtlichen Verleihfirmen preiswertere **Mietwagen** bereit, etwa von ATA S L Rent a Car (www.atarentacar.com) mit Büros in Sevilla (Tel. 954 22 09 57/58) und Granada (Tel. 958 22 40 04 /22 56 65); dort bekommt man auch Informationen über die Zweigstellen.
- Bei der Fahrzeugübernahme sollte man den Zustand des Autos **prüfen** und alle Schäden sofort melden.
- Im Fall einer **Panne** wende man sich an die Notfallnummer der Autovermietung oder an den Straßendienst. Stellen Sie unbedingt ein Warndreieck auf. Alle Autos verfügen über Warnblinkanlagen, die Sie jedoch vor der Abfahrt überprüfen sollten. Wenn Sie mit dem eigenen Wagen unterwegs sind, sollten Sie sich an die Richtlinien Ihrer Versicherung oder Ihres Automobilclubs halten.
- Das Mietauto wird mit dem **gleichen Grad der Tankfüllung** zurückgegeben wie man es übernommen hat.

Eintrittsgelder

Für den Eintritt zu Museen und anderen im Text erwähnten Sehenswürdigkeiten gelten folgende Preiskategorien:

Preiswert: unter 2 €
Mittel: 2–4 €
Teuer: über 4 €

Übernachten

In diesem Führer finden Sie ausgewählte Übernachtungsmöglichkeiten, die Auswahl reicht von *paradores* (staatlichen Top-Hotels) bis hin zu familiären *hostales*, Pensionen. In den Touristenhochburgen an der Costa del Sol empfiehlt es sich, im Voraus zu buchen, vor allem von Mai bis Oktober, wenn viele Pauschalreisende unterwegs sind. Wer Glück hat, findet abseits vom Schuss in einem *hostal* ein Doppelzimmer zu einem günstigen Preis.

Zimmersuche

- Die Touristeninformation vor Ort hält Übersichten mit Zimmern aller Kategorien bereit und fragt auch telefonisch an. Die Zimmer sind bis 18 Uhr zu beziehen, außer man hat vorher seine Kreditkartennummer angegeben.
- Falls keine Touristeninformation vorhanden ist oder sie geschlossen hat, findet man rund um die *Plaza mayor* (zentraler Platz) am leichtesten Übernachtungsmöglichkeiten.
- Wer mit einem Kleinkind oder Haustier unterwegs ist, sollte das Hotel beim Buchen informieren.

Einchecken und auschecken

- Beim Einchecken muss man seinen Pass vorlegen. Die Rezeption füllt ein Anmeldeformular aus.
- Hotelzimmer sind bis zwölf Uhr zu räumen, Pensionen oft schon um elf Uhr. Sagen Sie rechtzeitig Bescheid, wenn Sie frühmorgens abreisen möchten.
- Hotels bewahren Gepäck bis zum Abend auf und kümmern sich auch um ein Taxi.

Übernachtungsmöglichkeiten
Paradores

Paradores sind teuer, aber etwas Besonderes. Oft handelt es sich um umgebaute Burgen, Schlösser oder Klöster, die ihren historischen Charakter bewahrt haben, jedoch wie ein Fünfsternehotel mit Bädern, Klimaanlage und allem Luxus ausgestattet sind. Oft findet man hier schöne Antiquitäten und echte Kunstwerke.
In Andalusien gibt es 16 *paradores*. Rechtzeitige Reservierung empfiehlt sich über die Zentrale: **Central de Reservas**, Calle Requena 3, 28013 Madrid, Tel. 915 16 66 66, www.parador.es

Hotels

Die Hotels in Spanien sind vom Tourismusministerium mit einem bis fünf Sternen (*estrellas*) klassifiziert.

- **Fünfsternehotel**: absoluter Luxus mit voll ausgestatteten Zimmern (WiFi, TV, Telefon), Tennisplatz, Schwimmbad, Fitnesscenter und einem eigenen Abendprogramm.
- **Viersternehotel**: nicht ganz so luxuriös, aber dennoch hervorragend ausgestattet.
- **Dreisternehotel**: preiswerter, aber mit TV und Klimaanlage.
- **Zwei- und Einsternehotel**: sehr preiswert, aber mit unterschiedlichem Standard; am besten, man lässt sich das Zimmer zeigen. Wegen der unterschiedlichen Standards sollte man sich beim Buchen genau über Lage und Ausstattung der jeweiligen Häuser informieren.
- Viele Hotels bieten Familienzimmer mit Zusatzbetten für ca. 30 Prozent Aufschlag an.

Hostales

Hostales sind oft hübscher als billige Hotels und sollten nicht mit Jugendherbergen verwechselt werden. Es handelt sich um eine Art Hotel in Familienbetrieb mit einem bis fünf Sternen. Ein *hostal* mit **drei Sternen** entspricht einem Zweisternehotel. Viele Zimmer haben ein eigenes Bad, sind nett eingerichtet und trotzdem preiswert. In Andalusien gibt es viele charmante *hostales*, die meist im historischen Zentrum liegen.

Pensionen

Zwischen einem *hostal* und einer *pensión* besteht kein großer Unterschied. Oft haben Pensionen allerdings ein Gemeinschaftsbad; man muss zwischen Halb oder Vollpension wählen. Die Zimmer sind sauber, aber einfach eingerichtet. Bettwäsche und Handtücher werden in der Regel gestellt, Toilettenartikel nicht.

Preisgünstige Unterkünfte

Camas oder *habitaciones* sind Zimmer in Privathäusern oder gehören zu Lokalen und *ventas* (► 41); oft hängt ein Schild im Fenster, auf dem *camas y comidas* (Betten und Essen) steht. Mit einem eigenen Bad sollte man nicht rechnen. Eine *fonda* ist ein kleiner Gasthof, der eine einfache Unterkunft anbietet.

Die meisten **Jugendherbergen** (*albergues juveniles*) sind in alten Gemäuern untergebracht – ohne Heizung und warmes Wasser, also im Winter oft richtig kalt. Meist liegen sie vor den Toren der Stadt, sind oft während der Ferien knallvoll mit Schulkindern – und eigentlich eher zu meiden.

Zelten

In Andalusien gibt es viele hervorragende Campingplätze. Sie werden regelmäßig von der Tourismusbehörde inspiziert und je nach Ausstattung in vier Kategorien eingeteilt: L (Luxus), erste, zweite und dritte Klasse. Selbst der einfachste Campingplatz muss 24 Stunden beaufsichtigt und eingezäunt sein, Trinkwasser zur Verfügung stellen, eine Erste-Hilfe-Station, Toiletten, Duschen und Feuerschutz aufweisen. Heißwasser ist meist extra zu bezahlen. Wildes Campen an Stränden ist verboten und wird mit einem Bußgeld belegt.

Saisonzuschläge

Je nach Jahreszeit ist mehr oder weniger zu berappen, ebenso wirkt sich die Ausstattung auf den Preis aus. In beliebten Ferienorten wie an der Costa del Sol ist im Juli und August Hochsaison (*temporada alta*), was die Preise um bis zu 25 Prozent hinauftreibt. In Wintersportorten in der Sierra Nevada ist im Winter Hochsaison. In der Nebensaison findet man viele günstige Schnäppchen, und auch die *paradores* werben dann manchmal mit Sonderpreisen – solche Angebote können sehr attraktiv sein.

An Feiertagen und während der lokalen *fiestas* – wie der Feria de Abril in Sevilla – findet man schwerer eine Unterkunft und muss auch mehr Geld ausgeben (Informationen zu den Festen und Veranstaltungen ► 19ff).

Preise
Die Symbole beziehen sich auf die durchschnittlichen Preise für eine Übernachtung im Doppelzimmer.
€ unter €50   €€ von €50–€80   €€€ von €80–€120   €€€€ über €120

Essen und Trinken

Das Klima, die Lage am Meer, aber auch das fruchtbare Land tragen dazu bei, dass in Andalusien eine Vielfalt von Köstlichkeiten auf den Tisch kommt. Schwertfisch (*pez espada*), Miesmuscheln (*mejillones*), Herzmuscheln (*coquinas* und *almejas*) und frische Sardellen (*boquerones*) sind ein Genuss für jeden Freund von Meeresfrüchten. Zicklein (*choto*) und Kaninchen (*conejo*) erfreuen den Fleischesser. Dazu gibt es wunderbares Gemüse je nach Saison: glänzend rote Paprikaschoten, grünen Mangold oder leuchtend orangefarbene Kürbisse.

Die Spanier gehen gern aus und laden Familie und Freunde in ihr Lieblingslokal ein, anstatt zu Hause selbst zu kochen.

Wann isst man was?

- **Frühstück** (*desayuno*): Es besteht meist aus Kaffee mit Toast (*tostada*), den die Einheimischen mit Olivenöl bestreichen und nicht mit Butter. Auch Schweineschmalz (*manteca*) mit Paprika oder zerdrückte Tomaten mit Öl (*tomate y aceite*) gehören oft zum Frühstück. Die spiralförmigen *churros*, ein süßes Schmalzgebäck, mit Kakao sind eine beliebte Alternative. Die meisten Spanier trinken morgens Kaffee, und zwar stark und schwarz (*café solo*), mit heißer Milch (*café con leche*) oder auch schwarz mit einem Tropfen Milch (*café cortado*). Wem der Kaffee so zu stark ist, der nehme den schwächeren *americano*.

- **Mittagessen** (*almuerzo*): Um etwa 14 Uhr nimmt man in Spanien die Hauptmahlzeit zu sich; in Restaurants kann man bis 16 Uhr zu Mittag essen. Meistens gibt es drei oder vier Gänge. Den Anfang macht eine Suppe oder ein Salat, gefolgt vom Hauptgericht mit Meeresfrüchten oder Fleisch und Gemüse. Vegetarier essen gern *gazpacho,* eine kalte Gemüsesuppe, oder *tortilla* (s. unten) mit Salat. Zum Nachtisch gibt es häufig Karamellpudding (*flan*), Eis (*helado*) oder Obst. Viele Restaurants bieten ein preiswertes Tagesmenü an (*menú al día*).

- **Tapas** sind ein typischer Bestandteil der kulinarischen Tradition Andalusiens (➤ 30f).

- **Abendessen** (*cena*): Im Vergleich zum Mittagessen fällt das Abendessen schmaler aus. Einige Restaurants bieten auch abends preiswerte Menüs an. Essenszeit ist zwischen 21 und 22.30 Uhr, also relativ spät.

Die Küche Andalusiens

- **Suppen** (*sopas*): Die wohl bekannteste Suppe ist *gazpacho*, eine kalte Gemüsesuppe aus Tomaten, Gurken, Paprika, Knoblauch, Brot, Essig und Olivenöl. Die dickflüssigere Variante heißt in Córdoba *salmorejo*, in der Gegend um Málaga *porra antequerana*. *Ajo blanco* ist eine gekühlte Suppe aus Mandeln, Knoblauch und Trauben; sie steht auf der Karte gehobener Restaurants.

- **Eier** (*huevos*): Kartoffeln, Zwiebeln und Eier sind die Zutaten für das spanische Omlette, die *tortilla*. Eine *tortilla francesa* ist ein einfaches Omelette ohne weitere Zutaten.

- **Meeresfrüchte** (*mariscos*): In *chiringuitos* (➤ 41) am Strand bekommt man den preiswertesten Fisch, zum Beispiel über dem offenen Feuer gegrillte Sardinen (*boquerones*). Paella ist ein Dauerbrenner und wird mit Schalentieren, Reis und Zitronenschnitzen zubereitet.

- **Fleisch** (*carne*): Zu den beliebtesten Fleischgerichten zählen Schweinelende (*lomo de cerdo*), Kotelett (*chuletas*), würzige Würstchen (*chorizo*) und Jungschwein (*cochinillo*). Einer der besten spanischen Schinken (*jamón serrano*) kommt aus der Gegend von Alpujarras und aus der Provinz Granada.

- **Gemüse** (*verdura*): Salate gibt es immer, auch wenn es sich meist um eine etwas langweilige Mischung von Kopfsalat, Tomaten und Zwiebeln handelt. Je nach Saison gibt es Gerichte mit Gemüse wie Champignons in Knoblauchsoße mit Petersilie oder Spargel mit Rührei.
- **Nachtisch** (*postres*): Neben dem schon erwähnten Karamellpudding oder Eis stehen Milchreis (*arroz con leche*), Vanillecreme (*natillas*), Karamellpudding mit Sahne (*crema catalán*) und frisches Obst auf der Speisekarte. Meiden Sie überteuerte Tiefkühldesserts.

Wohin zum Essen?

- **Ventas**: Ländliche Restaurants, die herzhafte Hausmannskost anbieten. Heute zählen von Bauarbeitern über Geschäftsleute und am Wochenende Familien alle Schichten zu den Gästen. **Chiringuitos** sind kleine Lokale am Meer, in denen frische Meeresfrüchte auf den Tisch kommen.
- Die Auswahl an **Cafés und Bars** ist schier endlos. In den *tascas* hat man sich auf Tapas spezialisiert, in *bodegas* kann man Wein und Sherry vom Fass probieren.
- **Restaurants**: Besonders an der Küste gibt es einfach alles, vom Fastfood-Restaurant über Ethno-Lokale bis hin zu schicken Restaurants mit internationaler Cuisine. Spanische Restaurants haben sich vor allem auf Meeresfrüchte, Wild und Fleischgerichte spezialisiert. Größere Restaurants müssen Nichtraucherbereiche einrichten.
- **Teterías** sind Teeläden im marokkanischen Stil mit einer Riesenauswahl an Kräutertees (*infusiones*), zu denen arabisches Gebäck gereicht wird.

Trinkgeld

In Spanien sind fünf Prozent Trinkgeld üblich, aber eigentlich lässt man einfach nur überzählige Münzen liegen. Viele Touristen geben Trinkgeld wie zu Hause.

Getränke

- **Bier** (*cerveza*) ist überaus beliebt; viele Spanier ziehen es sogar dem Wein vor. Eine *cervecería* hat sich auf den Ausschank von Bier spezialisiert und bietet viele Sorten vom Fass und noch mehr in der Flasche. Das spanische Bier ist mit fünf Prozent Alkohol relativ stark; wer es weniger hochprozentig mag, probiert Bier mit Sprudel (*clara*).
- Rioja heißt der wohl bekannteste **Wein** Spaniens, es gibt aber noch 40 weitere Weinregionen im Land. Man kann einen Hauswein (*vino de la casa*) probieren oder einen *tinto de verrano*, einen Rotwein mit Limonade (*gaseosa*). Rotwein heißt *tinto*, Weißwein *blanco*. Der süße Wein aus Málaga wird aus Muskatellertrauben gekeltert, die in der Gegend um Axarquia wachsen.
- **Sherry** (*fino, manzanilla, amontillado, oloroso*) ist ein beliebter Aperitif (▶ 28f).
- **Sangría** ist ein köstlicher Punsch aus Rotwein, Cognac, Likören und Sprudel mit Orangen- und Zitronenstückchen.
- **Cocktails und Spirituosen** sind in Spanien erheblich billiger als in den meisten anderen Ländern. Für viele Spanier gehört ein Cognac (*coñac*) oder ein *anis* schon zum Morgenkaffee. Die spanischen Marken sind preiswerter als ausländische Produkte und schmecken genauso gut.
- An **nichtalkoholischen Getränken** mit Kohlensäure steht die übliche Palette zur Auswahl. Lecker sind Obstsäfte (*zumos*) und *Bitter Kas*, der geschmacklich dem Campari ähnelt. Wer einmal etwas Besonderes probieren möchte, bestellt eine eiskalte *horchata*, eine Art Milchgetränk aus Mandeln, das es in fast jedem Café gibt.

Restaurant Preise

Die Preise gelten pro Person für ein Drei-Gänge-Menü inklusive Wein und Service.

€ unter €12   €€ €12– €30   €€€ über €30

Einkaufen

In den Großstädten und mondänen Ferienorten finden sich schicke Designerboutiquen neben Geschäften, in denen etwa traditionelle Flamencokleider verkauft werden. Jede Region hat auch ihre eigenen *alaferias* (Töpfereien) und *talleres* (Handwerksbetriebe), in denen farbenprächtige Keramik, Stoff, Lederarbeiten und Silberwaren gefertigt werden. All diese Gewerbezweige gehen auf die Mauren zurück. Die typischen Delikatessen Andalusiens findet man in Weinläden und Feinkostgeschäften und natürlich auf den Märkten.

Wohin zum Einkaufen?

Mode

In allen Großstädten Andalusiens – Málaga, Sevilla, Córdoba und Cádiz – und auch in Ferienorten wie Marbella oder Puerto Banús ist die Auswahl an Bekleidungs- und Schuhgeschäften groß. Man kann hier alles kaufen, von Top-Designermode von Armani oder Gucci bis hin zu erschwinglicherer, aber dennoch schicker Mode, Sport- und Strandkleidung. An der Costa del Sol finden sich viele Schmuckgeschäfte, doch sollte man sich mit Schmuck auskennen. Renommierte Juweliere haben sich in den Einkaufszonen der größeren Städte niedergelassen.

Souvenirs

Überall in Andalusien bekommt man Souvenirs, vom bedruckten T-Shirt bis hin zu Keramik. Um die Hauptsehenswürdigkeiten einer jeden Stadt werden in vielen kleinen Läden Andenken aus Massenproduktion feilgeboten, so beispielsweise um die Mezquita von Córdoba oder im Viertel Santa Cruz von Sevilla. Edleres und authentischeres Kunsthandwerk lässt sich aber durchaus finden (s. Hinweise in den Regionalkapiteln). Die Hauptstraßen und Uferpromenaden am Meer sind von Andenkenläden gesäumt, dazu kommen in der Hauptsaison noch die fliegenden Händler mit billigen Souvenirs. Unter all dem Schund kann man aber durchaus ein witziges Mitbringsel entdecken.

Vgl. auch die folgenden Abschnitte zu Antiquitäten, Kunsthandwerk und Läden in Dörfern.

Antiquitäten und Kunst

Um interessante Stücke spanischer Herkunft zu finden, stöbert man in den entsprechenden Geschäften, die sich im Zentrum der Großstädte angesiedelt haben, beispielsweise in Granada und Sevilla. So manches ist ja vielleicht zu groß und sperrig, um mit nach Hause genommen zu werden, aber es gibt auch viele hübsche Kleinigkeiten.

Kunsthandwerk

Die **Keramik** aus Andalusien wird höchsten Ansprüchen gerecht, vor allem in Zentren wie Úbeda (▶ 126f) und Níjar (▶ 100). Besonders die farbenprächtigen Kacheln, die auf die Mauren zurückgehen, haben es zu Ruhm gebracht. In Córdoba findet man auch schöne **Leder-** und filigrane **Silberwaren**, während Granada sich eher als Zentrum für **Intarsienarbeiten** einen Namen gemacht hat. In der Bergregion von Andalusien, vor allem in den Alpujarras (▶ 92ff) und in der Sierra de Grazalema (▶ 66f) werden Stoffe und traditionelle Kleidung wie Ponchos angeboten, dazu kleine Läufer und Bettüberwürfe, *jarapas*.

Essen und Trinken

Die Bergregionen der Alpujarras in der Provinz Granada und die Sierra Morena bei Sevilla sind bekannt für ihren *jamón serrano* und *jamón ibérico* (luftgetrockneter Schinken). In Dörfern wie Trevélez (► 94f) in den Alpujarras, in Aracena (► 156f) und Jabugo (► 184) in der Sierra Morena gibt es Läden, die ausschließlich Schinken und Wurst verkaufen.

Die großen *bodegas* von Jerez de la Frontera (► 56ff) bieten ihre eigene **Sherry**-Marke an, ebenso El Puerto de Santa María (► 68) und Sanlúcar de Barrameda (► 67). In den größeren Städten und in den Weinbaugebieten steht in Spezialgeschäften eine endlose Auswahl an Sherry, Wein und Likör – oft bekommt man sogar eine Kostprobe.

Kaufhäuser

Es gibt natürlich eine Vielzahl von Kaufhäusern in Spanien, am bekanntesten ist aber **El Corte Inglés,** eine Ladenkette mit Niederlassungen in Sevilla, Granada, Córdoba, Málaga und an der Costa del Sol. In Málaga erreicht das Kaufhaus gigantische Dimensionen mit Fachabteilungen für alles, was man sich nur wünschen kann.

Märkte

Die Märkte in der Stadt und auf dem Land bieten frische Lebensmittel, wenn man sich selbst versorgen oder auch ein Picknick machen will. Genießen Sie Lärm und Farben, und lassen Sie sich treiben.

Die besten Märkte
Fisch: Sanlúcar de Barrameda (► 74), Almería (► 107) und generell Küstenorte.
Fisch, Fleisch, Obst und Gemüse: Cádiz (► 75), Málaga (► 52).
Kleidung und Haushaltswaren: Fuengirola (► 75), Córdoba (► 135).

Dorfläden

Die Tante-Emma-Läden in den Dörfern verkaufen alles, Töpferei und Strohhüte, Gewürze und Lebensmittel, bunte Schals und Krawatten. Alles kostet hier nur einen Bruchteil von dem, was in den Städten verlangt wird, überdies bekommt man spanische Waren und keinen Touristen-Kitsch wie in den Ferienorten.

Öffnungszeiten

Die meisten Geschäfte in Andalusien sind von 9 bis 14 Uhr und von 16.30 bis 20.30 Uhr geöffnet, und zwar von Montag bis Samstag, was allerdings recht flexibel gehandhabt wird. In den großen Kaufhäusern kann man durchgehend von 9.30 bis 22 Uhr einkaufen; am Samstag wird früher geschlossen, jeder erste Sonntag im Monat ist verkaufsoffen.

Zahlungsmöglichkeiten

In den größeren Städten werden Kreditkarten in fast allen Läden angenommen. Auf dem Land wird Barzahlung erwartet.

Verhaltensregeln

Auch die Andalusier stöbern gern in den Geschäften herum, und so hat man als Tourist kein Problem, wenn man es ebenso macht. Um Missverständnisse zu vermeiden, sollte man beim Verkaufspersonal rückfragen, bevor man Waren aus den Regalen nimmt. In schicken Designerboutiquen wird jeder Kunde sofort persönlich betreut, und man geht von ernsten Kaufabsichten aus. Meiden Sie aufdringliche Bauchladenverkäufer in Ferienorten.

Ausgehen

In Andalusien ist das Angebot an Unterhaltungsmöglichkeiten groß. In den größeren Städten gibt es Kinos, an der Costa del Sol finden sich Spielkasinos. Auch wer gern in der freien Natur etwas unternimmt, kann sich in unzählige Aktivitäten stürzen. Kinder kommen in den Vergnügungsparks (► 62) auf ihre Kosten.

Nachtleben

- **Nachtclubs:** Vor allem an der Costa del Sol, aber auch in den großen Städten geht die Post ab. Viele Nachtclubs öffnen erst um 22 oder 23 Uhr ihre Pforten, erst ab drei oder vier Uhr ist richtig was los.
- **Kinos** gibt es in allen größeren Städten. Die meisten ausländischen Filme werden synchronisiert. Kinos in Málaga, Fuengirola und Marbella zeigen auch Filme in der Originalversion.
- In ganz Andalusien kann man gute **Flamencoshows** (► 16ff) sehen.

Besondere Veranstaltungen

- **Festivals** sind ein wichtiger Bestandteil des Lebens in Andalusien; die meisten finden zwischen Ostern und Juni statt (► 19ff).
- Die **Stierkampfsaison** dauert von Ostern bis Oktober, an der Costa del Sol bis November. Etwa drei Wochen vorher werben bunte Plakate für die Veranstaltung; die Hotels bieten oft organisierte Stierkampfbesuche mit Transfer an. Einheimische buchen für so renommierte Arenen wie in Sevilla, Granada, Córdoba, Málaga und Ronda die Eintrittskarten lang im Voraus. Die Preise können hier bei bis zu 140 € liegen, Billigtickets kosten 15 €. Selbst für die *novilladas* an der Costa del Sol muss man zwischen 30 und 60 € berappen (weitere Informationen ► 13ff).

Aktivitäten im Freien

- Die Atlantikküste zwischen Gibraltar und Cádiz, vor allem aber Tarifa (► 68f), ist zum Paradies für **Wind- und Kitesurfer** avanciert. Außerdem kann man hier **tauchen, Wasserski fahren** und **paragleiten**. Spaß macht es auch, vom Boot aus bei Gibraltar und Tarifa **Delphine** zu beobachten.
- An der Costa del Sol sind viele »Golf-Dörfer« entstanden. Generell muss man frühzeitig reservieren, besonders wenn man ein Zertifikat erwerben will. Die Gebühren schwanken erheblich und sind besonders auf schicken Golfplätzen enorm hoch (Informationen ► 76). Auskunft erteilt die **Federación Andaluza de Golf** (Sierra de Grazalema 33-5-1B, Málaga, Tel. 952 22 55 90, www.golf-andalucia.net).
- In der beeindruckenden Bergwelt Andalusiens gibt es vielfältige Möglichkeiten für einen Abenteuerurlaub: Man kann auf Pfaden durch die Alpujarras (► 92ff), durch die Sierra de Grazalema (► 66f) und durch die Sierras de Cazorla und Segura (► 124f) **wandern**. Außerdem werden organisierte **Reitausflüge** und **Radtouren** angeboten. In vielen Flüssen kann man **angeln**. Informationen erteilt die **Spanische Anglervereinigung** (Tel. 915 32 83 53, www.fepyc.es). Wer das große Abenteuer sucht, geht zum **Klettern, Paragleiten** oder **Hängegleiten**.

Nützliche Informationen

In vielen Touristeninformationen liegt der Veranstaltungskalender *Qué hacer? – Guía de Ocio de Andalucía* in Englisch und Spanisch aus.

Málaga und Cádiz

Erste Orientierung

Málaga und Cádiz sind die am häufigsten besuchten Provinzen Andalusiens. Das liegt nicht nur an der Costa del Sol, sondern auch am beeindruckenden Hinterland mit alten maurischen Dörfern und historischen Städten.

In der berühmten Reitschule von Jerez de la Frontera

Parque Nacional de Doñana

Sanlúcar de Barrameda **8**

Jerez de la Frontera **7**

El Puerto de Santa María

Cádiz **10** **9**

San Fernando

Chiclana de la Frontera

Vejer de la Fron

Los Caños de Me

Costa de la Luz

Die Provinz Málaga eignet sich hervorragend als Ausgangspunkt für die Erkundung der außergewöhnlichen Vielfalt Andalusiens. Die Hauptstadt Málaga ist eine ganz normale spanische Stadt – ein schöner Kontrast zu den aus dem Boden gestampften Touristenzentren an der Costa del Sol. Im Norden der Provinz liegen bewaldete Täler und zerklüftete Berge. Am eindrucksvollsten ist der Naturpark El Torcal mit seinen bizarren Kalksteinformationen unweit des historischen Städtchens Antequera. Doch auch weiter gen Westen mangelt es nicht an spektakulären Orten. So scheint die Stadt Ronda förmlich über der gewaltigen Schlucht des Río de Guadalevin zu hängen. Südlich und westlich von Ronda sprenkeln die legendären *pueblos blancos* (weiße Dörfer) wie weiße Tupfen die schönen Berge der Sierra de Grazalema und die bewaldeten Hügel der Region El Alcornocales.

Im Westen der Provinz Cádiz erstreckt sich zwischen Jerez de la Frontera, Sanlúcar de Barrameda und El Puerto de Santa María das so genannte Sherry-Dreieck. Cádiz selbst gleicht einem Labyrinth aus Gassen mit Blick über das glitzernde Meer. Weiter südöstlich findet man an der Costa de la Luz noch unberührte Strände, und maurische Städtchen wie Vejer de la Frontera thronen auf den Hügeln. Von der südlichsten Stadt Spaniens, Tarifa, ist es nicht mehr weit bis nach Gibraltar.

★ Nicht verpassen!

Nach Lust und Laune!

Pseudomaurischer Hafenkomplex in Benalmádena Costa

Rechts: Der imposante Puente Nuevo in Ronda

Seite 45: *Pueblo blanco*, nördlich von Ronda, in der Provinz Málaga

Folgen Sie von Málaga aus der reizvollen Bergstraße nach Ronda und zu den weißen Dörfern. Dann geht es weiter zur Sherry-Hauptstadt Jerez de la Frontera, zum historischen Cádiz und an der Küste zurück nach Málaga.

Málaga und Cádiz in vier Tagen

Erster Tag

Vormittags

Besuchen Sie den bunten Markt, den **Mercado Atarazanas** (► 52), spazieren dann die mit Marmor gepflasterte Haupteinkaufsstraße Marqués de Larios (rechts) entlang, und

anschließend durch enge Gassen und über idyllische *plazas* zur maurischen Zitadelle, der **Alcazaba** (► 50f). Bewundern Sie den Renaissancedekor der **Kathedrale** (► 51), bevor Sie mittags in der Bar Logüeno (► 71) ein paar leckere Tapas kosten.

Nachmittags

Im Museo Picasso (► 51) finden Sie eine herrliche Auswahl der Werke von Málagas berühmtestem Sohn. Durch Wälder und raue Berge geht es nach **Ronda** (► 53f), das sich auf zwei Seiten einer Schlucht den Berg hinaufzieht. Am frühen Abend kann man mit Muße einen Bummel machen. Besonders schön ist der Blick auf die zerklüftete Felsschlucht, wenn sie von der goldenen Abendsonne beleuchtet wird. Übernachten Sie in Ronda.

Zweiter Tag

Vormittags

Besichtigen Sie die **Iglesia de Santa María Mayor** (► 54) mit Überresten der alten maurischen Moschee. Weiter geht es zum **Palacio de Mondragón** mit dem angeschlossenen Museum (► 54), hübschen Patios und herrlicher Aussicht.

Nachmittags

Fahren Sie durch die **Sierra de Grazalema** (► 66), und legen Sie in Grazalema oder in Zahara de la Sierra eine Pause ein. Fahren Sie durch die Berge nach **Jerez de la Frontera** (► 56ff), wo Sie die Nacht verbringen.

Dritter Tag

Vormittags
Besuchen Sie die **Königliche Andalusische Schule der Reitkunst** (links, ➤ 57) und anschließend eine der Sherry-*bodegas* (➤ 56f). Essen Sie in einer Tapas-Bar zu Mittag.

Nachmittags
Weiter geht es nach **Cádiz** (➤ 59f). Bewundern Sie die **Kathedrale**, und spazieren Sie durch die belebten Gassen zum **Museo de Cádiz** (➤ 59) mit beeindruckenden Exponaten (rechts) aus der Zeit der Phönizier und Römer sowie Gemälden alter spanischer Meister. Spazieren Sie in der Abenddämmerung über die Uferpromenade.

Vierter Tag

Vormittags
Schlendern Sie nach dem Frühstück auf der **Plaza de las Flores** (➤ 59) über den Markt zur **Torre Tavira** (➤ 59) mit herrlichem Blick über die Stadt. Fahren Sie anschließend in östlicher Richtung an der **Costa de la Luz** (➤ 68f) entlang. Wer Zeit und Lust hat, stattet dem maurischen Ort **Vejer de la Frontera** (➤ 68) einen Besuch ab, dann geht es weiter nach **Tarifa** (➤ 68) durch die hügelige Sierra del Cabrito mit Ausblicken auf den markanten Felsen von Gibraltar. In **Estepona** (➤ 61) gibt es ein spätes Mittagessen.

Nachmittags
Der herrliche Strand von Estepona lädt zum Entspannen ein, bevor es weiter nach **Marbella** (➤ 61) geht, wo man dem Nachtleben frönen kann. Als Alternative bietet sich die Rückfahrt nach **Málaga** an, um am Paseo del Parque (rechts) zu flanieren, Tapas zu essen und dazu einen Sherry zu trinken.

Málaga

Die lebhafte Provinzhauptstadt wird oft als Teil der Costa del Sol abgetan. Die »Hauptstadt der Costa« ist jedoch geografisch unabhängig und außerdem eine spannende Kombination aus Alt und Neu – eine Erfahrung, die man sich nicht entgehen lassen sollte.

Málaga ist nach Sevilla die zweitwichtigste Stadt Andalusiens. Die Stadt besitzt einen bedeutenden Hafen; das wachsende Finanzzentrum Málagas unterstützt die solide wirtschaftliche Entwicklung der Region – den Tourismus im Hinterland und die Nahrungsmittel- und Textilindustrie. Der wirtschaftliche Erfolg macht sich in Form von Hochhäusern und Neubaugebieten bemerkbar, die rund um die

Stadt entstehen. Im Herzen Málagas finden sich jedoch Straßen und Plätze aus dem 19. Jahrhundert mit zahlreichen Läden und Kunstgalerien, Bars und Cafés. Dazwischen erzählen historische Gebäude die lange Geschichte Málagas als Hafen und Handelszentrum. Beeindruckend ist die maurische Alcazaba auf dem Monte del Faro, dem »Leuchtturm-Berg«. Sein Name geht auf die Römer zurück, die auf dem Gipfel einen Leuchtturm errichteten, um in der Nacht den Schiffen den Weg zu weisen.

Oben: Blick vom Monte del Faro auf Málaga

Sehenswürdigkeiten

Die **Alcazaba** ist ein hervorragendes Beispiel für eine Festung, die das Zentrum jeder maurischen Stadt bildete. Die Burg wurde im 9. Jahrhundert erbaut und im 11. Jahrhundert erweitert. Heute erhebt sie sich über den engen Gassen mit einer ganzen Reihe von Gebäuden, die durch Rampen, Torwege und Terrassen miteinander verbunden sind. Hier stehen elegante Zypressen neben Brun-

nen und Wasserbecken. Am Eingang liegen die beeindruckenden
Ruinen eines römischen Theaters. Marmorsäulen und Kapitelle
aus der Römerzeit sind in die Wände des Maurenpalasts integriert.

Steigt man weiter hinauf, bietet sich vom oberen Komplex der
Alcazaba mit den restaurierten Räumen des Hauptpalasts und
dem **Museo Provincial de Arqueología** (Archäologiemuseum)
ein phantastischer Blick. Das Museum erläutert Málagas Bedeutung als Mittelmeerhafen und zeigt schöne maurische Keramik.

Das renovierte **Castillo de Gibralfaro** (Kastell Gibralfaro) aus
dem 14. Jahrhundert liegt auf dem Gipfel des Monte del Faro
über der Festung Alcazaba. Von dort haben Sie eine wunderschöne Aussicht und es gibt ein kleines Militärmuseum. Zum
Castillo de Gibralfaro ist es ein etwas beschwerlicher Fußmarsch
(entlang der Straße rechts von der Festung Alcazaba), der steile,
gepflasterte Pfad führt durch hübsche Gärten; Sie können aber
von der Avenida de Cervantes auch den Bus Nummer 35 oder ein
Taxi nehmen und dann zu Fuß zurück nach unten gehen und
dabei die herrliche Aussicht genießen. In der Nähe der Festung
Alcazaba liegt Málagas Kathedrale, deren Bau 1582 begonnen und
1783 abgeschlossen wurde. Sie wird auch La Manquita (einarmige
alte Frau) genannt, da an der Westseite nur
ein Turm steht. Die bröckelnden, dunklen Fassaden scheinen die Wirkung
der wunderschön restaurierten,
barocken Kathedrale noch zu ver-
stärken. Im eleganten Palacio de
Buenavista aus dem 16. Jahrhundert liegt das **Museo Picasso**,
eine hervorragende Hommage an
Pablo Picasso (► 24) und eine
elegante Kombination aus Alt
und Neu. Zu sehen gibt es eine
Dauerausstellung von Picassos
Werken sowie Wechselaus-
stellungen internationaler
Künstler. Das **CAC**, ein

**Oben rechts:
Die Alcazaba
und das Castil-
lo de Gibralfaro
hoch über
Málaga**

**Unten rechts:
Die Haupt-
fassade der
Kathedrale**

Museum für Moderne Kunst, bietet eine Dauerausstellung von Malerei, Fotografie und Skulpturen.

Genießen Sie die Atmosphäre

In Málaga kann man wunderbar bummeln. Die Fußgängerzone, die Calle Marqués de Larios, ist von schicken Läden und Cafés gesäumt und führt zur Plaza de la Constitución im Herzen der Altstadt. Hier beginnt ein Gassengewirr aus hübschen Häusern mit schmiedeeisernen Balkonen und historischen Kirchen.

KLEINE PAUSE

Probieren Sie Tapas in der Bar Logüeno (► 71), oder trinken Sie Tee in einer *tetería* (Teehaus im arabischen Stil).

✚ 196 B1

Touristeninformation
✉ Pasaje de Chinitas 4
☎ 952 21 34 45; www.malagaturismo.com
✉ Stadtverwaltung, Avenida de Cervantes 1
(OMT) ☎ 952 60 44 10

Alcazaba und Museo Provincial de Arqueología
✉ Calle Alcazabilla ☎ 952 12 88 30
🕐 Di–So 9.30–19 oder 20 Uhr 🎫 preiswert

Kathedrale
✉ Calle Molina Larios ☎ 952 22 84 91
🕐 Catedral: Mo–Fr 10–17.45, Sa 10–18 Uhr; Iglesia del Sagrario: tägl. 9.30–12.30 und 18 bis 19.30 Uhr 🎫 mittel

Museo Picasso
✉ Calle San Augustín ☎ 901 24 62 46, www.museopicassomalaga.org 🕐 Di–Do, So und Feiertags 10–20, Fr/Sa 10–21 Uhr 🎫 teuer

Parken
Tiefgaragen sind über die Alameda Principal und die Plaza de la Marina zu erreichen.

MÁLAGA: INSIDER-INFO

Top-Tipps: Westlich der Calle Marqués de Larios findet morgens der **Mercado Atarazanas** statt, eine wahres Fest für Fans von Fisch, Fleisch, Obst und Gemüse.
• Neben der Kathedrale lohnen das gotische Portal und der Altar der **Iglesia del Sagrario** einen Blick.
• Vor der Eröffnung des Museo Picasso war der Ort der Picasso-Huldigung sein Geburtshaus, das **Casa Natal de Picasso** auf der Plaza de la Merced (täglich geöffnet von 10–14 Uhr und Mo–Sa auch von 17–20 Uhr, günstig). Es ist immer noch einen Besuch wert. Nicht nur das Gebäude, sondern auch das helle, wohldosierte Licht, das den angenehm nüchternen Raum durchflutet, geben einem eine Ahnung vom Geist Picassos.
• Schlendern Sie abends wie die Spanier durch den palmenbepflanzten Paseo del Parque.

Geheimtipp: Das **Museo de Artes y Costumbres Populares** in einem restaurierten Gebäude aus dem 17. Jahrhundert zeigt Exponate aus dem Leben der Bauern und Seefahrer (Pasillo de Santa Isabel 10, Tel. 952 21 71 37, Mo–Fr 10–13.30 und 16–19 Uhr, Sa 10–13.30 Uhr, an Feiertagen geschl., Eintritt preiswert).

Ronda

Ronda begeistert einfach jeden – allein schon durch seine spektakuläre Lage über El Tajo, der zerklüfteten Schlucht des Río Guadalevín. Über die steil abfallenden Wände spannt sich eine Brücke, der Puente Nuevo (18. Jahrhundert). Bereits seit dem 19. Jahrhundert gehört die Stadt zu den Touristenmagneten Andalusiens.

Ronda liegt zu beiden Seiten einer steilen Schlucht und eröffnet herrliche Blicke auf die umliegende Landschaft

Oft herrscht in Ronda am späten Vormittag ein Riesengedränge, wenn die Touristenbusse von der Costa del Sol ankommen. Gut beraten ist also, wer seine Stadtbesichtigung auf den frühen Morgen oder den Spätnachmittag verlegt.

Über 100 Meter tief ist **El Tajo**, die Schlucht, die die Stadt teilt. Dort, wo der Guadalevín hinein- und herausfließt, bilden die Felswände auf beiden Seiten Steilabbrüche. Braune und weiße Gebäude stehen am Rand der Klippen dicht beieinander, als ob sie gemeißelte oder gemalte Fortführungen des natürlichen Gesteins bildeten. Die imposante Brücke, der **Puente Nuevo**, führt an der schmalsten Stelle über die Schlucht und eröffnet einen guten Blick in den beinahe erschreckenden Abgrund. Atemberaubend ist die Aussicht auf die Schlucht auch von den Gärten am Paseo Blas Infante. Zu ihm gelangt man über den Hauptplatz von Ronda, der Plaza de España am Nordende der Brücke.

Die Altstadt

Die interessantesten Sehenswürdigkeiten von Ronda liegen auf der Südseite der Schlucht in der **ciudad antigua**, der Altstadt. Wer durch die Gassen schlendert, steht plötzlich vor Moscheen, Kirchen und Renaissancepalästen. Im Zentrum der Altstadt liegt die Plaza Duquesa de Parcent, ein begrünter Platz mit hübschen Gebäuden und der **Iglesia de Santa María Mayor**.

Die Kirche steht an der Stelle einer alten Moschee, und so haben sich einige maurische Merkmale an dem vorwiegend gotischen und barocken Bau erhalten. Der Glockenturm krönt das Fragment des alten Minaretts.

Gleich um die Ecke, ein Stück die Calle Manuel Montero hinauf, gelangt man zum **Palacio de Mondragón** aus dem 14. Jahrhundert. Der ehemals maurische Palast wurde nach der Reconquista umgebaut, ein Teil der Mudéjar-Architektur blieb jedoch erhalten. Es gibt drei kleine *patios*, Höfe, deren Anlage und Dekor bemerkenswerte Beispiele für die Kunst des Islam sind. Von den Gartenterrassen hat man einen herrlichen Ausblick.

Wer die Haupttreppe hinaufsteigt, sollte einen Blick auf die farbenprächtige Kuppel werfen. Der Palast geht ins Stadtmuseum über, wo eine Ausstellung Einblick in die prämaurische Geschichte von Ronda gibt.

Nicht weit ist es zur **Casa Juan Bosco**, einem Anwesen aus dem 19. Jahrhundert mit einem herrlich gestalteten Garten samt Mosaiken, Brunnen und Blick auf die Felsen. In der Calle Ariñán, der Hauptstraße der Altstadt, erzählt das **Museo del Bandolero** (Ganovenmuseum) die Geschichte der Wegelagerer, die im 19. Jahrhundert in den umliegenden Bergen lebten (► 10ff).

Der Mercadillo
Auf der Nordseite der Schlucht liegt der **Mercadillo**, das Ronda der schicken Hotels, Restaurants, Bars und Andenkenläden.

➕ 195 D2

Touristeninformation
✉ Stadtverwaltung, Paseo de Blas Infante (OMT)
☎ 952 18 71 19

✉ Plaza de España 1 (J de A)
☎ 952 87 12 72

Parken
Zentraler Parkplatz am Paseo de Blas Infante hinter der Stierkampfarena; Parkhaus an der Plaza de la Merced am westlichen Ende von Virgen de la Paz.

Iglesia de Santa María Mayor
✉ Plaza Duquesa de Parcent ☎ 952 87 22 48
🕐 tägl. 10–18 oder 20 Uhr 💷 preiswert

Links: Die Arena von Ronda (18. Jahrhundert) gilt als architektonisches Kleinod

Unten: Blick von der Schlucht auf den Puente Nuevo

Unten rechts: Der Palacio de Mondragón mit eindrucksvoller Mudéjar-Architektur

Die **Plaza de Toros** ist die zweitälteste Stierkampfarena von Spanien; hier definierte um 1750 der legendäre Matador Pedro Romero die Regeln für den Stierkampf.

Das angeschlossene Museo Taurino zeigt alle möglichen Erinnerungsstücke berühmter Toreros, genauso wie Bilder berühmter Stiere, aber es erinnert auch an Fans wie Orson Welles oder Ernest Hemingway.

Gegenüber der Arena beginnt die autofreie Haupteinkaufsstraße der Stadt, die Carrera Espinel, auf beiden Seiten flankiert von Souvenirläden unterschiedlicher Qualität, aber auch verführerischen Delikatessengeschäften und Boutiquen. Über die Espinel gelangt man zur Plaza del Sororro mit Restaurants, Bars und Cafés.

KLEINE PAUSE

Wer die wirklich atemberaubende Aussicht auf Schlucht und Brücke genießen möchte, kehrt am besten in dem typisch spanischen Restaurant **Don Miguel** (Calle Villanueva 4, Tel. 952 87 10 90) ein.

RONDA: INSIDER-INFO

Top-Tipps: Übernachten Sie in Ronda, um die Stadt ohne Trubel in Ruhe zu genießen.

• Spazieren Sie durch die **Jardines Ciudad de Cuenca** mit herrlichem Panoramablick. Die Gärten am Nordende der Schlucht erreichen Sie über die Plaza de España, die Calle Nueva, Los Remedios und die Calle Mina.

Geheimtipp: Am östlichen Zugang zur Schlucht gibt es zwei weitere Brücken, den mittelalterlichen **Puente Viejo** und den maurischen **Puente de San Miguel** mit phantastischer Aussicht. Nicht weit vom Puente de San Miguel befinden sich die **Baños Árabes**, die arabischen Bäder, die auf das 13. und 14. Jahrhundert zurückgehen (Calle San Miguel, Mo–Fr 10–18 Uhr, Sa/So 10–15 Uhr, Eintritt preiswert).

Muss nicht sein! La Mina (die Mine) sind 365 Stufen, die von der Casa del Rey Moro, einem Anwesen aus dem 18. Jahrhundert, durch Tunnel und Höhlen in die Schlucht hinunter führen. Die Treppe ist steil, schlecht beleuchtet und feucht; unten ist es einfach nur düster.

Palacio de Mondragón
✉ Plaza de Mondragón, Calle Manuel Montero ☎ 952 87 84 50
🕐 Mo–Fr 10–18 Uhr, Sa/So und Feiertage 10–15 Uhr 🎫 preiswert

Casa Juan Bosco
✉ Calle Tenorio 20 ☎ 952 87 86 69 🕐 9–18 Uhr 🎫 preiswert

Museo del Bandolero
✉ Calle Armiñán 65 ☎ 952 87 77 85 🕐 tägl. 10–18 oder 20 Uhr 🎫 preiswert

Plaza de Toros und Museo Taurino
✉ Calle Virgen de la Paz ☎ 952 87 41 32 🕐 tägl. 10–18 Uhr 🎫 mittel

7

Jerez de la Frontera

Jerez umweht ein Hauch von Hochmut, was der Welthauptstadt des Sherry mit ihrer berühmten Reitschule und viel Flamenco aber durchaus steht. Mit ihren schönen Plätzen, schicken Geschäften, lebhaften Bars und Restaurants gehört sie zu den angenehmsten Provinzstädten Andalusiens.

Der Sherry, eine Erfahrung

Die Weinkelterei reicht in Jerez bis in die Zeit der Phönizier und Römer zurück; schon damals fand man den fruchtbaren, kalkhaltigen Boden ideal, um Wein anzubauen. Heute wird in den *bodegas* fermentierter Wein zum berühmten Sherry und zum spanischen Brandy verarbeitet.

Die eine oder andere *bodega* zu besuchen, ist eine bereichernde Erfahrung. Führer in Livree weisen den Weg durch

Die Sherry-*bodegas* wirken feierlich wie Kathedralen

Von Xeres zum Sherry

Schon der Name Jerez verweist auf seinen wichtigsten Industriezweig. Die ursprüngliche Siedlung war den Römern als Xeres bekannt. Die Mauren veränderten den Namen dann zu Sheriss, woraus schließlich Jerez wurde; »de la Frontera« fügte man hinzu, als Jerez im 14. Jahrhundert eine Grenzstadt des maurischen Königreichs Granada wurde. Wein baute man hier schon zur Römerzeit an, doch erst im 18. und 19. Jahrhundert kam in Europa der Begriff Sherry auf.

riesige Weinlager, am Ende lernt man bei einer Kostprobe die unterschiedlichen Sherry-Sorten kennen. Zu den bekanntesten *bodegas* in Jerez zählen berühmte Namen wie González Byass (Tío Pepe), Domecq, Harvey, Osborne, Sandeman und Williams & Humbert; am schönsten sind wohl die Führungen bei González Byass und Domecq, deren *bodegas* kleinen Dörfern mit üppigen Gärten, überdachten *patios* und Kopfsteinpflastergassen gleichen. In der *bodega* von Williams & Humbert gibt es zusätzlich Flamenco und eine Falkenschau zu sehen.

Reitkunst vom Feinsten zeigt die Real Escuela Andaluza del Arte Ecuestre bei ihren Vorführungen

Pferde und mehr

Der Name Jerez verbindet sich seit dem 18. Jahrhundert mit Pferden. Damals

begannen die Mönche des Kartäuserklosters ganz in der Nähe, die so genannten *cartujanos* zu züchten, Pferde arabischer Abstammung, die für ihre Eleganz und ihren Gehorsam bekannt waren. Die Region um Jerez steht bis heute in der spanischen Pferdezucht an erster Stelle. In der **Real Escuela Andaluza del Arte Ecuestre** (Königlich Andalusische Hofreitschule) kann man die *Sinfonía a Caballo* bewundern, eine Pferdeshow mit einer Choreografie, die nicht nur Pferdenarren begeistert. An vorstellungsfreien Tagen sind die Stallungen und Trainingseinrichtungen zu besichtigen.

Rechts: Tollkühne Reiter in der Real Escuela

Wer etwas mehr Zeit zur Verfügung hat, stattet dem maurischen **Alcázar** aus dem 12. Jahrhundert

einen Besuch ab, der von einem Wall umgebenen Burg mit Gärten, Moschee und Badehaus.

Das **Centro Andaluz de Flamenco** (Flamen-
cozentrum) lohnt ebenfalls einen Besuch. Es
liegt mitten im Barrio de Santiago, dem alten
Zigeunerviertel der Stadt, und gilt als Wiege
des Flamenco. Man kann sich hier Videos ansehen, und es gibt auch ein audiovisuelles Theater, in dem Filme über berühmte Vertreter des
Flamenco wie Manolo Caracol (➤ 18) gezeigt
werden. Wer früh am Morgen durch das Viertel
schlendert, hört das rhythmische Aufstampfen
zum Schlagen der Gitarre aus den Flamenco-
schulen.

Das moderne Jerez zeigt sich von seiner besten Seite westlich der Hauptstraße in der Fußgängerzone, der Calle Larga. Man schlendert zur Plaza San
Dionisio mit ihrer hübschen Kirche aus dem 15. Jahrhundert
und kehrt in einer der vielen Tapas-Bars ein.

Die Kathedrale
San Salvador
wetteifert mit
den benach-
barten Sherry-
bodegas um die
Aufmerksam-
keit der Besu-
cher

KLEINE PAUSE

Viel Flair bietet das authentische Lokal **La Maleta Bar** (Calle
Lanceria 27), wo man einen eiskalten *fino* zu eingelegten Mies-
muscheln oder einem *Bocadillo* (herzhaft belegtes Brot) trinkt.
Man kann im Freien Platz nehmen oder in der mit zahlreichen
Sherry-Plakaten geschmückten Bar.

✚ 194 C2

Touristeninformation
✉ Alameda Cristina s/n
☎ 956 33 11 50

Alcázar
✉ Alameda Vieja ☎ 956 31 97 98
🕐 Mai–Sept. Mo–Sa 10–20, So 10
bis 15 Uhr; Okt.–April tägl. 10–18 Uhr
💰 preiswert

**Real Escuela Andaluza
del Arte Ecuestre**
✉ Avenida Duque de Abrantes

☎ 956 31 96 35 (Reservierung);
www.realescuela.org 🕐 Vorfüh-
rung: Do mittags, ganzjährig; März–
Okt. auch Di mittags; Stallungen und
Training: 10–13 Uhr an Tagen ohne
Show
💰 Show: teuer; Training: mittel

Centro Andaluz de Flamenco
✉ Palacio Pemartín, Plaza de San
Juan, Barrio de Santiago
☎ 956 32 27 11, http://caf.cica.es
🕐 Mo–Fr 9–14, Di auch 17–19 Uhr
💰 frei

JEREZ DE LA FRONTERA: INSIDER-INFO

Top-Tipps: Wer eine Führung durch eine *bodega* machen will, sollte sich bei
der Touristeninformation nach Touren in seiner Muttersprache erkundigen.
• Die Eintrittskarten für die Hofreitschule sind einige Zeit im Voraus zu buchen.

Geheimtipp: Die Sammlung des Museo Arqueológico (Plaza del Mercado, Tel.
956 33 33 16, Juni–Aug. Di–So 10–14.30 Uhr, Sept.–Mai Di–Fr 10–14 und
16–19 Uhr, Sa/So 10–14.30 Uhr, Eintritt preiswert) gibt einen hervorragenden
Überblick vom prähistorischen Andalusien bis zur Zeit der Mauren.

🔟 Cádiz

Cádiz wirkt ein kleines bisschen heruntergekommen – allerdings ein besonderer Reiz für viele Reisende. Der einstige Reichtum der Stadt spiegelt sich noch in der Kathedrale und anderen barocken Gebäuden wieder. Unvergesslich bleibt ein Bummel durch die engen Gassen bis zur in gleißendes Sonnenlicht getauchten Promenade am Meer.

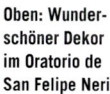

Cádiz war bereits unter den Phöniziern, Römern und Westgoten ein bedeutender Hafen, erlebte unter der Herrschaft der Mauren jedoch zwischenzeitlich einen Niedergang. Die meisten Sehenswürdigkeiten stammen aus dem 18. Jahrhundert, als der spanisch-amerikanische Handel mit Gold und Silber der Stadt Wohlstand brachte.

Das **Museo de Cádiz** ist ein guter Ausgangspunkt, um die Stadt zu erkunden. Das Museum, ein restauriertes Anwesen aus dem 18. Jahrhundert, zählt zu den schönsten in ganz Spanien. In der Abteilung Archäologie finden sich Schmuck der Phönizier sowie Glasarbeiten und die Rekonstruktion des Wracks eines römischen Handelsschiffs. Der erste Stock beherbergt Kunstschätze, unter anderem Arbeiten von Murillo und Rubens sowie religiöse Gemälde von Zurbarán (► 24) aus dem 17. Jahrhundert.

Die schluchtartigen Straßen sind durch hübsche Plätze verbunden wie etwa die Plaza Topete, die auch **Plaza de las Flores** heißt, weil dort der Blumenmarkt stattfindet. Der Lebensmittelmarkt schließt sich direkt an. Nach dem Spaziergang durch schattige Gassen steht man unvermittelt vor der **Torre Tavira**, einem alten Wachturm mit Marinemuseum und Camera Obscura. Das **Oratorio de San Felipe Neri** hat einen ovalen Innenraum, der sich zu einer himmelblauen Kuppel mit mehreren umlaufenden Galerien emporschwingt; der Blick von hier oben ist nur etwas für

Oben: Wunderschöner Dekor im Oratorio de San Felipe Neri

Rechts: Die Uferpromenade von Cádiz mit der imposanten Kathedrale

Schwindelfreie. Bemerkenswert sind die üppig geschmückten Kapellen und der Hochaltar mit einem Mariengemälde von Murillo.

Die monumentale **Catedral Nueva** ist die einzige ausschließlich barocke Kathedrale in Spanien. Ihre Hauptfassade beherrscht die **Plaza de la Catedral**; innen entfaltet sich die Barockarchitektur in Stein und Marmor. Die so genannte »vergoldete« Kuppel der Kathedrale ist in Wirklichkeit mit gelben Fliesen geschmückt, doch ist der Effekt beeindruckend, besonders wenn man die Kirche von der Promenade aus betrachtet.

KLEINE PAUSE

In der **Pastelería la Marina** (Plaza San Juan de Dios 3) sollte man sich einen *café con leche* und ein Stück *turrón de Cádiz* gönnen, herrlichen Kuchen mit Marzipan und Nougat. Die Konditorei liegt an einem lebhaften Platz mit Palmen, an dem auch das prächtige Rathaus steht.

Skulptur im Museo de Cádiz

✚ 194 C1

Touristeninformation
✉ Avenida Ramón de Carranza s/n
☎ 956 25 86 46
✉ Plaza San Juan de Dios (OMT)
☎ 956 24 10 01

Parken
In die Innenstadt sollte man besser nicht mit dem Auto fahren. Parkplätze gibt es an der Plaza San Juan de Dias, neben dem Bahnhof und an der Cuesta de las Calesas. Auch an der Promenade kann man seinen Wagen abstellen.

Museo de Cádiz
✉ Plaza de Mina 5 ☎ 956 21 22 81
🕐 Mi bis Sa 9–20 Uhr, Di 14.30–20 Uhr, So 9.30–14.30 Uhr 👐 preiswert bzw. frei für EU-Bürger

Oratorio de San Felipe Neri
✉ Calle San José ☎ 956 21 16 12
🕐 Mo–Sa 10–13 Uhr 👐 preiswert

Catedral Nueva
✉ Plaza de la Catedral ☎ 956 25 98 12
🕐 Mo–Fr 10–14 und 16.30–19.30 Uhr, Sa 10 bis 13 Uhr 👐 mittel

CÁDIZ: INSIDER-INFO

Top-Tipps: Machen Sie einen *paseo* (Spaziergang) auf der hübschen Plaza San Francisco (nahe dem *ayuntamiento*) entlang den Orangenbäumen und den traditionellen gelb-weißen Häusern.
• Im obersten Stockwerk des **Museo de Cádiz** ist Kunsthandwerk ausgestellt, darunter alte Marionetten des Puppentheaters der Stadt.

Geheimtipp: Die **Capilla** (Kapelle) im ehemaligen **Hospital de Mujeres** (Calle Hospital de Mujeres, Mo–Fr 10–13 Uhr) ist ein Meisterwerk des Barock mit einem Gemälde von El Greco. Allerdings müssen Besucher etwas Geduld aufbringen, bis der Küster die Pforten öffnet.

Muss nicht sein! Das Museum der Kathedrale (Plaza de Fray Félix, gleich bei der Kathedrale) kann mit der Eintrittskarte für die Kathedrale besichtigt werden, lohnt aber nur, wenn man sich für Gewänder, Kirchensilber und Reliquien interessiert.

Costa del Sol

⓭

Die Costa del Sol wird gern als ein einziger überfüllter Ferienort mit endlosen Stränden abgetan, an denen sich scheußliche Bettenburgen entlangziehen. Der Pauschaltourismus bestimmt zwar das Bild, doch haben sich viele Orte ihren individuellen Charakter und Charme bewahrt.

Oben: Esteponas Yachthafen

Estepona, Marbella und Puerto Banús

Estepona ist der westlichste Ort der Costa del Sol und lohnt einen Besuch. Die lange Promenade am Meer wirkt sehr städtisch, doch hat sensible Planung für ein angenehmes Ambiente gesorgt: Blumenrabatten, Palmen und Büsche finden sich zwischen der Hauptstraße, der Avenida de España, und der breiten Promenade, die am gesamten schönen Strand entlangführt. Im Herzen der Altstadt liegt die Plaza de las Flores, ein kleiner Platz mit duftendem Jasmin, der das Andalusien des 19. Jahrhunderts wieder zum Leben erweckt. Es gibt im Zentrum viele Bars, Cafés und Restaurants, ansonsten sind die Unterhaltungsmöglichkeiten an diesem Ort eher rar.

Die eigentliche Attraktion ist der schöne Strand. Am westlichen Ende finden sich ein alter Leuchtturm, der Fischerhafen, der Yachthafen und, noch ein paar Kilometer gen Westen, die Costa Natura, der älteste FKK-Strand Spaniens.

Ruhige Gasse im Herzen von Estepona

Östlich von Estepona ziehen sich die gesichtslosen Apartmentanlagen auf beiden Seiten der Autobahn bis nach **Marbella**. Es steht heute in dem Ruf, besonders schick und modern zu sein. Tagsüber wirkt der Ferienort relativ langweilig, doch das macht Marbella mit seinem Nachtleben wett, das sich rund um den Yachthafen Puerto Deportivo und die Plaza Puente Ronda in der aufgemöbelten Altstadt, der Casco Antiguo, entfaltet.

Rechts: Schicke Läden, eine der Attraktionen von Marbella

Vollständig hat man die Altstadt ihres ursprünglichen Flairs nicht berauben können. Ihre gute Stube ist die Plaza de los Naranjos, die im 14. Jahrhundert entstand, als das alte maurische Viertel zerstört wurde. Die kleinen Gässchen, die von der Plaza abzweigen, sind voller verrückter Boutiquen und Läden mit Kunsthandwerk.

Weiter östlich gelangt man nach einem kleinen Spaziergang zur Plaza de la Iglesia, wo die hübsche Kirche Nuestra Señora de la Encarnación neben den alten maurischen Stadtmauern von Marbella steht.

Südlich der Plaza de los Naranjos geht die Altstadt in die geschäftige Avenida Ramon y Cajal über; jenseits liegt dann die Plaza de la Alameda mit Springbrunnen. Von hier gelangt man, über einen Fußweg und an einigen exzentrischen Plastiken von Salvador Dalí vorbei, hinunter zur Promenade. Dort bietet Marbella die übliche Mischung aus Strand, Fischlokalen, Andenkenläden, Bars und Cafés.

Am Meer entlang geht es gen Westen zum Yachthafen **Puerto Banús** mit pseudomaurischen Apartmenthäusern, teuren Geschäften und Restaurants mit dem entsprechenden Jetset-Publikum.

Fuengirola und Torremolinos

Etwa 25 Kilometer östlich von Marbella liegt das authentische Arbeiterstädtchen **Fuengirola**, das mit seinen Hotelkomplexen am Meer einer der am wenigsten beliebten Orte ist.

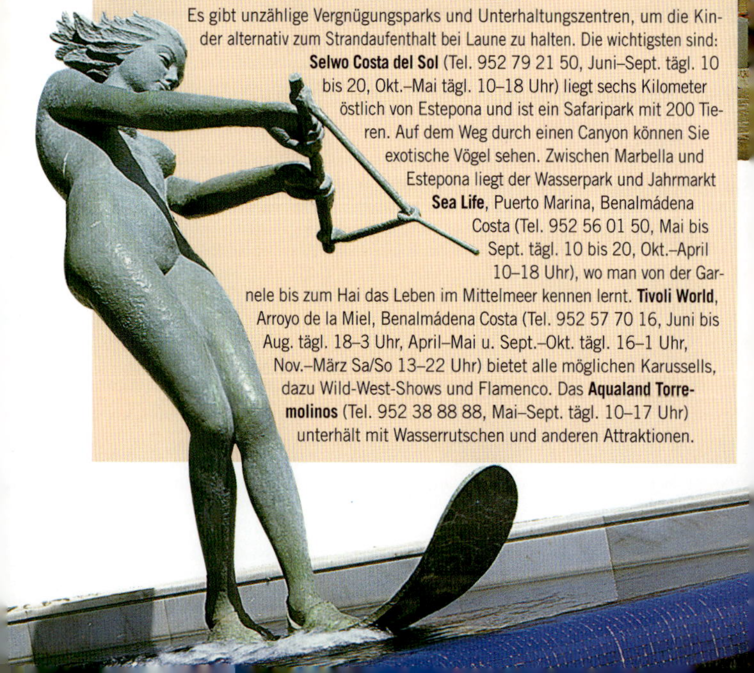

VERGNÜGUNGSPARKS AN DER COSTA DEL SOL

Es gibt unzählige Vergnügungsparks und Unterhaltungszentren, um die Kinder alternativ zum Strandaufenthalt bei Laune zu halten. Die wichtigsten sind: **Selwo Costa del Sol** (Tel. 952 79 21 50, Juni–Sept. tägl. 10 bis 20, Okt.–Mai tägl. 10–18 Uhr) liegt sechs Kilometer östlich von Estepona und ist ein Safaripark mit 200 Tieren. Auf dem Weg durch einen Canyon können Sie exotische Vögel sehen. Zwischen Marbella und Estepona liegt der Wasserpark und Jahrmarkt **Sea Life**, Puerto Marina, Benalmádena Costa (Tel. 952 56 01 50, Mai bis Sept. tägl. 10 bis 20, Okt.–April 10–18 Uhr), wo man von der Garnele bis zum Hai das Leben im Mittelmeer kennen lernt. **Tivoli World**, Arroyo de la Miel, Benalmádena Costa (Tel. 952 57 70 16, Juni bis Aug. tägl. 18–3 Uhr, April–Mai u. Sept.–Okt. tägl. 16–1 Uhr, Nov.–März Sa/So 13–22 Uhr) bietet alle möglichen Karussells, dazu Wild-West-Shows und Flamenco. Das **Aqualand Torremolinos** (Tel. 952 38 88 88, Mai–Sept. tägl. 10–17 Uhr) unterhält mit Wasserrutschen und anderen Attraktionen.

Ausflüge an der Costa

In den Bergen hinter der Costa del Sol gibt es viele schöne Dörfer. **Casares** liegt in der Sierra Bermeja etwa 18 Kilometer landeinwärts von Estepona. Über die weiß getünchten Häuser mit orangefarbenen Dächern wacht eine maurische Burg. **Mijas** befindet sich acht Kilometer nördlich von Fuengirola. Das Dorf ist ziemlich überlaufen, hat sich aber dennoch viel von seinem Charme bewahren können. Dies sieht man besonders gegen Abend. Zwischen den Ferienorten und den Dörfern bestehen Busverbindungen.

Oben: Die Strandpromenade von Marbella, eine der elegantesten an der Costa del Sol

Dennoch gilt Fuengirola als klassischer Ferienort mit Bars am Meer, wo man dem Sangría zusprechen kann, und einem langen Strand, der mit Liegestühlen voll gepackt ist.

Torremolinos ist der am meisten besuchte Ort an der Costa, 20 Kilometer nordöstlich von Fuengirola gelegen. Hier dominiert der typische Mischmasch aus Souvenirläden, Bars, Cafés und Restaurants. Einige alte Gassen blieben jedoch erhalten. In der Hauptsaison schiebt sich der Touristenstrom durch den Ort, der Strand ist knallvoll. Man kann jedoch einen Spaziergang auf der hübschen Promenade, dem Paseo Marítimo, machen. Er führt fünf Kilometer an den Stränden La Carihuela und Montemar entlang, bevor man an der **Benalmádena Costa** zu einem kitschigen Hafenkomplex im arabischen Stil mit Terrassen und Zuckerhuttürmchen gelangt. Am ganzen Paseo Marítimo findet man *chiringuitos* (Strandbars), in denen gegrillte Sardinen und eiskalte Getränke auf den Tisch kommen.

COSTA DEL SOL: INSIDER-INFO

Top-Tipps: Torremolinos und Fuengirola liegen an der Hauptbahnstrecke zwischen Málaga und seinem Flughafen. Der Zug fährt direkt ins Zentrum der beiden Ferienorte, sodass man getrost auf das Auto verzichten kann.
• Wer einen Spaziergang über die beiden Hauptstrände hinaus macht, findet weniger überfüllte Strandabschnitte.

Geheimtipp: Das **Museo del Grabado Contemporáneo** (Lithografiemuseum) von Marbella ist in einem schönen Renaissancegebäude untergebracht und zeigt Werke von Joan Miró und Picasso wie auch zeitgenössische spanische Grafik. Unter den Exponaten versteckt sich Picassos erotisches Bild *Hombre Primitivo, Celestina y Chica*.

KLEINE PAUSE

Wer einen Blick auf den Jetset von Marbella erhaschen möchte, genehmigt sich in **Sinatra's Bar** in Puerto Banús einen Drink. Hier treffen sich Stars und Sternchen, und wenn man keine Lust mehr hat, bewundert man die Yachten oder macht einen Schaufensterbummel.

Oben: Die Plaza de la Constitución im Zentrum von Fuengirola

Links: Elegant einkaufen in Marbella

Estepona Touristeninformation
195 E1 ✉ Avenida San Lorenzo 1
☎ 952 80 09 13; www.infoestepona.com

Fuengirola Touristeninformation
195 E1 ✉ Avenida Jesús Santos Rein 6
☎ 952 46 74 57

Marbella Touristeninformation
195 E1
✉ Plaza de los Naranjos ☎ 952 82 35 50
✉ Glorieta de los Fontanilla ☎ 952 77 14 42;
www.turismomarbella.com

Torremolinos Touristeninformation
195 F2
✉ Plaza Blas Infante 1 (Hauptstelle)
☎ 952 37 95 12

Nach Lust und Laune!

Die Strände von Nerja sind kleiner und ruhiger als die an der Costa del Sol

2 Nerja

Der Ort liegt 56 Kilometer östlich von Málaga am Meer und stellt eine angenehme Abwechslung zu den üblichen Feriensiedlungen an der Costa dar. Natürlich ist man auch hier nicht allein an den schönen Stränden oder in der Altstadt mit den weiß getünchten Häusern. Bekannt ist der **Balcón de Europa**, eine Promenade mit Palmen und Meerblick. Die relativ kleinen Strände auf beiden

Für Kinder
- **Cuevas de Nerja** (► 65)
- **Naturpark El Torcal** (► 66)
- **Tarifa:** Delphin-/Walbeobachtung (► 68)
- **Gibraltar:** Seilbahn, Affen, Delphinbeobachtung (► 69)

Seiten sind schnell überfüllt; der schönste und größte Strand ist die **Burriana,** zu der man östlich vom Balcón über den hübschen Fußweg Paseo de los Carabineros gelangt.

Drei Kilometer östlich von Nerja befinden sich die berühmten **Cuevas de Nerja**, ein Kalksteinhöhlensystem. Bei einer Führung sieht man Felsenbilder, die mit Lichteffekten akzentuiert werden.
🕂 196 C1

Touristeninformation
✉ Calle Puerta del Mar 2 (am Balcón de Europa) ☎ 952 52 15 31; www.nerja.org

Cuevas de Nerja
🕂 196 C1 ☎ 952 52 95 20 🕓 Juli–Aug. tägl. 10–14 und 16–20 Uhr; Sept.–Juni 10 bis 14 und 16–18.30 Uhr 🛈 mittel

Bronzezeitliche Menga-Dolmen in Antequera

3 Antequera
An historischen Sehenswürdigkeiten hat Antequera von prähistorischen Ganggräbern bis zu maurischen Ruinen und schönen Kirchen alles zu bieten. Aus der Bronzezeit stammen die Megalithgräber, die Dolmen **Menga** und **Viera** beim Camino del Cementerio am nordöstlichen Stadtrand. Ganz oben in der Stadt er-

hebt sich an der Plaza San Sebastián der **Arco de los Gigantes**, ein Triumphbogen aus dem 16. Jahrhundert mit römischen Skulpturen. Die Plaza wird von der **Iglesia de Santa María** beherrscht, einer schönen Renaissancekirche, darüber wachen die Ruinen der maurischen **Alcazaba**, heute eine Terrasse mit duftenden Kiefern. Etwas nördlich vom Arco de los Gigantes gelangt man zur Kirche **Nuestra Señora del Carmen**. Der barocke Altaraufsatz ist ein wahres Schmuckstück mit seinen geschnitzten und gemalten Figuren.

Etwa 14 Kilometer südlich von Antequera liegt der Naturpark **El Torcal**, ein beeindruckendes Stück Landschaft mit hohen Kalksteinfelsen und bewaldeten Schluchten. Durch das Reservat führt ein 1,5 Kilometer langer, ausgeschilderter Wanderweg. Für längere Touren benötigt man einen Führer.

✚ 196 B2

Touristeninformation
✉ Plaza de San Sebastián 7 ☎ 952 70 25 05;
www.turismoantequera.com

Menga und Viera Dolmens
✚ 196 B2 🕐 Mi–Sa 10–14 und 15–17.30 Uhr, Di 15–17.30 Uhr, So und Feiertage 10 bis 14 Uhr 🎟 frei

Parque Natural del Torcal
✚ 196 A2 ☎ 952 03 13 89
🕐 Di–So 10 bis 14 und 16–18 Uhr

Abseits der Touristenwege
Wer Zeit hat und Ruhe sucht, fährt in den Parque Natural de los Alcornocales nördlich von Tarifa mit seinen Hügeln und Bergen, die von Korkeichen bestanden sind. Man kann hier schön wandern, und es gibt reizende Dörfer wie Medina-Sidonia, Alcalá de los Gazules, Jimena de la Frontera …

🔢 Parque Natural Sierra de Grazalema

Die Sierra de Grazalema besteht aus mehreren zerklüfteten Kalksteingipfeln, die zwischen Eichen- und den in Spanien seltenen Föhrenwäldern aufragen. Kleine Straßen schlängeln sich durch die Berge und verbinden die Dörfer Grazalema, Zahara de la Sierra und Benaocaz – klassische *pueblos blancos*. Zahara de la Sierra (➤ 177) wird von einer Burg überragt und bietet eine besonders spektakuläre Aussicht.

Das Dorf Grazalema liegt am Peñon Grande, einem imposanten Kalksteinberg

Die gesamte Sierra steht unter Naturschutz. Man kann die Gegend zu Pferd erkunden, mit dem Fahrrad oder per Kanu, außerdem kann man klettern und paragleiten – alles mit sachkundiger Führung (➤ 76). Viele Wanderwege sind aber auch ohne Führer begehbar.

Informationen halten die Büros in El Bosque und Grazalema bereit. Wer bestimmte Regionen besuchen möchte, zum Beispiel die Giganta Verde, eine Schlucht bei Zahara (➤ 178), oder die Brutstätten von Weißkopfgeiern, erhält in den Büros eine extra Genehmigung.

➕ 195 D2

El Bosque Touristeninformation
✉ Avenida de la Disputación
☎ 956 72 70 29

Grazalema Touristeninformation
✉ Plaza de España
☎ 956 13 22 25

⑥ Arcos de la Frontera

Der Ort zieht sich vom maurischen Viertel ganz oben auf dem Fels zur Ebene des Río Guadalete hinunter. Die Gassen in der Altstadt umgeben die beiden Kirchen San Pedro und Santa María de la Asunción. San Pedro ist ein Hort der Ruhe; hier finden sich einige schöne Gemälde und der ausgemergelte Leichnam eines Heiligen. Santa María beherrscht die Plaza del Cabildo. Hinter der herrlichen Renaissancefassade verbirgt sich ein üppiges Inneres mit extravaganten gotischen Stilelementen. Wer von der Plaza seinen Blick über die Ebene schweifen lässt, sollte nach den Turmfalken Ausschau halten, die um den Fels kreisen. Anschließend geht es in die Neustadt hinunter, wo hübsche Bars und Restaurants warten.

➕ 194 C2

Touristeninformation
✉ Plaza del Cabildo ☎ 956 70 22 64

⑧ Sanlúcar de Barrameda

Die Spezialitäten von Sanlúcar sind Restaurants, in denen hervorragende Meeresfrüchte auf den Tisch kommen, und trockener *manzanilla*-Wein, der ein anderes Aroma hat als der *fino* aus Jerez und zudem von besserer Qualität sein soll. Die Stadt liegt an der Mündung des Río Guadalquivir gegenüber dem Südende des Doñana-Nationalparks (► 158f), in den man von hier per Boot gelangt. Der Markt am Morgen in der Calle Bretones, ein Stück oberhalb der Plaza del Cabildo, ist ein Fest für die Sinne. Weiter bergauf lohnt ein Blick auf das Rathaus von Sanlúcar, das im Palacio de Orleans y Bourbon aus dem 19. Jahrhundert untergebracht ist. Ein Paradebeispiel für extravaganten neomaurischen Dekor (Mo–Fr 10–16 Uhr). Wer mehr über die Stadtgeschichte wissen möchte, bittet in der Touristeninformation um ein kleines Infoblatt. Den *manzanilla*-Wein probiert man am besten in den renommierten **Bodegas Barbadillo** in der Calle Sevilla oder im **La Cigarrera** an der Plaza Madre de Dios beim Markt. Die besten Fischlokale finden sich im Viertel Bajo de Guía am Fluss.

➕ 194 C2

Touristeninformation
✉ Calle Calzada del Ejército
☎ 956 36 61 10

San Pedro in Arcos de la Frontera steht auf Überresten einer maurischen Festung

🖲 El Puerto de Santa María

Dieser Flusshafen ist der südlichste Punkt des so genannten Sherry-Dreiecks und hat sich mit Fisch, Meeresfrüchten und natürlich seinem Sherry einen Namen gemacht. Von hier aus lässt sich die Gegend gut erkunden: Sanlúcar de Barrameda (➤ 67) ist schnell mit dem Bus erreicht, und nach Jerez de la Frontera (➤ 56ff) gelangt man nach 15 Minuten Zugfahrt. Die Autofähre *Motonave Adriano III*, von den Einheimischen *El Vapor* (Dampfer) genannt, setzt zum zehn Kilometer entfernten Cádiz (➤ 59f) über.

An der Plaza de España steht eine der schönsten Kirchen von El Puerto, die **Iglesia Mayor Prioral**, Paläste aus

Fischerboote im Hafen von Tarifa

Vejer de la Frontera, eine der lebhaftesten maurischen Städte Andalusiens

dem 18. Jahrhundert sind über die ganze Stadt verstreut. Das **Castillo de San Marcos** (Plaza de Alfonso, Di, Do, Sa 10–14 Uhr, Di freier Eintritt), eine Festung aus dem 13. Jahrhundert, wurde über einer alten Moschee erbaut. In der Hauptstraße, der Calle Luna, einer Fußgängerzone, findet man viele lebhafte Bars, auf der Plaza de Galeres Reales in Richtung Meer tobt abends das pralle Leben. **Sherry-bodegas** mit so berühmten Namen wie Osborne, Luis Caballero und Duff Gordon warten auf Gäste, Öffnungszeiten nennt die Touristeninformation.

➕ 194 C2

Touristeninformation
✉ Calle Luna 22
☎ 956 54 24 13;
www.elpuertosm.es

🆔 Costa de la Luz (Cádiz)

Die Costa de la Luz – die »Küste des Lichts« – bei Cádiz ist viel weniger erschlossen als die Costa del Sol. Wunderschöne Strände gibt es bei **Los Caños de Meca** und **Zahara de los Atunes**, wo man sich am breiten, fast goldenen Sandstrand entspannen kann. Hier ist man an der Atlantikküste, das Meer ist zumeist kühler und rauer als das Mittelmeer. Im Inland hat sich **Vejer de la Frontera** sein maurisches Flair bewahrt. Die südlichste Stadt Spaniens ist **Tarifa**, das Paradies der Windsurfer. Von hier ist es nur ein Steinwurf bis zum Rif-Gebirge in Marokko jenseits der Straße von Gibraltar. Man kann von Tarifa aus einen Tagesausflug nach Tanger machen und natürlich auch länger verweilen. Außerdem kann man in Tarifa unter sachkundiger Anleitung wind- und kitesurfen sowie tauchen; schön sind auch Bootsausflüge, auf denen man Delphine und Wale beobachten kann (➤ 76).

✚ 194 B2

**Vejer de la Frontera Touristen-
information**
✚ 194 C1 ✉ Avda Los Remedios
☎ 956 45 17 36; www.turismovejer.com

Tarifa Touristeninformation
✚ 195 D1 ✉ Paseo de la Alameda s/n
☎ 956 68 09 93

🄓 Gibraltar

Gibraltar ist eine der letzten Kolonien
Großbritanniens, und so fühlt man
sich mitten im mediterranen Spanien
plötzlich wirklich wie in England.

Der mächtige Felsblock, einer der
mythischen Türme des Herkules, beherrscht die **North Town** (Altstadt),
deren Hauptstraße britischer gar nicht
sein könnte. Hier tummeln sich englische Tagestouristen von der Costa del
Sol, um steuerfreie britische Waren
einzukaufen. Eine spannende Fahrt
mit der Seilbahn (Mo–Sa 9.30–18 Uhr)
führt hinauf zum Upper Rock, wo
man den berühmten Berberaffen in
Ape's Den einen Besuch abstattet.
Aber Achtung – die Tiere schnappen
sich gern den Fotoapparat oder die Tasche … Weiter geht es zu **St. Michael's
Cave**, wo Musicals und Tanzvorführungen stattfinden, und zu den **Upper Galleries**, einem in den Fels
gegrabenen Labyrinth, das im 18. Jahrhundert der militärischen Verteidigung diente. Den Upper Rock kann
man alleine erkunden oder sich einer
Führung per Taxi oder Minibus an-
schließen, wobei man sich vor Betrü-
gern hüten sollte. Informationen zu
den Touren, aber auch zu Bootsaus-
flügen mit oder ohne Delphinbeobachtung hält die Touristeninformation
bereit. Mit dem Auto sollte man ins
überfüllte Gibraltar keinesfalls hin-
einfahren.

✚ 195 D1

Touristeninformation
✉ Duke of Kent House, Cathedral Square
☎ 350 74950

✉ The Piazza, Main Street ☎ 350 74982

✉ Zollgebäude, Grenze

Der Felsen von
Gibraltar, um-
strittenes Sym-
bol britischer
Präsenz in Spa-
nien

Berberaffen
Die Affen von Gibraltar sind eine
schwanzlose Spezies. Sie stammen ursprünglich aus Marokko. Eine Legende
besagt, dass Gibraltar aufhört, unter
britischer Hoheit zu stehen, wenn
die Affen von dem Felsen ver-
schwinden. Aus Angst brachten im
Zweiten Weltkrieg deshalb britische Beamte Unmengen von Affen nach Gibraltar.

Wohin zum ... Übernachten?

Preise

Mit folgenden Preisen müssen Sie pro Doppelzimmer pro Nacht rechnen:

€ unter 50 Euro   €€ 50–80 Euro   €€€ 80–120 Euro   €€€€ über 120 Euro

COSTA DEL SOL

Málaga

Castilla €€

Dieses günstige kleine Hostel liegt wunderschön zwischen der Alameda, der Hauptader der Stadt, und dem Hafen. Die Zimmer bieten zwar keinen Luxus, sind aber blitzsauber und in Creme- und Burgunderfarben gehalten. Einige haben Balkone mit Blick auf die relativ ruhige Seitenstraße. Es gibt eine Tiefgarage, ein echter Segen in der Stadt, und zahlreiche Bars und Restaurants liegen gleich in der Nähe.

✚ 196 B1 🖂 Calle Córdoba 7
☎ 952 21 86 35

Hotel Humaina €€

Das Hotel ist 16 Kilometer von Málaga und der Küste entfernt und eignet sich perfekt zum Entspannen. Es liegt idyllisch in einem Naturpark. Terrakottafliesen sowie ockerfarbene Wände und Balkone in den meisten Zimmern vermitteln andalusisches Flair. Das Essen wird mit Biogemüse aus dem Garten zubereitet.

✚ 196 B2
🖂 Carretera del Colmenar s/n,
Las Montes de Málaga
☎ 952 64 10 25; Fax 952 64 01 15

Larios €€€€

Das Hotel liegt perfekt in einer noblen Einkaufsstraße; von hier ist es nicht weit zur Kathedrale und zur malerischen Altstadt von Málaga. Elegante Ausstattung mit schwarzweißen Fliesen, cremefarbenem Mobiliar und hellem Holz. Auf der Dachterrasse gibt es ein hübsches Restaurant, in dem Sie sich bei einem Glas Wein von einem anstrengenden Tag erholen können.

✚ 196 B1
🖂 Marqués de Larios 2, Málaga
☎ 952 22 22 00; Fax 952 22 24 07;
www.hotel-larios.com

Benalmádena

La Fonda €€€

Mitten im Dorf Benalmádena in einer Fußgängerzone hat dieses Hotel einen Extra-Pluspunkt: Es ist eine Kochschule angeschlossen, d. h. das Essen ist hervorragend und obendrein preiswert. Die *patios* liegen im Schatten von Palmen mit Brunnen, und alle Zimmer sind hell und luftig.

✚ 195 E2 🖂 Calle Santo Domingo 7,
Benalmádena Pueblo
☎ 952 56 82 73; Fax 952 56 82 73;
www.fondahotel.com

RONDA

Alavera de Los Baños €€€

Gleich neben den arabischen Bädern (▶ 55) befindet sich dieses kleine Hotel unter deutscher Leitung, das dem Film *Carmen* als Kulisse diente. Man hat von hier einen herrlichen Blick auf die Serranía de Ronda und die Stadtmauer, außerdem gibt es ein Lesezimmer und eine Bibliothek. Bei der Zubereitung der Speisen wird viel Wert auf die Verwendung von Bioprodukten gelegt.

✚ 195 D2 🖂 Hoyo de San Miguel, Ronda
☎ 952 87 91 43; www.andalucia.com/alavera

Hotel Reina Victoria €€€€

Die Aussicht von den Garten oben auf dem Fels über dem 150 Meter tiefen Abgrund ist phantastisch. Das Hotel wurde berühmt, als 1912 der kranke deutsche Dichter Rainer Maria Rilke hier einen Erholungsurlaub machte; sein Zimmer ist heute ein kleines Museum. Die Räume sind gut ausgestattet und bequem. Es wurde erst vor kurzem renoviert.

Wohin zum ...
Essen und Trinken?

SIERRA DE GRAZALEMA

El Molino del Santo €€

Eine malerische, restaurierte Mühle an einem Bach. Von den meisten Zimmern hat man einen schönen Blick auf den Grazalema-Park mit Bergen und Kiefern als Kulisse. Sie können zwischen Übernachtung mit Frühstück oder Halbpension wählen. Das Hotel ist bei Wanderfreunden beliebt.

🕂 195 D2
✉ Estación de Benaoján, Benaoján, Málaga
☎ 952 16 71 51;
www.andalucia.com/molino
🕘 19. Nov.–16. Feb. geschl.

JEREZ DE LA FRONTERA

El Ancla Hotel €

Klassische Jerez-Architektur mit schmiedeeisernen Balkonen, Fensterläden aus Holz und weiß-gelber Farbe kennzeichnet das Hotel. Eine sehr beliebte Bar ist angeschlossen, nachts kann es deshalb laut werden. Die Zimmer sind einfach aber modern mit TV und Telefon ausgestattet.

🕂 194 C2
✉ Plaza del Mamelón, Jerez de la Frontera
☎ 956 32 12 97; Fax 956 32 50 05

CÁDIZ

Hostal Bahía €

Nicht weit von der lebhaften Plaza de San Juan de Dios liegt dieses Hotel in der mit Bäumen gesäumten Fußgängerzone. Es ist überaus preisgünstig und hat trotzdem gute Betten, hübsche Bäder, TV, Klimaanlage und kleine Balkone in den meisten Zimmern. Den fehlenden Speisesaal machen die vielen Bars und Restaurants in der Umgebung wett, z. B. die Mesón La Nueva Marina dirket nebenan.

🕂 194 C1
✉ Calle Plocia 5, Cádiz
☎ 956 25 90 61; Fax 956 25 42 08

COSTA DEL SOL

Málaga
Antonio Martin €€–€€€

Meeresfrüchte und Fisch stehen auf der Speisekarte in diesem alteingesessenen, familiengeführten Restaurant. Lassen Sie sich auf der Terrasse mit Meerblick die *gambas a la plancha* (gegrillte Garnelen) oder *boquerones fritos* (frittierte Oliven) schmecken. Die Atmosphäre und das gute Essen machen das Lokal zu einem beliebten Ort – auch bei den Einheimischen.

🕂 195 F2
✉ Playa de la Malagueta
☎ 952 22 72 89 🕘 tägl. 11–1 Uhr

Bar Logüeno €

Diese traditionelle kleine Tapas-Bar mit Open-air Bereich verbirgt sich in einer Seitenstraße der Calle Larios. Die L-förmige Theke ist mindestens 75 verschiedenen *tapas* gut bestückt, darunter viele Logüeno-Spezialitäten wie sautierte Austernpilze (*setas*) mit Knoblauch, Petersilie und Ziegenkäse. Die Auswahl an Rioja-Weinen ist exzellent und die Bedienung flott, allerdings hat man wenig Ellbogenfreiheit.

🕂 195 F2
✉ Calle Marín García s/n, Málaga
🕘 kein Telefon ⓜ Mo–Sa 13–16 Uhr und 19 Uhr bis spät nachts

Restaurante Chinitas €€

In diesem uralten Gebäude im andalusischen Stil gibt es deftiges Essen. Ochsenschwanz ist die Spezialität, außerdem *Serrano*-Schinken und Kalbslende. Viele Gerichte sind mit dem süßen Wein aus Málaga zubereitet, etwa *solomillo al vino de Málaga*, Filetsteak in Weinsoße.

✚ 195 F2
⊠ El Moreno Monroy 4, Málaga
☎ 952 21 09 72
⏰ tägl. 13–16 und 19–24 Uhr; 24. und 31. Dez. geschl.

Estepona

Restaurante El Lido €€€

Das El Lido drei Kilometer östlich von Estepona ist für seine prämierte Dreisterneküche und seine Eleganz berühmt. Besonders schön ist ein Tisch im Garten mit Meerblick. Die Gerichte spiegeln das ganze Spektrum des Mittelmeerraums wieder, der Hauptakzent liegt auf Meeresfrüchten und italienischer Küche. Die Ravioli mit Tiefseegarnelen in pikanter Currysoße zum Beispiel sind köstlich. Die zehn Seiten dicke Weinkarte fängt mit akzeptablen Preisen an.

✚ 195 E1
⊠ Las Dunas Beach Hotel and Spa, Boladilla Baja, Carretera de Cádiz, Km 163,5, Estepona
☎ 952 79 43 45; Fax 952 79 48 25
⏰ tägl. 12.30–15 und 20–23 Uhr

Marbella

El Patio de los Perfumes €€

Dieses klassische Restaurant im Herzen der Altstadt ist ein wirklich romantischer Ort. Bei Kerzenschein und sanfter Musik sitzen Sie in dem wundervollen, mit Bougainvillea bewachsenen Innenhof im Freien. Zwei Mal in der Woche gibt es Flamencovorführungen. Serviert werden zahlreiche mediterrane Gerichte mit starkem französischem Einschlag, zum Beispiel *Foie Gras* mit karamelisiertem Apfel und warmer Ziegenkäse in *Malagueño*-Weinsoße.

✚ 195 E1
⊠ Calle Aduar
☎ 952 82 86 50
⏰ Di–So 20–23 Uhr

Fuengirola

Bistro €–€€

Dieses beliebte Restaurant liegt hinter dem Postamt in der attraktiven Altstadt von Fuengirola. Der Innenraum ist mit Pinienholz ausgestattet und hat gemütliche Separees. Außerdem gibt es eine Außenterrasse. Die Bedienung ist freundlich und schnell. Die Ausrichtung des Restaurants ist international und die schmackhaften Suppen, Salate und Fleischgerichte erfreuen sich auch bei hier lebenden Ausländern großer Beliebtheit. Es gibt keine Meeresfrüchte. Sie sollten unbedingt reservieren.

✚ 195 E1
⊠ Calle Palangreros 30
☎ 952 47 77 01
⏰ Mo–Sa 19 Uhr–spät

Mijas

Restaurante La Alcababa €€

Dieses Restaurant in Mijas bietet mit seiner Glasfront den schönsten Blick über die Küste bis nach Afrika. Die Speisekarte ist trotz Tourismus typisch spanisch mit einem sagen-haften *ajo blanco*, der Suppe aus Knoblauch und Mandeln.

✚ 195 E2
⊠ Plaza de la Constitución, Mijas
☎ 952 59 02 53
⏰ Di–So 12–16 und 19–23 Uhr

Torremolinos

Matahambre €

Stilvolle Tapasbar und zugleich Restaurant mit Tonnengewölbe, Terakkotafliesen und warmen Ockerfarben. Auf der Speisekarte stehen viele leichte Snacks und Tablas (größere Portionen für mehrere Personen) wie *Queso Curado* (geräucherter Manchego Käse) und *Paté de Pédiz* (Fasanenpastete) sowie gehaltvollere Gerichte wie *Morcilla de Burgos y Morrones* y *Cebollas Salteada* (schwarzer Burgospudding mit geröstetem Pfeffer und Zwiebeln). Von der Außenterrasse können Sie den Panoramablick aufs Meer genießen.

✚ 195 E2 **⊠ Las Mercedes 14**
☎ 952 38 12 42
⏰ tägl. 13–16, 19–23 Uhr

RONDA

Tragabuches €€–€€€

Dieses moderne Restaurant im Zentrum von Ronda liegt in der Nähe des Parador. Auf der Speisekarte stehen exquisite Gerichte wie *Tocino con Jugo de Almejas, Morcilla y Lemongrass* (Schweinefleisch mit Blutwurst und Clamand-Zitronengrassoße) sowie ziemlich abenteuerliches Knoblaucheis mit Pinienkernen! Die Atmosphäre ist elegant aber locker. Sie sollten unbedingt reservieren.

➕ 195 D2 ⌖ José Aparicio 1
☎ 952 19 02 91 🕐 Di–So 13.30–15.30, 20.30–1.30 Uhr. So kein Abendessen.

DAS SHERRY-DREIECK

Las Bóvedas Restaurant €€–€€€

Das exquisite Restaurant (mit Hotel) in einem Barockgebäude liegt in einer Kopfsteinpflastergasse in El Puerto de Santa María. Früher befand sich hier ein Kloster, und Las Bóvedas diente den Nonnen als Wäscherei – wenngleich man sich kaum

vorstellen kann, dass unter dem prachtvollen Gewölbe derart Profanes stattfand. Die innovative Küche von Joaquín Ramírez wurde mehrfach preisgekrönt; die Auswahl an Gerichten mit Meeresfrüchten ist hervorragend.

➕ 194 C2 ⌖ Hotel Monasterio San Miguel, Calle Larga 27, El Puerto de Santa María, Cádiz ☎ 956 54 34 40
🕐 tägl. 21 Uhr bis nachts

El Convento €€

Das Restaurant gehört dem gleichen Besitzer wie das noble kleine Hotel gleichen Namens in der Calle Maldonado in Arcos de la Frontera. An den Palast aus dem 16. Jahrhundert schließt ein von Säulen umgebener *patio* an, der mit Palmen, Skulpturen und Gemälden geschmückt ist; hier kommen die leckersten spanischen Gerichte originell abgewandelt auf den Tisch.

➕ 194 C2 ⌖ Calle Marqués de Torresoto 7, Arcos de la Frontera ☎ 956 70 32 33
🕐 13–16 und 19–22 Uhr; 24. und 31. Dez. geschl.

La Mesa Redonda €€

In diesem freundlichen kleinen Restaurant kreiert José Antonio Valdespino traditionelle Gerichte aus Jerez mit einer kreativen Note. Je nach Saison werden andere Spezialitäten serviert: Wild von Oktober bis Februar, Kabeljau in der Fastenzeit, *Almadraba* Thunfisch von April bis Juni. Außerdem gibt es ganzjährig eine wechselnde saisonale Karte mit Sherries und Brandies aus Jerez.

➕ 194 C2 ⌖ Calle Manuel de la Quintana 3, Jerez de la Frontera ☎ 956 34 00 69 🕐 Mo–Sa 13–16, 19–23 Uhr

CÁDIZ

El Faro €–€€€

Das Restaurant im ehemaligen Hafenviertel hat mit Recht einen guten Ruf. Man kann *tapas* mit Meeresfrüchten an der Bar bestellen, im Restaurant innovativen Genüssen – wie mit Krabbenfleisch gefüllter oder überbackener Paprika – frönen oder einfach das *menú del día* bestellen.

Das Restaurant ist dezent mit Kacheln, Marmor und Mahagoni ausgestattet; Bilder aus Cádiz hängen an der Wand.

➕ 194 C1 ⌖ Calle San Félix 15, Cádiz
☎ 956 21 10 68
🕐 tägl. 12–16 und 20.30–23.30 Uhr; 24. Dez. geschl

Mesón La Nueva Marina €–€€

Serrano-Schinken hängen in dieser Tapas-Bar neben Zöpfen von Knoblauch, getrockneten Pfefferschoten und Schwarzweißfotos. Sherry aus Sanlúcar gibt es vom Fass, das zugehörige Restaurant ist besonders am Wochenende sehr voll. Die Speisekarte bietet jedem etwas, man kann unter 24 Vorspeisen und doppelt so vielen Hauptgerichten wählen, darunter besondere Gaumenfreuden wie *cazo en adobo*, marinierter, frittierter Fisch.

➕ 194 C1 ⌖ Calle Plocia 3, Cádiz
☎ 956 26 31 55
🕐 tägl. 13–16 und 20 Uhr bis nachts; 24., 25. und 31. Dez. sowie 1. Jan. geschl.

Wohin zum ... Einkaufen?

MÁLAGA

Die Calle Marqués de Larios ist das Modezentrum von Málaga. Hier lohnt sich die schicke spanische Boutiquenkette **Mango** (Larios 1, Tel. 952 22 31 02), ebenso die **ZM Woman** (Larios 10, Tel. 952 21 04 33) und für absolut Extravagantes **Nicolas** (Larios 3), wo es auch eine große Auswahl an modischen Schuhen gibt.

In den Straßen rund um die Plaza Flores, die Plaza de Félix Sáenz, die Calle Puerta del Mar und die Calle Nueva liegt die klassischere Einkaufszone. Hier finden sich Läden aller Art, etwa **La Mallorquina** (Plaza de Félix Sáenz) mit einer exquisiten Auswahl an Delikatessen. Schräg gegenüber bietet **La Mallor-**quina **Regalos** eine gute Auswahl an edlen Tropfen, darunter auch die Dessertweine aus Málaga.

Die Niederlassung der Kaufhauskette **El Corte Inglés** (Avenida de Andalucia 4–6) hat hier gigantische Dimensionen erreicht. Empfehlenswert ist die Abteilung mit fremdsprachigen Zeitungen sowie Büchern und Landkarten.

RONDA UND SIERRA DE GRAZALEMA

Ronda (▶ 53ff) kann in seiner Hauptstraße, der Calle Espinal, mit einer ganzen Reihe Andenkenläden aufwarten. In einigen erhält man *productos artesanos*, Kunsthandwerksgegenstände aus einheimischer Produktion. Bei **Márquez** (Espinel 13, Tel. 952 87 29 86) findet man vom Schinken über Wein und Honig so ziemlich alles. In der Altstadt gibt es Geschäfte mit solide gefertigten Kunsthandwerkartikeln.

In den Bergen der Sierra de Grazalema (▶ 66f) verkauft **Artesania Grazalema** in der Touristeninformation von Grazalema (Plaza de España, Tel. 956 13 22 25) Kleidung, Teppiche, Töpferei sowie Käse, Honig, Birnen und Wein.

Schön stöbern lässt es sich auch in **La Jara Cerámica Artesanal** (Calle Agua 19, Tel. 609 25 05 38) mit hochwertigerem Kunsthandwerk und Geschenken. Auf der Straße von Grazalema nach Zahara de la Sierra macht man Halt im **El Vinculo Molino de Aceite Alojamiento Rural** (Tel. 956 12 30 02), wo man edles Olivenöl, Wein und Käse bekommt (▶ 177).

DAS SHERRY-DREIECK

In **Jerez de la Frontera** (▶ 56ff) finden sich in der Fußgängerzone rund um die Calle Larga die besten Einkaufsmöglichkeiten: Mode, Kunsthandwerk, Keramik, Lederwaren und Schmuck sind dort erhältlich.

In jeder *bodega* erhält man den hauseigenen Sherry; **La Casa del** **Jerez** (The Sherry Shop, Divina Pastora 1, Tel. 956 33 51 84) hat alle Marken auf Lager. Gegenüber gibt es im Laden der **Andalusischen Hofreitschule**, der *Real Escuela Andaluza de Arte Ecuestre* (▶ 57), alles, was des Reiters Herz begehrt.

Im Zentrum des Barrio de Santiago ersteht man im **Calle del Flamenco** (Calle Francos 49, Tel. 956 34 01 39) Flamencokleider, Tonbänder, Videos und Accessoires.

Die *manzanilla*- und Sherry-*bodegas* von **El Puerto de Santa Maria** (▶ 68) und **Sanlúcar de Barrameda** (▶ 67) verkaufen eigene Produkte. Einige Firmen, die Sherry herstellen, etwa Osborne und Terry, bieten interessante Führungen durch ihre Kellereien an.

Meeresfrüchte bekommt man auf dem **Markt**, der jeden Morgen bei der Plaza de San Roque in Sanlúcar stattfindet; in der Ribera del Marisco in Puerto de Santa María bietet der dem Restaurant Romerijo angeschlossene Laden frische Schalentiere.

Wohin zum ... Ausgehen?

CÁDIZ UND UMGEBUNG

Unweit der Plaza de las Flores befindet sich der malerische **Morgenmarkt** von **Cádiz** mit bunten Blumenständen.

Die Calle Francisco, die Calle Rosario und die Calle Ancha bilden mit ihren Querstraßen die Fußgängerzone mit einer Vielfalt an Läden.

Weiter östlich hat sich **Gibraltar** (▲ 69) als steuerfreies Einkaufsparadies einen Namen gemacht. In der Hauptstraße reiht sich Laden an Laden. Andenken aus Andalusien werden allerdings hier nicht verkauft.

COSTA DEL SOL

In allen Ferienorten gibt es unendlich viele Läden mit Souvenirs, von Schmuck bis zu Leder; das Warenangebot wie auch die Preise differieren kaum.

Wer nach großen Modedesignern wie Versace, Armani, Donna Karan oder Gucci sucht, wird in Marbella (▲ 61f) fündig, etwa in der schicken Ladenkette **Ramón y Cajal** und **Casco Antiguo** (Altstadt) oder im **Muelle Ribera** in **Puerto Banús** (▲ 62) ganz in der Nähe. Eine Niederlassung des Kaufhauses **El Corte Inglés** befindet sich am Ortsrand von Puerto Banús an der Carretera N340, Km 174.

An der Costa macht ein Bummel über die zahlreichen Märkte immer Spaß. Oft verstecken sich zwischen den üblichen kitschigen Andenken schöne Antiquitäten und Kunstobjekte.

Ein Tipp ist der **Markt von Puerto Banús**, der am Samstagvormittag an der Centro Plaza unweit der Stierkampfarena abgehalten wird; noch besser ist der **Markt von Fuengirola** am Dienstagvormittag an der Avenida Jesús Santos Rein. Frischen Fisch aus diesem südandalusischen Ort geht es als *pescado fresco de Fuengirola* nach ganz Spanien. Wenn Sie Lust auf einen Flohmarkt haben, dann verpassen Sie nicht den großen Samstagsflohmarkt am gleichen Ort.

In Andalusien gibt es alles, was man sich an Unterhaltung nur vorstellen kann: In den Großstädten und Ferienorten an der Costa herrscht in den unzähligen Nachtclubs Partystimmung ohne Ende, doch gibt es auch traditionellere Vergnügen wie Stierkampf, Flamenco und *fiestas*, dazu viele Wassersportmöglichkeiten. Im Landesinneren locken Abenteuer in den Bergen.

VERANSTALTUNGSHINWEISE

Der *Guía Marbella – Día y Noche* ist ein spanisch/englisches Touristenmagazin, die Wochenzeitung *Sur* bietet eine gute Veranstaltungsübersicht; beide sind in den Touristeninformationen erhältlich. *The Entertainer* nennt Veranstaltungen urd hat eine eigene Golfseite. Einige Publikationen für hier lebende Ausländer bieten nützliche Informationen zu aktuellen Vorführungen und Veranstaltungen.

NACHTLEBEN

An der **Costa del Sol** geht es in der Provinz Málaga am lebhaftesten zu. In Puerto Banús ist die **Sinatra Bar** (Muelle Ribera 2, Tel. 952 81 09 50) am Meer Treffpunkt von Stars und Sternchen.

Im benachbarten Marbella tobt die heißeste Party im Viertel Puerto Deportivo. Fuengirola steht dem in nichts nach; ein Tipp ist das **Ministry** (Paseo Marítimo, kein Telefon, Mi–Sa), wo man bis zum Morgengrauen tanzen kann. Beliebt sind auch der große

Kiu Club (Plaza Solymar, Tel. 952 44 05 18) von Benalmádena Costa und das **Palladium** (Avenida Palma de Mallorca, Tel. 952 38 42 89) in Torremolinos. Wer sein Glück beim Spiel versuchen möchte, geht ins **Casino Marbella** (Bajos del Hotel, Andalucía Plaza, Tel. 952 81 40 00). Eine Mischung aus Casino und Nachtclub ist das **Casino Torrequebrada y Fortuna Night Club** (N340, Km 220, Tel. 952 44 60 00), wo man sich zuerst an den Spieltischen unterhalten kann, um dann anschließend die große Show im benachbarten Nachtclub zu erleben. In beiden Casinos ist der Pass vorzuzeigen.

Das Nachtleben von **Málaga** konzentriert sich rund um die Plaza de Uncibay mit zahllosen Diskos und Musikbars. In **Jerez de la Frontera** findet man ein ähnliches Angebot um die Calle Divina Pastora, in **Cádiz** um die Plaza de España.

FLAMENCO

In Málaga werden im **Teatro Miguel de Cervantes** (Calle Ramos Marín, Tel. 952

22 41 09, www.teatrocervantes.com) Flamencoshows angeboten, in Ronda in der **Casa Santa Pola** (Calle Santo Domingo 3, Tel. 952 87 92 08). In Jerez de la Frontera hat der Flamenco eine lange Tradition (▶ 16f); empfehlenswert sind die Shows im **La Taberna Flamenca** (Calle Angostillo de Santiago 3, Tel. 956 32 36 93). In Cádiz geht man ins **La Cava** (Calle Antonio López, Tel. 956 21 18 66, www.flamencolacava.com).

THEATER

Hervorragende Aufführungen finden im **Teatro Miguel de Cervantes** (Calle Ramos Marín, Tel. 952 22 41 09) von Malaga sowie im **Gran Teatro Falla** (Plaza de Falla, Tel. 956 22 08 28) von Cádiz statt. Über aktuelle Spielfilme informieren die Touristeninformationsstellen.

STIERKAMPF

An der gesamten Costa del Sol finden meist am Sonntag *novilladas* mit jungen Stieren und neuen Tore-

ros statt. In Málaga, Ronda und Jerez sind renommierte Stierkämpfer zu sehen; hier empfiehlt es sich, zu reservieren.

GOLF

Die meisten Golfclubs finden sich an der Costa del Sol, für viele braucht man ein Handicap-Zertifikat und sollte lange im Voraus buchen. Preisgünstig sind **Estepona Golf**, Estepona (Apartado 274, Tel. 952 11 30 81), und **Golf Torrequebrada**, Benalmádena Costa (Carretera de Cádiz, N340, Tel. 952 44 27 42).

REITEN

An der Costa del Sol gibt es die **Escuela de Arte Ecuestre** (Carretera Nacional 340, Km 159, Estepona. Tel. 952 80 80 77). Für einen Ausritt am Strand kontaktieren Sie am besten das **Hurricane Hotel** (Carretera Nacional 340, Km 178, Tarifa, Tel. 956 68 49 19; www.hurricanehotel.com).

ABENTEUER

Para- und Hängegleiten bietet der **Club Escuela de Parapente Abdalajís** (Valle de Abdalajís, Sevilla, Tel. 952 48 91 80). In der Sierra de Grazalema (▶ 66) wirbt **Horizon** (Calle Corrales Terceros 29, Tel. 956 13 23 63) mit Trekking, Klettern, Mountainbike-Touren, Höhlenerkundung und Paragleiten.

WASSERSPORT

Tauchen kann man bei **Simply Diving** (Calle Carmen Montes, Torremolinos, Tel. 600 506 526, www.simplydiving.com), oder im **Centro Buceo Tarifa** (Calle Covadonga, Tarifa, Tel. 956 68 06 80, www.yellowsubtarifa.com). Windsurfen ist im **Club Mistral** (Hotel Hurricane, Carretera Cádiz-Málaga, Tel. 956 68 49 19) bei Tarifa möglich. Delphinbeobachtungen organisieren **Dolphin Safari** (Marina Bay Complex, Gibraltar, Tel. 956 77 19 14; www.dolphinsafari.gi).

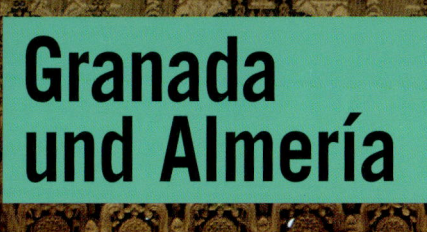

Granada
und Almería

Erste Orientierung

Die Provinzen Granada und Almería im Osten von Andalusien bieten beeindruckende und abwechslungsreiche Landschaften. Um Granada herum wechseln sich die mächtigen Berge der Sierra Nevada mit tiefen, bewaldeten Tälern ab; die kargen Hügel und trockenen Ebenen an der Küste von Almería erinnern an Nordafrika.

Diese Vielfalt gilt auch für die Städte der Region. Das Kleinod von Granada ist die Alhambra, eine der herrlichsten Palastanlagen der Welt und das beeindruckendste Zeugnis des maurischen Andalusien. Zu Granada gehört außerdem der Albaicín, der einem Maurendorf in den Hügeln gleicht.

Granada wirkt nicht sonnig und temperamentvoll wie Sevilla, auch nicht lässig-locker wie Málaga oder Cádiz, denn der maurische Einfluss wurde hier im Zuge der christlichen Reconquista umfassender verdrängt als irgendwo sonst in Andalusien. Die Straßen und Gebäude von Granada und die Bewohner erinnern eher an Nordeuropa.

Südöstlich von Granada türmen sich die zerklüfteten Berge der Sierra Nevada zu den höchsten Gipfeln Spaniens auf, um in Kaskaden zu den Ausläufern der Alpujarras wieder abzufallen, wo Wein und Essen hervorragend sind.

Das Landesinnere der Provinz Almería gibt mit seinen ausgedörrten, verwüsteten Felsformationen und Schluchten eine gute Kulisse für Wildwestfilme ab, während die baumlose Küste fast wie eine Mondlandschaft wirkt. Die Hauptstadt, Almería, übertraf einst Granada als Maurenbastion. Die Veste Alcazaba erinnert noch daran.

Links: Terrassenkultur in den Alpujarras

Vorhergehende Seite: Der Patio de Leones (Löwenhof) in der Alhambra von Granada

★ Nicht verpassen!

Nach Lust und Laune!

Von der schmalen Cuesta de Gomérez geht es steil zur Alhambra von Granada hinauf

Blick vom Mirador de San Nicolás auf die Alhambra

Lassen Sie die Schönheit von Granada auf sich wirken, bevor Sie sich auf den Weg in die dicht bewaldeten Alpujarras machen. Erkunden Sie Almería, das beinahe wüstenartige Hinterland, und anschließend Spaniens sonnenverwöhnteste Küste.

Granada und Almería in vier Tagen

Erster Tag

Vormittags

Frühstücken Sie in einem der quirligen Cafés an der **Plaza Nueva** von Granada, und besteigen Sie anschließend den Alhambra-Bus (▶ 91), der vom Südende des Platzes bis zum Eingang der **Alhambra** fährt. Besichtigen Sie die eindrucksvolle Palastanlage (▶ 83ff), und speisen Sie im Parador de San Francisco, dem Hotel im Herzen der Alhambra.

Nachmittags

Schön ist eine Mußestunde in den Gärten des **Generalife** (links, ▶ 86) der Alhambra, danach führt der Weg durch schattige Alleen wieder hinunter zur Plaza Nueva. Gehen Sie durch die Puerta de las Granadas (Granatapfeltor) hinunter zur Cuesta de Gomérez, und bummeln Sie durch Andenken- und Intarsienläden.

Zweiter Tag

Vormittags
Spazieren Sie in der Morgen-
sonne durch das arabische
Viertel **Albaicín** (rechts, ➤ 87).
An der **Plaza de San Miguel
Bajo** (➤ 87) können Sie eine
Kaffeepause einlegen. Kehren
Sie ins Zentrum zurück, be-
sichtigen Sie die **Capilla Real**
(➤ 88f) und die angrenzende
Kathedrale (➤ 88f).

Nachmittags
In Richtung Süden geht es über die N323 bis zur Abfahrt C333 nach Lanjarón. Fahren Sie weiter bis Órgiva und von dort über die Serpentinenstraße in die **Alpujarras** (➤ 92ff), die Ausläufer der Sierra
Nevada. Zu beiden Seiten der Schlucht **Poqueira** liegen drei
hübsche Dörfer – Pampaneira, Bubión und Capileira (➤ 92ff).

Dritter Tag

Vormittags
Gleich früh am Morgen geht es
Richtung Osten durch die Alpu-
jarras nach **Trevélez** (rechts,
➤ 94f), das für seinen *serrano*-
Schinken berühmt ist. Genießen
Sie einige Scheiben davon in ei-
nem der Cafés Im Dorf.

Nachmittags
Auf dem Weg weiter nach Osten
kommt man an den Dörfern Juviles, Bérchules und Yegen vorbei
und gelangt dann in die Stadt **Almería** (➤ 96ff), die sich zum
Übernachten anbietet. Bummeln Sie abends durch das Viertel
um die Puerta de Purchena (➤ 98) und probieren Sie einige *tapas*.

Vierter Tag

Vormittags
Besuchen Sie die **Alcazaba** (➤ 96f), die maurische Festung von Almería
morgens, wenn es noch nicht so heiß ist. Schlendern Sie über die ruhige
Plaza Vieja (➤ 98), und essen Sie in der Bar Bahía de la Palma in der Calle
Mariana am Nordende des Platzes zu Mittag.

Nachmittags
Fahren Sie nordwärts in Richtung Granada, und machen Sie in **Mini Hollywood**
(➤ 102) Halt. Alternativ bietet sich **Guadix** (➤ 102f) mit seinem Höhlensystem und dem zugehörigen Museum an, bevor es zurück nach Granada geht.

Granada

Die Alhambra von Granada hoch oben auf dem Berg ist das großartigste Überbleibsel des islamischen Spanien und sicher eines der beeindruckendsten Bauwerke der Welt. Doch die Stadt hat noch sehr viel mehr zu bieten, etwa den Albaicín, das frühere Maurenviertel, die Capilla Real (Königskapelle) und die Kathedrale sowie einige hervorragende Kirchen und Museen. Jenseits der Hauptstraßen, in denen der Verkehr tost, findet man eine verschwiegene Welt mit bunten Plätzen und Fußgängerzonen mit hübschen Cafés, Boutiquen, Galerien und Märkten.

Granada war einst eine Bastion der Mauren in Andalusien. Die Stadt wurde zuerst von Córdoba aus regiert, dann von Sevilla. 1238 stieg sie zur Hauptstadt der Nasriden auf, einer von Ibn al-Ahmar gegründeten Dynastie. 1246 wurden die Nasriden Vasallen des christlichen Königreichs Kastilien, was Granada als maurisches Königreich bis ins 15. Jahrhundert überleben ließ. Über 200 Jahre lang schufen die Nasridensultane die herrlichen Gebäude der Alhambra und ihre wunderschön dekorierten Räume, *patios* und Gärten. 1492 eroberte das christliche Herrscherpaar Ferdinand und Isabella (► 23) Granada für Spanien zurück; der letzte Nasridensultan, Abur Abd Allah, in Spanien bekannt als Boabdil, wurde vertrieben. Die Monarchen bewahrten jedoch weitgehend die islamische Schönheit der Alhambra wie auch das maurische Albaicín. Heute erhebt sich die Alhambra triumphierend über den bewaldeten Hügeln vor dem Hintergrund der schneebedeckten Gipfel der Sierra Nevada.

Touristeninformation
✚ 200 C2 ✉ Corral del Carbón s/n (J de A) ☎ 958 22 59 90 ✚ 200 C1 ✉ Turismo Municipal, Plaza Mariana Pineda 10 (OMT) ☎ 958 22 66 88, www.turismodegranada.org

Parken
Tiefgaragen gibt es in La Caleta am westlichen Ende der Avenida de la Constitución (in der Nähe des Bahnhofs) sowie in der Calle San Agustín, nördlich der Kathedrale und bei der Gran Vía de Colón, außerdem unweit der Hauptpost an der Puerta Real (Kreuzung Calle Reyes Católicos und Acero del Darro). Parkplätze finden sich ferner bei der Kasse der Alhambra; meiden Sie dort private Parkplatzangebote am Weg.

Die Alhambra

Von der Palastanlage auf dem Berg aus lässt sich Granada am besten erkunden. Der weitläufige Komplex besteht aus vier Abschnitten mit Gebäuden und Gärten: Die Alcazaba ist die eigentliche Festung. Der Nasridenpalast diente einst den Sultanen als Standort für Verwaltung, Rechtsprechung und Diplomatie sowie als private Residenz. Der Palacio de Carlos V kam im frühen 16. Jahrhundert hinzu, der Generalife mit seinen Gärten wurde als Sommerpalast und zur Erholung genutzt.

Der Generalife liegt unmittelbar rechts neben dem Haupteingang zur Alhambra, die Alcazaba sowie die Nasridenpaläste befinden sich nicht weit voneinander ganz im Westen der Anlage.

In Anbetracht der Größe und Verschachtelung der Alhambra ist es am sinnvollsten, wenn man die Besichtigung am äußersten westlichen Ende mit der Alcazaba, dem historisch ältesten Teil, beginnt. Von hier geht es über den Nasridenpalast und den Palast von Carlos V zurück zum Generalife, wo man in den Gärten mit ihren kühlenden Brunnen und herrlichen Blumen verweilen kann.

Die Alcazaba

Die Alcazaba ist das Kernstück der maurischen Festung aus dem 13. Jahrhundert, von der mächtige Mauern und Türme erhalten blieben. Am westlichen Ende genießt man von der **Torre de la Vela**, dem ehemaligen Glockenturm, einen herrlichen Blick über Granada und den Albaicín sowie die Vega genannte Landschaft. Der große Dichter Granadas, García Lorca, stellte sich die dunstige Vega als eine Bucht im Meer vor und verwirrte einst einen Freund, als er ihn fragte, ob er die Boote am Fuß der Türme habe dümpeln sehen. Südlich der Alcazaba liegen die üppigen, duftenden Terrassen des **Jardín de los Ardaves** mit Ulmen und Zypressen, die sich vor der Kulisse der mächtigen Sierra Nevada über die Hänge der Alhambra bis in die Stadt ziehen.

Die Gipfel der Sierra Nevada geben eine herrliche Kulisse für die Alhambra ab

Die nördliche Arkade des Patio de los Arrayanes (Myrtenhof)

Palacios Real

Der Nasridenpalast ist ein Juwel islamischer Handwerkskunst aus Stein, Holz und Stuck – und die Krönung der Alhambra. Die gesamte Anlage spiegelt mit ihrer subtilen Komposition aus Raum, Licht und Wasser die Kunstfertigkeit des Islam wider. Man betritt den Palast durch ein bescheidenes Tor und gelangt zuerst in den **Mexuar**, den Audienz- und Gerichtssaal. Die öffentlichen Räume des Palasts geben mit herrlichem Stuck und Kacheln einen ersten Vorgeschmack auf das, was kommt. Es folgt der **Serallo**, mehrere Räume, die sich zum **Patio de los Arrayanes** (Myrtenhof) hin öffnen, einem rechteckigen Hof mit einem von Myrten gesäumten Wasserbecken in der Mitte und sanft plätschernden Brunnen. Durch die Arkaden Richtung Norden kommt man in die **Sala de la Barca** (Segenshalle) mit einer schiffsfömigen Decke, und dann in den **Salón del Trono**, der auch Sala de los Embajadores (Thronsaal oder Gesandtensaal) heißt, da hier der Sultan einst Gesandte empfing. Die mit Kacheln und Stuck geschmückten Wände gehen in eine meisterhaft aus Zedernholz geschnitzte Kuppel über, die das von Sternen erleuchtete Firmament darstellt.

Der nächste Abschnitt des Palasts umfasst die Privatgemächer der Sultane, dort befinden sich auch die Räume des Harems. Das Kernstück bildet der von Marmorsäulen eingefasste **Patio de los Leones** (Löwenhof). In der Mitte steht ein Brunnen mit zwölf Löwenskulpturen. Am Südende des *patio* liegt die **Sala de los Abencerrajes**. Im Zentrum steht ein zwölfeckiger Marmorbrunnen, in dem sich die gewaltige Stalaktitenkuppel und der 16-seitige Deckenfries spiegeln. Die dunklen Flecken im Brunnenbecken sollen vom Blut von 16 geköpften Prinzen aus dem Geschlecht der Abencerragen stammen, deren Anführer Zoraya, die Lieblingskonkubine des Sultans Abu al-Hassan, begehrt hatte. Die erheblich prosaischere Erklärung für die Flecken ist wohl einfach Rost, aber die grausige Tat hat sich anscheinend tatsächlich hier abgespielt.

Am anderen Ende des Löwenhofs liegt eine lange, schmale Halle, die **Sala de los Reyes** (Saal der Könige), wo die alkovenartigen Nebenräume auf Leder gemalte Deckenbilder auf-

Dem Untergang nahe

Seit ihren ersten Tagen als Enklave der Mauren wurde die Alhambra immer wieder geplündert. Im 19. Jahrhundert kamen »Kunstliebhaber« aus Nordeuropa, rückten den herrlichen Stuckarbeiten mit dem Hammer zu Leibe und nahmen die Bruchstücke mit nach Hause. Ab 1820 bewohnte der amerikanische Schriftsteller Washington Irving den Nasridenpalast und schrieb dort seine *Geschichten von der Alhambra*. Sie lösten ein so großes Interesse an der Alhambra aus, dass sich die spanischen Behörden schließlich entschlossen, die Palastanlage unter Schutz zu stellen und zu restaurieren.

Die phantastische Sala de las dos Hermanas

weisen. Sie sollen Ritterszenen darstellen und sind vermutlich das Werk späterer christlicher Künstler. Die Halle wurde im Sommer für Darbietungen genutzt, die Alkoven dienten vermutlich als Theaterlogen. Gegenüber der Sala de los Abencerrajes gelangt man in die **Sala de las dos Hermanas** (Saal der zwei Schwestern), deren Name sich auf die beiden großen, in den Boden eingelassenen Marmorplatten bezieht. Der Stuckdekor des größten Stalaktitengewölbes ist atemberaubend schön. Es schließt sich nun die **Sala de los Ajimeces** an (Saal der Bogenfenster), die Privatgemächer der Lieblingsfrau des Sultans; der Erker geht auf die üppigen *patios* hinaus.

Palacio de Carlos V

Von der Sala de los Ajimeces gelangt man durch eine Reihe von Räumen und Gängen ins gleißende Licht der Gärten mit *patios* und maurischen Türmen. Man verlässt die Gärten am **Renaissancepalast von Carlos V**, den der spanische König in die maurische Anlage integrierte, indem er einen Teil des Nasridenpalasts zerstören ließ. In einer anderen Umgebung würde der Palast vermutlich eindrucksvoller wirken. Das Herzstück des Palasts ist ein runder Hof, der durch das Spiel von Licht und Schatten belebt wird. Er wurde früher auch als Stierkampfarena genutzt. In den Räumlichkeiten rund um den Hof ist das **Museo Hispano-Musulmán** mit exquisiten Exponaten aus islamischer Zeit untergebracht; am bekanntesten ist der blau und golden verzierte Jarrón de las Gacelas (Gazellen-Vase oder -Zierkrug). Im oberen Stockwerk befindet sich das **Museo de Bellas Artes** (▶ 91) mit einer Kunstsammlung.

Die schattigen Gärten des Generalife

Der Generalife

Im Osten der Alhambra liegt auf dem Cerro del Sol (Sonnenhügel) der Generalife, ein Areal mit kühlen, plätschernden Brunnen, schimmernden Teichen und Gärten mit Terrassen und Blumenbeeten. Die ersten Grünanlagen wurden bereits im 13. Jahrhundert angelegt, und ihr Name soll »erhabenes Gartenparadies« bedeuten. Hier fanden einst Bankette und Theatervorführungen statt. Heute schlendert man durch den **Patio de los Cipreses** mit jahrhundertealten Zypressen und taucht die Hände ins kühle Nass des **Camino de las Cascades**.

✚ 201 E2 ✉ Alhambrahöhe ☎ 958 22 09 12; Fax 958 21 05 84 🕐 März–Okt. tägl. 8.30–20 Uhr (Di–Sa 22–23.30 Uhr mit Flutlicht); Nov.–Feb. 8.30–18 Uhr, (Fr/Sa 20–21.30 Uhr mit Flutlicht)

🍴 Restaurants (€€€); Kiosk (€–€€)
🚌 Alhambra-Bus alle 10 Min. von der Plaza Isabel la Católica und Plaza Nueva
💶 teuer (Senioren mittel, Behinderte und Kinder unter acht Jahren frei)

Zugang zur Alhambra

Zurzeit können pro Tag 8000 Personen die Alhambra besuchen. Die Eintrittskarte ist für die gesamte Anlage gültig. Der Nasridenpalast muss innerhalb der nächsten halben Stunde nach der auf dem Ticket vermerkten Uhrzeit besucht werden; die Aufenthaltsdauer ist allerdings unbegrenzt.

Eintrittskarten kauft man am Haupteingang der Alhambra (maximal fünf Stück pro Person), mit Warteschlangen ist zu rechnen. Wer relativ spät kommt, kann ggf. den Nasridenpalast nicht mehr besuchen, da alle Zeiten vergeben sind. Aus diesem Grund ist es sinnvoll, die Besichtigung im Voraus zu buchen, nämlich über die spanische Banco Bilbao Vizcaya (BBV), zum Beispiel in einer ihrer vielen Niederlassungen in Spanien. Man kann auch telefonisch einen Tag vorher reservieren (in Spanien Tel. 902 22 44 60, vom Ausland Tel. 0034 915 379 178), oder via Internet über www.alhambratickets.com. Bezahlung nur mit Visa-, MasterCard oder Eurocard. Aktuelle Informationen finden Sie auf der hervorragenden offiziellen Website www.alhambra-patronato.es, die über alle Änderungen informiert. Allerdings sind die Öffnungszeiten und Eintrittspreise zur Zeit ziemlich stabil.

Der Albaicín

Das alte maurische Viertel von Granada, der Albaicín, zieht sich über die Flanken am Hügel Sacromonte hinauf. Gegenüber, auf der anderen Seite des Darro-Tals, liegt die Alhambra. Gassen mit Kopfsteinpflaster schlängeln sich dahin, hohe Palmen setzen Akzente zwischen den weiß getünchten Häusern mit bunten Bougainvilleen und Geranien. Dazwischen verstreut liegen begrünte Plätze, und immer wieder taucht zwischen den Häusern plötzlich die Alhambra auf. Ein besonders schöner Aussichtspunkt ist der Mirador San Nicolás (► 172) am Abend, wenn die Alhambra im Dunkeln vom Flutlicht erhellt wird.

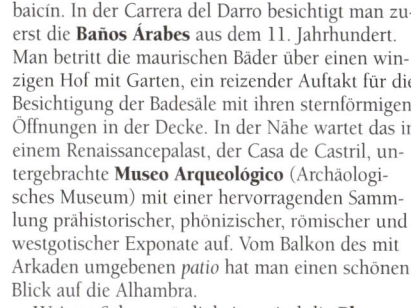

Im Süden wird der Albaicín von der Carrera del Darro begrenzt, einer schmalen Straße, die am Río Darro entlangführt. Von hier führen immer wieder enge, steile Gassen hinauf ins Herz des Albaicín. In der Carrera del Darro besichtigt man zuerst die **Baños Árabes** aus dem 11. Jahrhundert. Man betritt die maurischen Bäder über einen winzigen Hof mit Garten, ein reizender Auftakt für die Besichtigung der Badesäle mit ihren sternförmigen Öffnungen in der Decke. In der Nähe wartet das in einem Renaissancepalast, der Casa de Castril, untergebrachte **Museo Arqueológico** (Archäologisches Museum) mit einer hervorragenden Sammlung prähistorischer, phönizischer, römischer und westgotischer Exponate auf. Vom Balkon des mit Arkaden umgebenen *patio* hat man einen schönen Blick auf die Alhambra.

Weitere Sehenswürdigkeiten sind die **Plaza Larga** mit Geschäften und Bars sowie die **Plaza San Miguel el Bajo** westlich des Mirador San Nicolás. Unter Platanen sitzt man hier gemütlich in der Bar Lara oder im El Yunque bei einem Drink und *tapas*. Vom nahe gelegenen **Mirador de Cruz de Quirós** hat man ebenfalls eine schöne Aussicht. Oben auf dem Hügel Sacromonte gibt es im Osten Höhlen, in denen früher Zigeuner lebten. Heute finden dort teure Flamencoshows statt.

Abseits vom Touristenstrom – die Calderería Nueva im Albaicín

Den Albaicín erkundet man entweder gezielt auf einer festen Route (► 170ff), oder man lässt sich einfach treiben – und überraschen. Bergab geht es jedenfalls immer wieder zurück ins Zentrum von Granada. Tagsüber sollte man sich vor Taschendieben hüten, nachts das Viertel besser ganz meiden.

Baños Árabes
✚ 201 D3
✉ Carrera del Darro 31
☎ 958 02 78 00
🕐 Di–Sa 10–14 Uhr
🚌 Alhambra-Bus (► 91)
💳 frei

Museo Arqueológico
✚ 201 D3
✉ Carrera del Darro 41
☎ 958 22 56 40
🕐 Mi–Sa 9–20, So 9–14.30, Di 15–20 Uhr
🚌 Alhambra-Bus (► 91)
💳 preiswert (für EU-Bürger frei)

Capilla Real und Catedral

Im Herzen des modernen Granada, unweit der geschäftigen Gran Vía de Colón, befinden sich zwei wichtige Gebäude. Die Kathedrale und die angrenzende Capilla Real (Königskapelle) entstanden nach dem Ende der Maurenherrschaft.

Die **Capilla Real** ist ein beeindruckendes gotisches Gebäude, das der Kathedrale nebenan ein Stück weit die Schau stiehlt. Erstere wurde im frühen 16. Jahrhundert als Grabstätte für die katholischen Monarchen Isabella und Ferdinand erbaut, die Spanien vollständig von der Maurenherrschaft befreit hatten (▶ 23). Eigentlich wollte das Herrscherpaar in Toledo beerdigt werden, doch nach ihrem triumphalen Sieg über die Mauren beschlossen sie, sich selbst eine Begräbniskapelle neben der Kathedrale zu errichten, welche die Große Moschee von Granada ersetzte.

Die Kapelle ist mit eleganten Säulen und Bögen und einem herrlichen Altaraufsatz ausgestattet. Ein wunderschönes schmiedeeisernes Gitter umschließt das reich verzierte Mausoleum der Herrscher, die als Marmorstandbilder dargestellt sind. Zur Rechten sieht man ihre Tochter Johanna (die Wahnsinnige) und deren Mann Philipp. Schmale Stufen führen zur Krypta hinunter, wo die Bleisärge von allen Vieren einen etwas gruseligen Anblick bieten. Ob die sterblichen Reste in den Särgen überhaupt von der Königsfamilie stammen, ist ungewiss, weil französische Soldaten während ihres kurzen Aufenthalts im napoleonischen Krieg die Kapelle verwüsteten.

Die Sakristei der Kapelle ist überaus sehenswert. Hier befindet sich neben königlichen Kunstschätzen auch Isabellas persönliche Kollektion italienischer und flämischer Malerei mit Werken von Hans Memling und Rogier van der Weyden.

Die **Renaissancekathedrale** von Granada schließt sich unmittelbar an. Türmchen, Giebel und Pfeiler streben zwischen den umliegenden Gebäuden zu einer zentralen Kuppel aufwärts, die noch an die Große Moschee erinnert. Die Kathedrale stand hinter der Königskapelle stets an zweiter Stelle. Mit ihrem Bau wurde ab 1520 begonnen, nachdem die Kapelle bereits fertiggestellt war, vollendet wurde die Kirche allerdings erst im 18. Jahrhundert. Die hohe Kuppel im Zentrum verleiht dem Gotteshaus eine herrliche Leichtigkeit, und ringsum erhellen sich immer wieder die beeindruckenden Kapellen, wenn Besucher eine Münze für die Beleuchtung einwerfen. Es gibt in der Kathedrale schöne Gemälde und Skulpturen, einige

Rechts: Orgel und Decke des Kirchenschiffs in der Kathedrale

Relief von Johanna der Wahnsinnigen und Philipp dem Schönen

Die Capilla Real, Granadas schönster gotischer Sakralbau, ist ein Touristenmagnet

von Alonso Cano, einem einheimischen Künstler, der im 17. Jahrhundert die Westfassade der Kirche gestaltete.

Südwestlich der Kathedrale liegt ein Viertel mit engen Straßen und hübschen Plätzen, die zu erkunden sich lohnt. Im Osten, jenseits der geschäftigen Calle Reyes Católicos bis zum Corral de Carbón mit der Touristeninformation in einem gut erhaltenen Gebäude aus dem 14. Jahrhundert befindet sich der Eingang zur **Alcaicería**, einem pseudo-arabischen Suk mit zahlreichen Andenkenläden. Nicht weit ist es zur Calle Zacatín, einer Fußgängerzone, die direkt zur **Plaza Bib-Rambla** führt, einem riesigen Platz mit bunten Blumenständen und vielen Cafés, Bars und Restaurants. Jenseits des Platzes beginnt das Haupteinkaufsviertel von Granada.

KLEINE PAUSE

In der Vía de Colón 13 gleich bei der Grabkapelle und der Kathedrale lockt das **Via Colona**, wo man vom Frühstück bis zum Snack alles bekommt. Auf der Theke wacht ein Barockengel in Lebensgröße samt einer Harfe über das muntere Treiben.

Capilla Real
✚ 200 B2 ✉ Oficios 3 ☎ 958 22 92 39
🕐 Mo–Sa 10.30–13.30 und 16–19 Uhr, So und Feiertage 11–13 und 16–19 Uhr 🚌 Busse 1, 3, 4, 6, 7, 8, 9 💶 preiswert

Catedral
✚ 200 B2 ✉ Gran Vía de Colón 5
☎ 958 22 29 59 🕐 Mo–Sa 10–13.30 und 16–20 Uhr, So und Feiertage 16–20 Uhr 🚌 Busse 1, 3, 4, 6, 7, 8, 9 💶 preiswert

Monasterio de la Cartuja

Den Besuch des **Monasterio de la Cartuja** (Kartäuserkloster) am nördlichen Stadtrand sollte man unbedingt einplanen; es gehört zu den schönsten Barockgebäuden Spaniens. Von außen wirkt das Kloster aus dem 16. Jahrhundert recht streng, was auch für die Höfe und Kapellen gilt, die voll von Gemälden mit bluttriefenden Darstellungen sind. Wer dann in Kirche und Sakristei eintritt, ist umso positiver überrascht: Der herrliche Altar, die Wände, Decken und Kuppeln aus Marmor, Jaspis und vergoldetem Holz sind ein Fest für die Sinne. Im Hauptschiff fliegen Tauben unter der zentralen Kuppel herum, von deren höchstem Punkt Engel auf die Gläubigen blicken.

Rechts: Maurische Stuckarbeiten in der Madraza, der alten muslimischen Koranschule gegenüber der Capilla Real

Die Sakristei des Monasterio de la Cartuja, ein barockes Meisterwerk

Parque de las Ciencias

Wer das Naturwissenschaftliche Museum besucht, lernt Granada von seiner modernen Seite kennen. Gerade Jugendliche sind von der interaktiven Präsentation begeistert, dazu gibt es ein gigantisches Schachspiel und Wasserspiele, ein Planetarium, ein Schmetterlingshaus und ein Pflanzenlabyrinth. Das Museum ist zwei Kilometer von der Stadt entfernt; es verkehren regelmäßig Busse.

Monasterio de la Cartuja
✚ 200, bei B5 ✉ Calle Real de Cartuja
☎ 958 16 19 32
🕐 Mo–Sa 10–13 und 16–20 Uhr, So und Feiertage 10–12 und 16–20 Uhr (Nov.–März tägl. nur bis 18 Uhr 🚌 Bus 8, Bus C 🖐 preiswert

Parque de las Ciencias (Naturwissenschaftliches Museum)
✚ 200, bei A1 ✉ Avenida del Mediterráneo s/n
☎ 958 13 19 00 🕐 Di–Sa 10–19 Uhr, So und Feiertage 10–15 Uhr; Planetarium: jede Stunde Vorführung 🚌 Busse 4, 5, 10, 11 🖐 mittel

GRANADA: INSIDER-INFO

Top-Tipps: Im Hauptbüro der **Touristeninformation** geht es meistens sehr hektisch zu. Besuchen Sie lieber das Büro an der Plaza Mariana Pineda.

• Schön ist ein Abendspaziergang durch das **Universitätsviertel** nordwestlich der Kathedrale. In den Straßen drängt sich die Jugend, und man hört aus den Gebäuden immer wieder Musik. Hier sollte man auch nach einigen hübschen Kirchen Ausschau halten (► Geheimtipp unten) und auf die bemerkenswerten Barockfassaden achten.

• Der **Alhambra-Bus** (Linie 30 und 32) verbindet die Plaza Nueva mit der Alhambra und dem Albaicín. Zwischen 7 und 23 Uhr fährt er im 10-Minuten-Takt. Die Plaza Nueva, von der aus Sie in beide Richtungen fahren können, liegt nahe bei der Cuesta de Gomérez, einer schmalen Straße, die zur Alhambra führt. Eimal pro Stunde fährt der Bus vom Albaicín weiter zum Sacromonte.

Geheimtipp: Das renovierte **Monasterio de San Jerónimo** aus dem 16. Jahrhundert liegt im Univiertel (Rector López Argüeta 9, tägl. 10–13.30 und 16 bis 19.30 Uhr) und ist ein Hort der Ruhe. In der Kirche finden sich wunderbare Fresken und ein klassischer Altaraufsatz unter einem Tonnengewölbe, dazu mehrere Nischen mit herausragenden Skulpturen und Reliefs. In diesem friedlichen Kloster kann man abends die Gesänge der Nonnen beim Gebet hören.

Muss nicht sein! Wer nicht gerade ein eingefleischter Kunstliebhaber ist, kann das **Museo de Bellas Artes** in den oberen Räumen des Palacio de Carlos V (► 85f) in der Alhambra auslassen. Es gibt hier zwar einige schöne Gemälde, doch nichts, das so atemberaubend wie die Alhambra selbst wäre.

2

Las Alpujarras

Die Alpujarras sind eine wunderschöne Gegend mit bewaldeten Hügeln und Tälern, in grünen Wellen, die sich von den kargen oberen Regionen der Sierra Nevada herunterziehen. Prähistorische Siedler kultivierten die Terrassenhügel, doch erst die Mauren prägten mit ihren Bewässerungstechniken und marokkanisch wirkenden Flachdachhäusern den Stil der Dörfer. Am hübschesten sind die Oberen Alpujarras im Westen, wo sich schmale Straßen durch Dörfer mit weiß getünchten Häusern winden, die sich in der klaren Bergluft an die bewaldeten Hänge schmiegen. Hier wachsen unter anderem Steineichen und talwärts auch Walnussbäume.

Von Granada gelangt man durch **Lanjarón** in die westlichen Alpujarras. In dem Kurort wird Quellwasser in Flaschen abgefüllt, und man kann in den Kuranlagen von Bädern bis zu Massage alles bekomen. 18 Kilometer weiter östlich biegt man in dem Marktflecken Órgiva Richtung Norden ab und folgt einer Straße, die direkt ins Herz der Poqueira-Schlucht führt. Hier sind die Oberen Alpujarras am schönsten.

Kostprobe aus den Alpujarras – Maronen vom Straßenhändler

Die Dörfer von Poqueira

Die Poqueira-Schlucht ist ein breites, aber steiles, bewaldetes Tal, das die Hügel vor dem zweithöchsten Gipfel der Sierra Nevada, dem Pi-

Typisches Haus mit Flachdach im Herzen von Bubión in der Poqueira-Schlucht

Links: Die Dörfer Pampaneira, Bubión und Capileira sind verteilt über die Terrassenhügel der Poqueira-Schlucht

co Veleta (3398 m), durchschneidet. Weiter östlich, aber außer Sichtweite, liegt der noch höhere Mulhacén (3481 m). Die weißen Häuser von drei Dörfern sind über die Terrassenhänge des Tals verteilt. Das erste Dorf ist **Pampaneira** mit einem Häusergewirr rund um die alte Kirche Santa Cruz am Hauptplatz, der Plaza de la Libertad. Hier befinden sich das Nevadensis, ein hervorragendes Informationszentrum für die Alpujarras und die Sierra Nevada, außerdem viele Bars und Andenkenläden, in denen man Tonwaren, Läufer und Decken aus heimischer Produktion erwerben kann. Kein Wunder, dass der Ort von so vielen Ausflugsbussen angefahren wird! Eine schmale Gasse mit einem Wasserkanal unter einer Arkade führt links von der *plaza* hinunter zur Bodega Moralena, einem Geschäft mit einer exzellenten Auswahl an lokalen Produkten, Kunsthandwerk und Delikatessen.

Oberhalb von Pampaneira liegt **Bubión,** das ruhigste und am wenigsten besuchte Dorf. Hier scheinen die Straßen den Hang hinunter zur blumengeschmückten Plaza Iglesia mit der Kirche zu purzeln. An der Ecke des Platzes gibt die **Casa Tradicional Alpujarreña** umfassenden Einblick in das Leben der Region.

Wandern in den Alpujarras

In Pampaneira (▶ 95) erhält man in der Nevadensis-Information mehrere Faltblätter mit Rundwegen in der Gegend um die Poqueira-Schlucht. Sehr oft ist man allerdings gezwungen, einen Teil der Strecke auf der Straße zurückzulegen.

Sehr hübsch ist der Weg, der von Pampaneira zwei Kilometer bergauf zur Plaza Iglesia von Bubión führt. Weniger anstrengend gestaltet sich der Weg von Bubión bergab (Rückfahrt mit dem Bus).

Die meisten Dörfer an den Südhängen der Alpujarras sind durch den mit GR-7 ausgewiesen Wanderweg miteinander verbunden. Man kann die einzelnen Strecken zwischen den Dörfern zu Fuß zurücklegen und dann mit dem Bus zum Ausgangspunkt zurückkehren.

Das Museum ist in einem traditionellen Haus untergebracht, das nicht verändert wurde, seit die Bewohner in den Fünfzigerjahren fortzogen. Auf dem Weg zum Platz hinunter kommt man an der **Taller del Telar** (Weberei, ➤ 107) vorbei, wo Wollstoffe noch mit einem Webstuhl hergestellt werden, der einst dem letzten Webermeister von Granada gehörte. Die exquisiten Stoffe weisen schöne Farbtöne auf. Sie stehen wie auch andere Erzeugnisse, etwa Lampenschirme aus Textil, zum Verkauf.

Herbst in den Tälern bei Trevélez

Das am höchsten gelegene Dorf von Poqueira heißt **Capileira**, es ist sehr beliebt und im Sommer dementsprechend überlaufen. Jenseits der Hauptstraße lohnt jedoch ein Streifzug durch die schmalen Gassen, in denen die typischen Häuser der Region mit Flachdächern aus Ästen und Lehm stehen. Am Ortsende kann man auf einigen Pfaden weiter in die bewaldete Schlucht wandern, wo der Fluss Poqueira in würzig duftenden Kiefernwäldern über glatt geschliffene Kiesel sprudelt.

Trevélez und Umgebung

Die Straße östlich der Poqueira-Schlucht schlängelt sich an einem Hügelvorsprung dahin und führt dabei durch die nicht so häufig besuchten Dörfer Pitres, Pórtugos und Busquístar. Dann biegt sie nach Norden ab und verläuft an den Hängen eines weiteren tiefen Tals entlang nach **Trevélez**. Der am höchsten

Alles über die Alpujarras

In den Zwanzigerjahren lebte der englische Schriftsteller Gerald Brenan im Dorf Yegen. Seine Erfahrungen hielt er in dem Buch *Südlich von Granada* fest, das faszinierende Einblicke in das dortige Leben gibt. Eine Gedenktafel zu seinen Ehren befindet sich an seinem Wohnhaus, der heutigen Casa de Brenan, unweit vom Hauptplatz. 1999 veröffentlichte Chris Stewart, Ex-Drummer der Popgruppe Genesis, der sich in der Nähe von Órgiva als kleiner Bauer niedergelassen hatte, mit dem Titel *Unter den Zitronenbäumen* ein weiteres Buch über die Alpujarras. Er schrieb auch *Parrot in the Pepper Tree* und *Almond Blossom Appreciation Society*.

LAS ALPUJARRAS: INSIDER-INFO

Top-Tipps: In den Alpujarras dauert das Autofahren viel länger, als man zunächst glaubt. Die 50 Kilometer lange Strecke über eine Serpentinenstraße kann den ganzen Morgen in Anspruch nehmen. Die Versuchung, anzuhalten und die Aussicht zu genießen, ist einfach zu groß.

• Wer genug Zeit hat, sollte ruhig einmal ein Abenteuer riskieren. Pflanzen und Vögel lassen sich auf Wanderungen erkunden, man kann reiten, Rad fahren oder einen Jeep mieten und sogar hängegleiten – alles mit kundigen Führern. Auskunft erteilt Nevadensis in Pampaneira (► Touristeninformation, unten).

Muss nicht sein! In den Wintersportort Solynieve (Sonne und Schnee) in der Provinz Granada gelangt man von Granada aus. Er liegt in 2100 Meter Höhe in der Sierra Nevada und ist im Sommer schlichtweg langweilig. In der Nachsaison sind dank Massen von künstlichem Schnee meist noch Abfahrten möglich.

gelegene Ort Spaniens ist für seinen *jamón serrano*, den luftgetrockneten Schinken, berühmt. Die einzelnen Viertel, die alle ihren typischen Charakter bewahrt haben, ziehen sich den Hügel hinauf. Die Unterstadt, der *barrio bajo,* muss den Preis für die Bekanntheit von Trevélez bezahlen: Der Hauptplatz ist nur noch ein gigantischer Parkplatz, an dem Andenkenläden, Cafés, Restaurants und Geschäfte mit *serrano*-Schinken um die Gunst der Kunden buhlen. Eine steile Straße führt hinauf in den *barrio medio* und von dort zum *barrio alto,* wo hoch oben die Straßen schmäler und die Autos seltener werden.

Östlich von Trevélez führt der Weg durch eine reizvolle Landschaft mit Bächen und Wäldern mit Buchen, Pappeln, Eichen und Kiefern tiefer in die Alpujarras hinein. Die Straße passiert einige maurische Siedlungen wie **Bérchules** und **Yegen** (Kasten, ► 94), urtümliche Dörfer, die sich an Steilfelsen schmiegen und durch ihren gemächlichen Lebensrhythmus bezaubern. Hinter Yegen wird die Landschaft gen Osten dann weniger grün und geht in die trockenen Hügel der Provinz Almería über.

KLEINE PAUSE

Kunsthandwerksläden locken überall in den Alpujarras

In Pampaneira nutzt das Bar-Restaurant **Alegrías** eine hübsche kleine Terrasse, die direkt unter dem gut erhaltenen öffentlichen Waschhaus liegt. Über eine Kopfsteinpflastergasse mit Wasserkanal geht es zur Plaza de la Libertad. Ein schöner Blick bietet sich von der **Bar Albuxarra**.

✚ 197 D2

Touristeninformation
✉ Nevadensis, Plaza de la Libertad, Pampaneira ☎ 958 76 31 27; www.nevadensis.com
✉ Rustic Blue (privat), Bubión ☎ 958 76 33 81; www.rusticblue.com

Casa Tradicional Alpujarreña
✉ Plaza Iglesia, Bubión ☎ 958 76 30 32
🕐 Mo–Fr 11–14 Uhr, Sa/So und Feiertage 11–14 und 17–19 Uhr 🅿 preiswert

3

Almería

Ein altes Sprichwort lautet: »Als Almería noch Almería war, war Granada nichts als ein Bauernhof«. Stolz blickt die ehemalige maurische Festung in phantastischer Lage auf ihre lange Geschichte zurück. Unterhalb der Burg liegt die westliche Altstadt mit engen Gassen und verfallenen Gebäuden neben der Neustadt mit geschäftigen Einkaufsstraßen und frisch asphaltierten Boulevards. In Almería liegen maurisches und mittelalterliches Andalusien sowie das moderne Spanien des 21. Jahrhunderts dicht beieinander.

Vom 8. Jahrhundert an war Almería der Haupthafen von al-Andalus und gelangte durch seine Handelsbeziehungen mit Nordafrika und dem östlichen Mittelmeerraum zu Reichtum. 1490 fiel die Stadt an die Christen, und der Bruch mit Nordafrika hatte den Niedergang zur Folge, der durch mehrere verheerende Erdbeben im 16. Jahrhundert noch beschleunigt wurde. Im 19. Jahrhundert blühte Almería erneut auf. Heute begünstigen die *plasticultura* (Gewächshauskultur, ▶ 181) und der zunehmende Tourismus die Entwicklung der modernen Stadt.

Die Alcazaba

Im 10. Jahrhundert nutzten die Baumeister der Alcazaba das raue Gestein oben auf dem Hügel, und bis heute wirken die restaurierten Mauern und Türme der Festung wie natürliche Erweiterungen der Klippen. Die Auffahrtsstraße zur **Alcazaba** windet sich steil nach oben zur **Puerta de la Justicia** (Gerechtigkeitstor), dem perfekten Beispiel eines maurischen Eingangstors mit doppeltem Hufeisenbogen und einem versetzten Innen-

Unten: Blick vom Hafen auf die Alcazaba von Almería; der Name bedeutet »Spiegel des Meeres«

Von der Alcazaba führen Stufen hinunter ins alte maurische Viertel der Stadt

tor, das möglichen Angreifern die Orientierung nehmen sollte. Dahinter kommt der **Erste Befestigungsring**, den die Mauren bei Belagerungen als Lager und Zufluchtsstätte für die Bürger nutzten. Inzwischen wurden hier mehrere Gärten angelegt. Weiter geht es hinauf zu einer kühlen Oase mit Bäumen, die auf die hohen Mauern des **Zweiten Befestigungsrings** ihre Schatten werfen. In diesem weitläufigen Areal finden sich die markanten Ruinen von Gemächern, die den ehemaligen Reichtum Almerías im 10. und 11. Jahrhundert widerspiegeln, zuerst unter dem Kalifat Córdobas, dann als unabhängiges Fürstentum und schließlich als Teil des muslimischen Granada. Der **Dritte Befestigungsring** beherbergt die bemerkenswerte innere Festung, welche die christlichen Eroberer nach 1492 an der Stelle des ehemaligen Bergfrieds anlegten. Von hier hat man einen herrlichen Blick übers Meer.

Direkt unterhalb erstreckt sich der **Barrio de Chanca**, das alte Fischerviertel von Almería mit bunt bemalten Fassaden, Flachdachhäusern und Höhlenwohnungen in den Felsen. Hier lebt die ärmere Bevölkerung Almerías.

Weitere Sehenswürdigkeiten

Die **Catedral** wurde ab 1520 an der Stelle der früheren Moschee errichtet. Die wehrhaften Mauern sollten das Gebäude vor Piratenüberfällen schützen. Innen herrscht düstere Gotik vor, doch die Schnitzereien des Chorgestühls sind herrlich und der Altar aus dem 18. Jahrhundert in rotem und schwarzem Jaspis ist ein Schmuckstück. An der Südwand führt ein Tor zu einem schattigen *patio*.

Das **Museo Arqueológico** (Archäologisches Museum) zeigt Exponate aus Los Millares, einer bronzezeitlichen Fundstätte (Kasten, ▶ 103), und Objekte der Römer und Mauren.

Das im Jahr 2000 eröffnete **Centro de Artes** (Kunstgalerie) liegt nicht weit vom Zug- und Busbahnhof entfernt und zeigt traditionelle und zeitgenössische Kunst.

Die Innenstadt von Almería wird von der Rambla de Belén, einem breiten Boulevard, der zum Hafen hinunterführt, in ein westliches und ein östliches Viertel geteilt. Hier wachsen Palmen und stehen Brunnen, die mit Wasserkanälen verbunden sind. Im Westen liegt die Hauptstraße der Stadt, der schick renovierte Paseo de Almería mit Läden und Café-Bars. An seinem nördlichen Ende erhebt sich inmitten des Verkehrs die Puerta de Purchena. Die Plaza Manuel Pérez García wurde als Fußgängerzone gestaltet und führt von der Puerta de Purchena im Westen zur attraktiven Einkaufsstraße Calle de las Tiendas und weiteren Straßen mit Geschäften, Bars und Restaurants.

KLEINE PAUSE

Hervorragender *jamón,* Fisch-*tapas* und Fischgerichte werden samt exquisitem Sherry in der **Bodega las Botas** in der Calle Fructuosa Pérez 3 serviert, die Tische sind Sherryfässer.

✚ 197 E2

Touristeninformation
✉ Parque Nicolás Salmerón s/n
☎ 950 27 43 55
✉ Avenida Federico García Lorca (OMT)
☎ 950 28 07 48

Parken
Entlang der Rambla de Belén und gleich beim Kreisverkehr am südlichen Ende der Rambla befinden sich Tiefgaragen.

Alcazaba
✉ Almanzor s/n ☎ 950 27 16 17
🕐 Mitte Juni–Sept. tägl. 9–20.30, Okt.–Mitte Juni 9.30 bis 18.30 Uhr
💰 preiswert (frei für EU-Bürger)

Catedral
✉ Plaza de la Catedral
🕐 Mo–Fr 10–16.30 Uhr, Sa 10–13 Uhr
💰 preiswert

Museo Arqueológico
✉ Calle de Ronda 91
☎ 950 17 55 10
🕐 Di 14–20.30, Mi–Fr 9–20.30, Sa/So 9–14.30 Uhr,
💰 preiswert (frei für EU-Bürger)

Centro de Artes (Museo Almería)
✉ Plaza Barcelona s/n
☎ 950 26 96 80
🕐 Mo–Fr 11–14 und 18–21 Uhr, Sa 18–21 Uhr, So und Feiertage 11–14 Uhr
💰 frei

ALMERÍA: INSIDER-INFO

Topp-Tipps: Die Sonne kann hier sehr intensiv sein, benutzen Sie **Sonnencreme** mit hohem Lichtschutzfaktor, und tragen Sie einen **Hut**, besonders in der Alcazaba.
• Der hübsche **Morgenmarkt** von Almería findet in der Calle Aguilar de Camo statt, wohin man auf halbem Weg vom Paseo de Almería bergab gelangt.

Geheimtipp: Auf der von Arkaden umgebenen **Plaza Vieja** (Alter Platz) aus dem 17. Jahrhundert können Sie sich ausruhen. Hohe Palmen umgeben ein weißes Denkmal. Es erinnert an aufständische Bürger, die sich 1824 gegen die Unterdrückung durch König Ferdinand VII. zur Wehr setzten und hingerichtet wurden.

Muss nicht sein! Der Cerro de San Cristobal ist ein öder Hügel nördlich der Alcazaba. Auf seinem Gipfel befindet sich eine gigantische Christusstatue. Schauen Sie ihn sich lieber von der Alcazaba aus an, als die steinigen Hänge hinaufzusteigen.

Nach Lust und Laune!

❹ Cabo de Gata

Diese Halbinsel auf der Ostseite des Golfs von Almería soll der trockenste und heißeste Ort in ganz Europa sein, eine Landschaft mit langen, einsamen Stränden, Salzpfannen und kargen Vulkanhügeln. An der Südspitze steht am eigentlichen Kap ein einsamer Leuchtturm, von dem aus man eine atemberaubende Sicht auf die zerklüfteten Klippen und die Felsen im Meer hat. Der Reiz des Cabo de Gata liegt in seinen menschenleeren Stränden, der Pflanzen- und Vogelwelt und der Abgeschiedenheit der Klippen und Buchten im Nordosten des Kaps. Die Strände am Golf von

Nordöstlich vom Leuchtturm am Cabo de Gata liegt das reizende Dorf San José

Naturreservat Cabo de Gata

Im **Parque Natural de Cabo de Gata Níjar** stehen Pflanzen und Vögel unter Naturschutz. Zu den Pflanzen, die in diesem wüstenartigen Gebiet gedeihen, zählen die Jujube, ein Gebüsch mit dornigen Blättern und Ästen, die sich wie ein Schirm über dem Boden entfalten, um der Erde darunter die Feuchtigkeit zu bewahren. Eine andere seltene Pflanze ist die Zwergfächerpalme, die einzige europäische Palmenart. Hinter dem Dorf San Miguel de Cabo de Gata liegen **Las Salinas**, weitläufige Salzfelder, wo man unter anderem Flamingos, Säbelschnäbler, Störche und Silberreiher beobachten kann. Das Informationszentrum des Naturparks, **Los Amoladeros Centro de Interpretación** (Tel. 950 16 04 35, Sommer tägl. 10–14 und 17.30– 21 Uhr, Winter Di bis So 10– 15 Uhr), zwischen Almería und San Miguel zeigt Ausstellungen zur Natur und verkauft Andenken.

mit *Acceso Sendero Vela Blanca* ausgeschilderte Straße einige Kilometer Richtung Norden zur äußersten Landspitze, wo neben einem Radiosender der alte maurische Wehrturm Vela Blanca emporragt. Von hier schlängelt sich eine Piste durch die Berge zu einigen kleinen, verschwiegenen Stränden.

➕ 197 E1

🍴 El Naranjero Restaurant (€€)
✉ Calle Iglesial ☎ 950 37 01 11
Café beim Leuchtturm nach Jahreszeit (€)

Touristeninformation

✉ Los Amoladeros Centro de Interpretación, Avenida Miramar 88
🕐 siehe Kasten links

Almería an der Straße zwischen dem Dorf San Miguel de Cabo de Gata und dem Leuchtturm sind am besten zugänglich. Mittags kann es hier allerdings sehr windig sein. Kurz vor dem Leuchtturm führt eine schmale,

Der mit Kacheln und Fischköpfen verzierte Brunnen von Níjar zeugt von der langen Handwerkstradition des Ortes

Etwas weiter weg

Die Küste der Provinzen Granada und Almería ist unter dem Namen Costa Tropical bekannt und bietet nur wenige Ferienorte. Fast die gesamte Westküste von Almería widmet sich der *plasticultura* (▶ 181), und so blitzen überall Kunststofftreibhäuser in der Sonne auf. Die Küste von Granada ist kaum 60 Kilometer lang und eignet sich aufgrund ihrer zerklüfteten Klippen zum Glück nicht für Treibhauskultur. Die schönsten Ferienorte hier sind Almuñécar und Salobreña.

5 Níjar

Das Dorf Níjar mit seiner Keramikindustrie geht auf die Mauren zurück. Es liegt in den Ausläufern der Sierra de Alhamilla, 30 Kilometer nordöstlich von Almería. Unterhalb des Ortes erstreckt sich die karge Ebene Campo de Níjar mit zahlreichen Treibhäusern (Kasten, ▶ 181). Die Töpfer von Níjar haben sich auf lebhafte, bunte Farben spezialisiert, die aus Mineralien gewonnen werden. Man kann die Artikel in der Hauptstraße, der **Avenida García Lorca**, kaufen, wo sich Kunsthandwerksläden und Töpfereien aneinander reihen. Die wichtigsten Ateliers und Ausstellungsräume befinden sich jedoch im **Barrio Alfarero**, der am oberen Ende der Avenida García Lorca beginnt. Es werden hier auch bunte Teppiche und Decken verkauft. Unterhalb der Avenida García Lorca liegt in der Altstadt die **Plaza la Glorieta**. Die Kirche Santa María de la Anunciación (16. Jahrhundert) besitzt eine schöne *mudéjar*-Decke. Hinter der Kirche führt der Weg zur **Plaza del Mercado** mit einem riesigen Baum in der Mitte und einem blau gekachelten Brunnen. Schöne Keramik kann man in La Tienda de los Milagros (▶ 107) in der Calle Lavadero unweit des Platzes erstehen.

➕ 197 E2

Touristeninformation
✉ Calle Correo s/n ☎ 950 38 02 99
🕐 Mo–Fr 9–14 Uhr

6 Mojácar

Mojácar ist in der Provinz Almería der wichtigste Ferienort am Meer und dementsprechend überlaufen. Wer gut zugängliche Strände mit allen modernen Einrichtungen sucht, ist hier genau richtig. Mojácar besteht aus zwei Teilen: Der Küstenort **Mojácar Playa** zieht sich mit herrlichen Stränden an der Hauptstraße entlang. Hier finden sich direkt am Meer viele Hotels, Geschäfte, Cafés und Restaurants, dazu lebhafte Bars und Diskos. Nur zwei Kilometer landeinwärts liegt auf

einem Hügel **Mojácar Pueblo**, das eigentliche Dorf mit Häusern, die an Würfelzucker erinnern. Der maurische Einfluss blieb bis ins 20. Jahrhundert erhalten; es heißt, dass die Frauen hier vor 50 Jahren noch verschleiert gingen. Trotz der vielen Touristen, die sich im Sommer durch die Gassen und Geschäfte drängen, hat das Dorf seinen Charme bewahrt.

➕ 197 F2

Touristeninformation
✉ Calle Glorieta 1, Mojácar
☎ 950 47 51 62
✉ Paseo del Mediterráneo s/n, Mojácar Playa ☎ 950 47 87 26 (Ostern–Okt.)

🅷 Sorbas

40 Kilometer nordöstlich von Almería liegt das Dorf Sorbas, in dem ebenfalls Tonwaren verkauft werden. Im Barrio Alfarero (► 107) kann man Werkstätten und Ausstellungsräume besichtigen. Wer durch die Gassen schlendert, stößt irgendwann auf zum Teil schon verfallene, aber dennoch elegante Fassaden von Anwesen aus dem 17. Jahrhundert, die die wohlhabenden Grundbesitzer zu jener Zeit bewusst nicht im *mudéjar*-Stil erbauten.

Südlich vom Dorf ist der Weg zu den **Cuevas de Sorbas** (Höhlen) ausgeschildert, die mitten in den Kalksteinhügeln liegen. Sie können an einer zweistündigen Führung durch das Höhlensystem teilnehmen, die zwar ein wenig abenteuerlich ist, aber trotzdem selbst kleinere Kinder nicht überfordert. Helme und Lampen werden gestellt, Schlamm und Lehm hinterlassen allerdings Spuren auf der Kleidung.

➕ 197 E2

Touristeninformation
✉ Calle Terraplén 9 ☎ 950 36 44 76

Cuevas de Sorbas
➕ 197 F2 ☎ 950 36 47 04; www.cuevasdesorbas.com; Reservierung empfehlenswert 🕐 tägl. 10–20 Uhr im Sommer zu jeder vollen Stunde, im Winter 10–13 und 15–18 Uhr 💶 teuer

In den Gassen von Mojácar findet man das ursprüngliche Andalusien

8 Mini Hollywood

Nördlich von Almería liegt die an
Arizona erinnernde Landschaft Tabernas, wo so berühmte Western-
klassiker wie *Die Glorreichen Sieben*
oder *Für eine Hand voll Dollar* gedreht wurden. Die Wildweststädte,
die für diese Filme zwischen Berg-
schluchten und baumlosen Wüsten
errichtet wurden, haben als Touris-
tenattraktion überdauert.

Von den drei zurzeit noch
betriebenen Städten ist Mini Hollywood die größte und interessanteste.
Sie liegt unweit der Carretera Nacional, etwa zehn Kilometer westlich
des Dorfes Tabernas. In der Hauptstraße gibt es Saloons, das Büro des
Sheriffs, Westernläden und das klassische Bestattungsunternehmen samt

**In Mini Hollywood bei Tabernas lebt der
Wilde Westen weiter**

Friedhof. Man kann sich in Cowboy-
kleidung fotografieren lassen.

Zu bestimmten Zeiten finden vor
dem Office des Sheriffs Cowboy-
shows mit actionreichen Gefängnis-
ausbrüchen, Schusswechsel und
Hinrichtungen statt. Kinder sind
immer begeistert, aber Erwachsenen
erscheint es manchmal zu theatra-
lisch. Angeschlossen ist zudem ein
Zoo mit vielen Raubkatzen und Ge-
hegen mit Hirschen, Zebras, Bisons,
Löwen und Nilpferden.

✠ 197 E2
☎ 950 36 52 36 (Mini Hollywood),
950 36 29 31 (Zoo)
🕐 April–Okt. tägl. 10–21 Uhr,
Nov.–März 10–19 Uhr;
Western-Show tägl. um 12 und 17 Uhr,
Juni–Sept. auch 20 Uhr;
Cancan-Tanzshow: tägl. 13 und 16
Uhr, Juni–Sept. auch 19 Uhr;
Papageien-Show tägl. 11, 15 und 18 Uhr
🍴 Restaurant und Café (€–€€)
🔒 teuer (Hunde nicht gestattet)

☉ Guadix

Die lebhafte Bischofsstadt 60 Kilometer östlich von Granada bietet bemerkenswerte Höhlenwohnungen, die in den weichen Tuffstein gegraben wurden. Es handelt sich dabei um komplette Behausungen mit allen Annehmlichkeiten, wobei die fensterlosen Räume eine ausgeglichene Temperatur aufweisen. Viele Höhlen haben weiß getünchte Anbauten und auch Gärten. In der **Cueva Museo** (Museumshöhle), die man vom Stadtzentrum per Bähnchen erreicht, wurden mehrere Räume erhalten und mit traditionellem Mobiliar ausgestattet.

Die eigentliche Stadt Guadix wird von einer wunderschönen Barockkathedrale aus rotem Sandstein beherrscht. Gegenüber vom Haupteingang führt ein Torbogen zur Plaza de

Abseits der Touristenwege

Lohnend ist ein Ausflug nach **Los Millares**, etwa 12 km nördlich von Almería hinter den Hügeln (☐ 197 E2, geöffnet Di–Sa 9.30–14, 16–18; So 9–14.30 Uhr). Fragen Sie immer erst bei einem der Tourismusbüros in Almería oder telefonisch unter 677 90 34 04 nach, ob die Anlage geöffnet ist. In dieser (international) bedeutenden Stätte aus der Vorbronzezeit können Sie Reste von Wänden, Steinhütten und Gräbern in Bienenkorbform (einiges wurde rekonstruiert) sehen. Vom Eingang an der Straße führt ein etwa 1 km langer Fußweg dorthin und im Sommer kann die Hitze höllisch sein. Nehmen Sie sich eine Kopfbedeckung und Wasser mit.

Höhlenhäuser bei Guadix

la Constitución, auch bekannt als Plaza Mayor. Von hier geht es über Kopfsteinpflaster durch enge Gassen hinauf zu den Renaissancegebäuden der Oberstadt.

☐ 197 D2

Touristeninformation
✉ Carretera de Granada
☎ 958 66 26 65

Cueva Museo
✉ Plaza del Padre Poveda
☎ 958 66 08 08
🕒 Juli–Sept. Mo–Sa 10–14 und 17–19 Uhr, So 10–14 Uhr;
Okt.–Juni Mo–Sa 10–14 und 16–20 Uhr, So 10–14 Uhr
💶 mittel

Wohin zum ... Übernachten?

Preise
Mit folgenden Preisen müssen Sie pro Doppelzimmer pro Nacht rechnen:
€ unter 50 Euro   **€€** 50–80 Euro   **€€€** 80–120 Euro   **€€€€** über 120 Euro

GRANADA

Casa del Aljarife €€

Diese Pension liegt an einem kleinen Platz im Herzen des Albaicín mit herrlichem Blick auf die Alhambra. Das Haus aus dem 17. Jahrhundert wurde liebevoll restauriert und hat einen hübschen Hof und eine Dachterrasse – es ist im wahrsten Wortsinn *jarife*, also prunkvoll. Die vier Zimmer sind klein, haben aber viel Flair und nutzen den Raum.

🔲 200 C3
✉ Placeta de la Cruz Verde 2, Albaicín, Granada
☎ 958 22 24 25;
www.casadelaljarife.com

Hostal Britz €

Vom Britz kann man die Alhambra zu Fuß erreichen. Das Haus bietet viel für wenig Geld: Die Zimmer sind einfach aber angenehm, einige haben sogar eine Terrasse und ein schön gefliestes Bad. Aufgrund der Lage an der Plaza Nueva kann es laut werden, dafür hat man schnell die Straßencafés erreicht.

🔲 200 C2
✉ Cuesta de Gomérez 1, Granada
☎ 958 22 36 52

Hotel Los Tilos €€

Das preiswerte Hotel ohne Schnickschnack ist komfortabel und modern eingerichtet und liegt zentral an einem hübschen Platz, auf dem jeden Tag ein Blumenmarkt stattfindet. Am schönsten ist die Terrasse im vierten Stock, auf der man etwas trinken, lesen oder den Blick auf die Stadt genießen kann.

🔲 200 B2
✉ Plaza Bib-Rambla 4, Granada
☎ 958 26 67 12; Fax 958 26 68 01;
www.hotellostilos.com

LAS ALPUJARRAS

Hotel Catifalarga €€

Dieses restaurierte alte Gutshaus außerhalb von Capileira ist umgeben von terrassenförmig angelegten Obstgärten. Die rustikalen Zimmer haben hölzerne Fensterladen und Holzbalken, vereinzelt sogar eigene Terrassen. Die Aussicht ist wundervoll und Aktivitäten können organisiert werden.

🔲 196 C2
✉ Carretera de Sierra Nevada, Capileira ☎ 958 34 33 57;
www.catifalarga.com

Las Terrazas €–€€€

Wie der Name sagt, liegt das Haus hoch oben am Berg mit drei großen Terrassen, von denen aus man das herrliche Bergpanorama genießen

kann. Man fühlt sich hier gleich wie zu Hause. Der Inhaber hilft bei Problemen und hält Mountainbikes für die Gäste bereit. Die Zimmer sind schlicht, jedoch mit gewebten Bettüberwürfen aus der Region und Terrakottaböden ausgestattet. Das Frühstück ist im Preis inbegriffen. Apartments können gemietet werden.

🔲 196 C2
✉ Plaza del Sol 7, Bubión
☎ 958 76 30 34; Fax 958 76 32 52;
www.terrazasalpujarra.com
⊘ Jan. geschl.

ALMERÍA

Hotel La Perla €€

Das älteste Hotel der Stadt ist noch immer ein Familienbetrieb. La Perla wurde gern von den Stars besucht, als die Italo-Western gedreht wurden. Es wurde inzwischen aufgestockt, bewahrte jedoch seinen alten Charme. Bitten Sie um ein Zimmer mit Blick auf die *plaza*. Zur Ausstattung gehört eine Klimaanlage.

🔲 197 E2
✉ Plaza del Carmen 7, Almería
☎ 950 23 88 77; Fax 950 27 58 16

Wohin zum ...
Essen und Trinken?

Preise

Für ein Essen inklusive Wein und Service zahlen Sie pro Person:

€ unter 12 Euro   €€ 12–30 Euro   €€€ über 30 Euro

GRANADA

Cunini €€–€€€

Dies ist eines der berühmtesten Restaurants der Stadt mit Fisch- und Meeresfrüchtespezialitäten. Hervorragender Service und empfehlenswerte Gerichte wie *Caldereta de Arroz, Pescado y Marisco* (Eintopf aus Reis, Fisch und Meeresfrüchten) und *Pescaditos Fritos* (frittierter Fisch). Das Restaurant liegt direkt um die Ecke der Kathedrale und hat eine schöne Außenterrasse.

➕ 200 B2 ⊠ Calle Pescadería 14
☎ 958 25 07 77 ⏰ So und Mo abends geschl.

La Gran Taberna €–€€

In dieser typischen Tapas-Bar im Zentrum stehen die Stühle um Fässer. Schinken, Knoblauch und Chilischoten baumeln über der Bar von der Decke. Wer gern in aller Ruhe etwas trinken möchte, ist hier fehl am Platz, besonders wenn ein Fußballspiel übertragen wird und die Spanier mitfiebern. Die *tapas* sind jedoch hervorragend, probieren Sie Forelle mit Hüttenkäse, Roquefort mit Rüben, Ziegenkäse-Kanapees oder traditionellere Sorten.

➕ 200 C2 ⊠ Plaza Nueva 12, Granada
☎ 958 22 88 46
⏰ tägl. 9–15 und 19–24 Uhr

Taberna Tendido 1 €

Es ist wenig überraschend, dass in diesem Restaurant direkt unterhalb der Plaza de Toros unterhalb der Plaza de Toros *Rabo de Toro Estofado al Vino Tinto* (in Rotwein gekochter Bullenschwanz) auf der Speisekarte steht. Außerdem werden verschiedene leichtere Speisen wie Salate, Käsegerichte und geräucherter Fisch sowie Festpreismenüs angeboten. Das Interieur mit Ziegelsteinwänden ist gemütlich und einladend und in der Regel trifft man hier viele junge Leute.

➕ 0ff 200 B5 ⊠ Calle Dr Olóriz 25
☎ 958 20 31 36

San Nicolás €€€

Wählen Sie einen Tisch am Fenster mit herrlichem Blick auf die Alhambra (besonders bei Sonnenuntergang). Das Restaurant wirkt elegant mit dem Marmor, den blassgrünen Wänden und schön gedeckten Tischen. Auf der Karte steht andalusische Nouvelle Cuisine, etwa mit Lavendel und Honig gefüllte Schweinshaxen. Schön sitzt man auf der Terrasse, besonders abends bei romantischem Kerzenlicht. Der Luxus hat natürlich seinen Preis, doch schon das Panorama ist es wert.

➕ 201 D4
⊠ Calle San Nicolás 3, Albaicín, Granada
☎ 958 80 42 62
⏰ Mi–Mo 13–16 und 20–2 Uhr; So mittags und Di geschl.

Via Colon €€

Diese unterhaltsame Café-Bar liegt zwischen der geschäftigen Gran Via de Colón und der ruhigeren Gegend um die Kathedrale von Granada. Vor allem zur Mittagszeit ist hier viel los, aber es gibt auch eine ruhigere Außenterrasse direkt an den Mauern der Kathedrale. Im Inneren steht eine bemerkenswerte Harfe in voller Größe und ein von Künstlerhand gestalteter Engel, die der Bar viel Stil verleihen. Serviert werden zahlreiche leckere *Tapas* und Spezialitäten wie *Pastel de Puerros* (Lauchtarte) sowie verführerische Crêpes.

➕ 200 D2 ⊠ Gran Via de Colón
☎ 958 22 98 42
⏰ tägl. 20 Uhr–spät

Restaurante Ibero-Fusión €

Dieses Restaurant direkt unterhalb der Kirche ist leicht zu finden und mal etwas anderes. Hier gibt es statt der herrschenden Standards Fisch und Fleisch arabische und indische Gerichte wie Curries, Dhal und Couscous sowie zahlreiche vegetarische Angebote. Die Atmosphäre ist lebendig und locker mit schnellem und effizientem Service.

🏠 196 C2
✉ Calle Parra 1, Capileira
☎ 958 76 32 56 ⏰ tägl. 19–23 Uhr

La Fragua €€

Vom holzgetäfelten Speisesaal des alten Hauses im Dorf Trevélez hat man einen schönen Blick über die Dächer bis zum Tal. Die Gerichte sind einfach und aus der Region, wie etwa der Räucherschinken oder die Schweinelende mit gemischten Kräutern. Dazu gibt es herrliches Brot aus der Dorfbäckerei und hervorragende Nachspeisen. Falls Sie in der Gegend bleiben möchten, so liegt ein paar Schritte entfernt das Hotel gleichen Namens.

🏠 197 D2
✉ Calle San Antonio 4, Trevélez
☎ 958 85 86 26; Fax 958 85 86 14
⏰ tägl. 12–17 und 20–23 Uhr;
10. Jan.–10. Feb. geschl.

Restaurant Ruta de Las Nieves €€

Das Restaurant wirkt ländlich mit seiner Holzbalkendecke und den traditionellen Möbeln. Von der Terrasse aus hat man einen schönen Blick übers Tal. Neben preiswerten raciones wie pikantem Huhn (pollo en salsa) oder Schinken und Kroketten (croquetas) gibt es ein günstiges Tagesmenü mit Forelle, Schinken, den typischen Bratwürsten, Eiern mit Schinken und patatas pobres (Bratkartoffeln mit Zwiebeln und Knoblauch) als Beilage.

🏠 196 C2
✉ Carretera de la Sierra s/n, Capileira
☎ 958 76 31 06
⏰ tägl. 13.30–16 und 20.30–22.30 Uhr

Asador Torreluz €€€

Das Restaurant ist eines der schicksten der Stadt und deshalb für besondere Anlässe geeignet. Die Innenausstattung wirkt eher französisch mit Brokatstühlen, Glasmalerei und Blattgold, die Bedienung ist diskret und aufmerksam, die Gerichte sind mit frischen Zutaten schmackhaft zubereitet. Zu den Spezialitäten zählen cochinillo (Spanferkelbraten) aus dem Holzofen, gegrilltes Fleisch und frischer Fisch.

🏠 197 E2 ✉ Plaza Flores 1, Almería
☎ 950 23 45 45
⏰ Mo–Sa 13.30–16 und 20.30–24 Uhr

El Alcázar €–€€

Diese marisquera (Fischrestaurant) ist eine von vielen in der Straße und bei den Einheimischen sehr beliebt. Das Essen ist einfach, aber frisch, die Auswahl hervorragend. Probieren Sie gambas pil pil, wenn Sie Garnelen gern pikant mit Chili mögen, oder sopa de pescado (Fischsuppe).

Es gibt innen ein paar Tische, aber eigentlich spielt sich das Geschehen draußen auf der Straße ab. Man kann sich auch einfach etwas mitnehmen.

🏠 197 E2 ✉ Calle Tenor Iribarne 2, Almería ☎ 950 23 89 95
⏰ Mo–Sa 12–16.30 und 19–24 Uhr

Restaurante Valentín €€€

Das Valentín ist eines der bekanntesten Restaurants von Almería und in dieser Straße eine von mehreren guten Adressen. Die Spezialität sind Meeresfrüchte wie Cazuela de Rape (gebackener Seeteufel in einer Soße aus Mandeln und Pinienkernen) und Langosta (Hummer). Die Atmosphäre ist gemütlich und das Interieur typisch andalusisch mit dunklem Holz, unverputztem Mauerwerk und weißem Anstrich. Wenn Sie etwas zu feiern haben, dann gönnen Sie sich das Menú Degustación.

🏠 197 E2 ✉ Calle Tenor Iribarne 19
☎ 950 26 44 75
⏰ Mo und im Sept. geschl.

Wohin zum .. Einkaufen?

Die Provinzen Granada und Almería blicken auf lange Handwerkstraditionen zurück. Sie reichen von den Holzarbeiten mit Intarsien aus Granada bis hin zu bunten Töpferwaren aus Nijar sowie Textilien und Kleidung aus den Alpujarras.

GRANADA

Das Hauptshoppinggebiet der Stadt Granada liegt zwischen den beiden wichtigsten Durchgangsstraßen, der Calle Reyes Católicos und der Gran Vía de Colón. In der **Reyes Católicos** finden sich mehrere kleine, aber sehr trendige Modegeschäfte. Ein paar Meter von hier entfernt liegt die **Alcaicería**, ein pseudoarabischer Suk, vollgepfropft mit Andenkenläden, die Hand-

werkskunst aus Granada anbieten, u. a. Messing- und Kupferarbeiten, geprägtes Leder und Töpferwaren. In der Nähe liegt die schmale Fußgängerzone **Zacatín** mit einer guten Auswahl an Bekleidungs- und Souvenirläden.

Typische Andenken aus Granada sind die *taraceas* (Holzeinlegearbeiten), die in mehreren Geschäften in der **Cuesta de Gomérez** angeboten werden, einer engen Straße, die steil von der Plaza Nueva zur Alhambra hinaufführt. Eine sehr gute Adresse ist **González Ramos Taller de Taracea** (Cuesta de Gomérez 16, Tel. 958 22 70 62). In dieser Straße haben sich neben Andenkenläden einige der besten Gitarrenbauer Andalusiens niedergelassen.

Artikel aller Art führt das Kaufhaus **El Corte Inglés** in Acero del Darro, der breiten Verlängerung der Calle Reyes Católicos. Zu den besten Lebensmittelläden zählt die breit sortierte **Mantequería Castellano** (Calle Almireceros 6, Tel. 958 22 48 40) gleich bei der Gran Vía de Colón gegenüber der Kathedrale. In der **Calderería Vieja** und **Calderería Nueva** im Herzen des

Albaicín findet man eine ganze Reihe von Läden, die arabische Gewürze, Parfüm, Essen und Andenken verkaufen. Lederwaren, zum Beispiel Taschen, Geldbörsen und Untersetzer, finden Sie in der **Artesanía Albaicín** (Calle del Agua 19, Tel. 958 27 90 56).

LAS ALPUJARRAS

In den Oberen Alpujarras werden in Dorfläden, zum Beispiel in Pampaneira (► 93), Souvenirs, Tonwaren und die traditionellen *jarapas* (Laufer und Bettüberwürfe) verkauft. In Pampaneira lohnt die **Bodega La Moralea** (Calle Verónica 12, Tel. 958 76 32 25) einen Besuch, wo sowohl einheimische Nahrungsmittel als auch Kunsthandwerkliches in großer Auswahl feilgeboten wird. In Bubión (► 93) folgt man der Beschilderung zur **Taller del Telar** (Calle Trinidad, Tel. 958 76 31 71, www.tallerdeltelar.com) mit exquisiten Textilien und Stoffen. Den leckeren luftgetrockneten *jamón serrano* ersteht man am besten in Trevélez (► 94).

STADT UND PROVINZ ALMERÍA

Die Haupteinkaufszone von Almería ist die **Calle de las Tiendas** mit vielen kleinen Gassen ringsum, die südlich der Puerta de Purchena und westlich des oberen Endes des Paseo de Almería liegen. Auf dem **Morgenmarkt** in der Calle Aguilar de Campc beim Paseo de Almería herrscht buntes Treiben.

Wer etwas edlere Tonwaren erstehen möchte, fährt nach Nijar (► 100), wo es auch leuchtend bunte *jarapas* gibt.

Man halte hier nach **La Tienda de los Milagros** (Calle Lavadero 2, Tel. 950 36 03 59) Ausschau, denn dás Angebot an Tonwaren ist dort besonders phantasievoll. Schöne Keramik gibt es außerdem in Sorbas (► 101), wo die Ateliers im unteren Stadtviertel eher funktionale Produkte anbieten.

In Nijar finden Sie dagegen kunstvoll gestaltete Töpferobjekte, etwa in der **Alfarería Juan Simón** (Calle Alfarerías 25, Tel. 950 36 40 83).

Wohin zum ...
Ausgehen?

Fragen Sie in der Touristeninformation von Granada nach dem *Guía de Granada*, der alle Veranstaltungen enthält und für 80 Cent erhältlich ist. Die Tageszeitung der Stadt, *Ideal*, enthält Ausgehtipps in spanischer Sprache.

NACHTLEBEN

Viele Clubs und Musikbars in Granada vor allem zwischen der Calle Martinez de la Rosa und der Calle Pedro Antonio de Alarcon haben sich auf die unzähligen Studenten eingestellt und sind daher recht günstig. Ein bisschen schicker ist das **Granada 10** (Cárcel Baja, Tel. 958 22 40 01) gleich bei der Gran Via de Colón in der Nähe der Ka-

thedrale. Vor Mitternacht ist es ein Kino, dann beginnt die Musik.Das Publikum ist hier trendiger, und dementsprechend liegen auch die Preise höher als andernorts. Das Szenelokal **El Camborio** (Camino del Sacromonte) ist nicht ganz so teuer. Es gibt mehrere Tanzflächen und eine Gartenterrasse mit Blick auf die Alhambra. Auch hier ist frühestens ab Mitternacht etwas los.

Almería bietet rund um die Calle San Pedro mehrere Musikbars, und im Sommer werden am Paseo Maritimo am östlichen Ende der Rambla de Belén in Richtung Meer **Diskozelte** aufgestellt. Sie sind recht laut und für die Kids gedacht, aber die Jugendlichen in Spanien haben nichts gegen Ältere, und so kann jeder hier vorbeischauen.

TANZ

Das **Teatro Alhambra** (Calle de Molinos 56, Tel. 958 22 04 47) in Granada bringt Flamenco, Ballett und modernen Tanz, sowie spanische Stücke auf die Bühne. Zu den Musikveranstaltungen gehören Kammermusik, Sinfonien und Jazz.

In Granada gibt es eine Reihe von Flamencobühnen. Eine der populärsten ist **Jardines Neptuno** (Calle Arabal, Tel. 958 52 25 33), wenngleich hier nicht reiner Flamenco geboten wird, sondern auch andere Shows. Außerdem wird hier Essen serviert.

Etwas authentischer sind **Peña de la Platería** (Placeta de Toqueros 7, Tel. 958 21 06 50) und **Tarantos** (Camino del Sacromonte 9, Tel. 958 22 45 25).

AKTIVITÄTEN IM FREIEN

In der Sierra Nevada und den Alpujarras (▶ 92ff) gibt es im Freien viel zu unternehmen.

Die Alpujarras sind zum **Wandern** ideal, und wer geübt und gut ausgerüstet ist, kann die Gipfel der Sierra Nevada stürmen. Bücher und Landkarten erhält man im **Nevadensis** (Plaza de la Libertad, Pampaneira, Tel. 958 76 31 27), dem hilfreichen Informationsbüro des Parque Natural Sierra Nevada.

Wer **reiten** möchte, setzt sich in Verbindung mit **Dallas Love** (Bubión, Tel. 958 76 30 38) oder **Cabalgar Rutas Alternativas** (Bubión, Tel. 958 76 31 35, E-Mail: cabalgar@ridingandalucia.com), die vom Ausritt bis zur neuntägigen Trekkingtour alles organisieren, sogar Jeepfahrten durch die Berge. Spaß am Abenteuer hat man beim Klettern und Paragleiten, aber auch bei Wanderungen und Ausritten. Informationen bieten Nevadensis (▶ oben) oder **Rustic Blue** (Barrio la Eremita, Bubión, Tel. 958 76 33 81, E-Mail: info@rusticblue.com). Freunde des **Wassersports** fahren zum Cabo de Gata (▶ 99), wo **Puerto Deportivo de San José** (San José, Tel. 950 38 80 41) Informationen für Sie bereithält.

Córdoba
und Jaén

Erste Orientierung

Die Provinzen Córdoba und Jaén im Norden von Andalusien mit Kulturdenkmälern aus der Zeit der Mauren und der Renaissance, ruhigen Orten und beschaulichen Dörfern stehen in wohltuendem Kontrast zu überfüllten Küsten und quirligen Städten wie Sevilla oder Granada.

In diesen beiden Provinzen ist die Stadt Córdoba am besten erreichbar und auch am beliebtesten, was sicher nicht nur mit der magischen Anziehungskraft der Mezquita, der Großen Moschee, zu tun hat. Die Stadt bietet noch jede Menge anderer Attraktionen, vom alten Maurenpalast, dem Alcázar, mit dem entspannenden Plätschern der Brunnen, den Gärten

bis hin zu hübschen Renaissancekirchen und Anwesen, in denen Museen und Kunstgalerien untergebracht sind.

Wer diese Mischung aus Mauren- und Renaissancekultur in bescheideneren Dimensionen erleben möchte, fährt durch die Olivenhaine und hübschen Bergdörfer in den

Vorhergehende Seite: Cazorla mit Olivenhainen in der Provinz Jaén

★ Nicht verpassen!

Nach Lust und Laune!

Süden von Córdoba, etwa nach Priego de Córdoba mit seinen schönen Gebäuden und eleganten Monumenten.

Die Provinz Jaén ist nicht ganz so gut zu erreichen und auch nicht so lohnend, hat aber dennoch Schätze vorzuweisen. In der Stadt Jaén erhebt sich eine gewaltige Kathedrale, außerdem herrscht hier ein reges kulturelles Leben. Mehr Charme versprühen jedoch die kleineren Nachbarorte Baeza und Úbeda. Beide besitzen exquisite Renaissancegebäude aus honigfarbenem Stein und pflegen einen provinziell-lockeren Lebensstil. Wer gerne im Freien etwas unternimmt, findet in der herrlichen Bergwelt der Sierra de Cazorla an der Ostgrenze von Jaén Ruhe und Frieden für Wanderungen durch die Wälder und kann verstreute Dörfer erkunden.

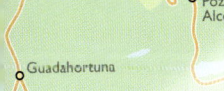

**Links: Enge Gassen mit typischen
Häusern im Bergdorf Zuheros**

**Rechts: Der Alcázar von Córdoba,
eine Oase der Ruhe**

Erkunden Sie das maurische Córdoba, und fahren Sie durch das Weinbaugebiet zu den Barockschätzen von Priego de Córdoba. Durch die Olivenhaine der Provinz Jaén geht es weiter zu den Renaissanceorten Baeza und Úbeda und schließlich durch die bergige Sierra de Cazorla zurück nach Córdoba.

Córdoba und Jaén in fünf Tagen

Erster Tag

Vormittags

Besichtigen Sie die **Mezquita** (rechts, ➤ 115f) von Córdoba, bummeln Sie durch die **Judería** (➤ 117), und schauen Sie sich die alte **Synagoge** (➤ 117) an. Mittagessen gibt es im Pepé de la Judería oder im El Rincón de Carmen, beide in der Calle Romero.

Nachmittags

Erkunden Sie den Palast und die Gärten des **Alcázar de los Reyes Cristianos** (➤ 117), und halten Sie eine kurze Siesta. Genehmigen Sie sich anschließend ein paar *tapas*, oder genießen Sie ein opulentes Abendessen, ehe Sie im Tablao Cardenal (➤ 136) gegenüber der Mezquita klassischen Flamencoklängen lauschen.

Zweiter Tag

Vormittags

Spazieren Sie durch die ruhigeren Straßen östlich der Mezquita, oder statten Sie den weniger bekannten Sehenswürdigkeiten von Córdoba einen Besuch ab, zum Beispiel dem **Museo Arqueológico** (➤ 118) oder dem **Palacio Museo de Viana** (➤ 119).

Nachmittags

Richtung Südosten geht es durch das Weinbaugebiet Montilla nach **Priego de Córdoba** (➤ 120f), wobei man in dem reizenden Bergdorf **Zuheros** (links, ➤ 128) Halt machen kann. In Priego lässt man im weichen Licht des Spätnachmittags oder frühen Abends die Barockkirchen und Brunnen sowie die hübsche Altstadt, den Barrio de la Villa, auf sich wirken.

Dritter Tag

Vormittags
Fahren Sie über die Panoramastraße nördlich von Priego und über die A316 ostwärts nach **Jaén** (► 129f), und besichtigen Sie dort die Kathedrale (links) und die Arabischen Bäder. Anschließend geht es weiter nach **Baeza** (► 122).

Nachmittags
Schauen Sie die Renaissancegebäude von Baeza, etwa den **Palacio de Jabalquinto** und die **Kathedrale** an, und genießen Sie den Abend am Paseo de la Constitución. Übernachten Sie in Baeza.

Vierter Tag

Vormittags
Frühstücken Sie mit den Einheimischen in der Cafetería Mercantil an der Ecke der Plaza de España, fahren Sie dann 50 Kilometer bis **Cazorla** (► 124), am Westrand der Sierra de Cazorla.

Nachmittags
Machen Sie nach dem Essen eine Spazierfahrt mit schönen Ausblicken in den **Parque Natural de Cazorla y Segura** (► 124f), oder streifen Sie durch die Kiefernwälder. Übernachtung in Cazorla.

Fünfter Tag

Vormittags
Richtung Westen geht es nach **Úbeda** (► 126f), zur von Prachtbauten gesäumten Plaza de Vázquez de Molina. Planen Sie Zeit für das Museo de Alfarería (Keramikmuseum) und, wenn möglich, für die Calle de Valencia (► 135) ein, wo Sie besonders schöne Keramikarbeiten bewundern können.

Nachmittags
Fahren Sie nach dem Essen zurück nach Córdoba. Unterwegs lohnt ein Besuch des hoch gelegenen Dorfes **Baños de la Encina** mit seiner gewaltigen maurischen Burg (► 130, rechts).

Córdoba

Im Herzen von Córdobas Altstadt unweit des Río Guadalquivir ragt das bedeutendste islamische Gebäude aller Zeiten, die Mezquita (Große Moschee), hoch in den Himmel empor. Hier drängen sich natürlich immer viele Menschen, aber nur ein paar Straßen weiter ist man ganz für sich allein und kann sich von einem schönen Gebäude, Denkmal oder Museum zum nächsten treiben lassen und weiter zu Boutiquen und Galerien mit Kunsthandwerk und den besten Bars in Andalusien.

Das ursprünglich römische Córdoba wurde zunächst von den Westgoten und im 8. Jahrhundert von den Mauren besetzt. Innerhalb von 200 Jahren verwandelten die muslimischen Herrscher Córdoba in eine schillernde islamische Stadt, die mit Bagdad und Damaskus wetteiferte. 1236 fiel Córdoba an die Christen, die den Ort vernachlässigten und dem Niedergang preisgaben. Erst im 20. Jahrhundert blühte die Stadt als Zentrum für Leichtindustrie, Ackerbau und Tourismus wieder auf.

Oben: Die Mezquita überragt Córdoba

Unten: Ein Kutscher in Córdoba legt eine Pause ein

✚ 198–199

Touristeninformation
✚ 198 B2 ✉ Calle de Torrijos 10 (J de A)
☎ 957 47 12 35
✚ 198 B2 ✉ Plaza Judá Levi (OMT) ☎ 957 20 05 22

Die Mezquita

Vom islamischen Córdoba hat viel überdauert, vollkommen herausragend ist jedoch die Mezquita. Die Moschee stammt ursprünglich aus der Zeit zwischen dem 8. und 12. Jahrhundert, das eigentlich Bemerkenswerte sind aber der christliche Chor und Hochaltar im Zentrum des Gebäudes, die im 16. Jahrhundert nach der Reconquista hinzugefügt wurden.

Der berühmte
Säulenwald in
der Mezquita
von Córdoba

Die massiven Außenmauern der Mezquita sind typisch für den maurischen Stil. Dekor spielte außen kaum eine Rolle, außerdem wurden öffentliche Gebäude immer so gebaut, dass sie auch zu Verteidigungszwecken genutzt werden konnten. So deuten nur die Steinmetzarbeiten an den Torbögen auf die Schätze hin, die einen im Innern erwarten.

Man geht durch die Puerta de Perdón neben der Torre de Alminar in den **Patio de los Naranjos** (Orangenhof), wo die muslimischen Gläubigen einst ihre rituellen Waschungen vornahmen. Am Kiosk an der rückwärtigen Wand des Hofes kauft man Eintrittskarten für die Moschee, in die man durch die bescheidene Puerta de las Palmas direkt gegenüber der Puerta del Perdón gelangt. Innen verzweigen sich ganze Säulenwälder in alle Richtungen. Über 1000 Stück – einige schlicht, andere mehrfarbig aus Marmor, Jaspis und Onyx – tragen halbrunde und hufeisenförmige Bögen, die abwechselnd aus rotem Ziegel und weißem Stein gefertigt sind. Sie lassen den Raum der Moschee außergewöhnlich tief, zugleich aber intim und geheimnisvoll wirken. Zur Zeit der Mauren fiel zu den Gebetszeiten durch die geöffneten Türen Licht vom Patio de los Naranjos, doch diese Türen bleiben heute stets verschlossen.

Das schönste Beispiel für islamisches Dekor findet sich am Ende des Gebäudes. Wo der breiteste Gang aufhört, liegt die *maksura*, der Bereich, in dem einst die Kalifen beteten, mit dem *mihrab*, der

Not amused

König Karl V. verurteilte, dass in die Mezquita eine Kathedrale eingebaut wurde. Er hatte den Plan zwar ursprünglich unterstützt, war jedoch entsetzt, als er das Resultat sah. Er beschuldigte den Erzbischof von Córdoba, »das einzigartigste Bauwerk der Welt« zerstört zu haben.

nach Mekka ausgerichteten Gebetsnische. Der Begriff Nische ist hier irreführend, es handelt sich nämlich um eine separate Kammer, in die man durch einen herrlichen Hufeisenbogen gelangt. Die Besucher werden durch eine Absperrung in respektvollem Abstand gehalten, doch selbst von dort aus ist man überwältigt vom Licht, das sich in den farbigen Mosaiken der Wände und des Daches spiegelt. Die zentrale Kuppel unmittelbar vor dem *mihrab* wird von Kreuzrippen, die einen Stern bilden, getragen, eine Bauweise, die damals neu war, später jedoch von christlichen Baumeistern in ganz Europa kopiert wurde. Derartige dekorative Strukturelemente sind für die Architektur der Mauren typisch und in der Mezquita perfekt umgesetzt. In der Mitte der Mezquita wurde 1523 von den christlichen Herrschern von Córdoba ein offener **Kathedralenchor** sowie die **Capilla mayor**, eine Kapelle mit Hochaltar, hinzugefügt. Selbst wenn sie in der Moschee als Gesamtkunstwerk wie Fremdkörper wirken, weisen Chor und Kapelle keine Mauern auf und werden in gewisser Weise von den maurischen Säulen, die sie umgeben, kaschiert. Für sich allein betrachtet, sind

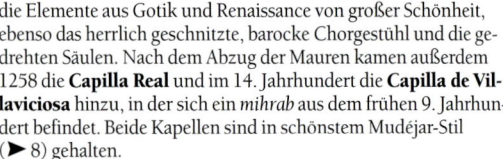

die Elemente aus Gotik und Renaissance von großer Schönheit, ebenso das herrlich geschnitzte, barocke Chorgestühl und die gedrehten Säulen. Nach dem Abzug der Mauren kamen außerdem 1258 die **Capilla Real** und im 14. Jahrhundert die **Capilla de Villaviciosa** hinzu, in der sich ein *mihrab* aus dem frühen 9. Jahrhundert befindet. Beide Kapellen sind in schönstem Mudéjar-Stil (► 8) gehalten.

Die *maksura* und der *mihrab* aus dem 10. Jahrhundert, herausragende Beispiele islamischer Architektur in der Mezquita

✚ 198 B2 ✉ Calle Torrijos 10
☎ 957 47 05 12
🕐 April–Sept. Mo–Sa 10–18.30 Uhr; So und Feiertage 15.30–19 Uhr; Okt.–März 10–17 Uhr; So und Feiertage 14–17.30 Uhr 💶 teuer

Es findet jeden Morgen eine Messe in der Kathedrale statt. Zu dieser Zeit ist der Eintritt zur Mezquita frei (Mo–Sa 9–10, So 9–11 Uhr). Sie müssen allerdings bis zum Ende der Messe bleiben.

Die Judería und der Alcázar

Im Westen der Mezquita verzweigt sich das Gassengewirr der Judería, das mittelalterliche Judenviertel Córdobas.

Rund um die Mezquita sind die Straßen voll von Andenkenläden, doch stößt man immer wieder auf verschwiegene Ecken wie den mit Blumen geschmückten Callejón de las Flores, eine enge Sackgasse, deren Mauern den Glockenturm der Mezquita einrahmen. Im Herzen der Judería liegt an der Plaza Maimónides das **Museo Taurino** (Stierkampfmuseum) mit Stierköpfen und Insignien blutrünstiger Tapferkeit. Links vom Museum gelangt man in der Calle Judíos zur beeindruckenden Statue von Moses Maimónides, dem großen jüdischen Philosophen und Theologen aus dem 12. Jahrhundert, der in Córdoba geboren wurde. Etwas weiter steht die kleine, gut erhaltene **Synagoge** aus dem 14. Jahrhundert, die einzige, die seit der Vertreibung der Juden 1492 in Andalusien erhalten blieb. In der Nähe befindet sich die moderne Rekonstruktion eines **Zoco**, eines arabischen Markts; Kunsthandwerksläden und eine Bar gehen auf einen reizenden *patio* hinaus. Die Calle Judíos führt zur **Puerta de Almodóvar**, einem Tor aus dem 14. Jahrhundert in der alten Stadtmauer von Córdoba.

Jenseits der Judería steht am Fluss der **Alcázar de los Reyes Cristianos** (Palastburg der christlichen Könige). Er wurde im späten 13. Jahrhundert von den christlichen Eroberern von al-Andalus errichtet und sollte den maurischen Alcázar ersetzen, der sich neben der Mezquita befand. Er diente jahrhundertelang der Inquisition als Zentrum und wurde im 19. Jahrhundert als Gefängnis genutzt. Heute lassen die herrlichen Gärten mit Brunnen und Wasserbecken die grausige Vergangenheit vergessen. Die verbliebenen Gebäude sind relativ schlicht, doch wurden einige schöne Mosaiken aus der römischen Epoche hier zusammengetragen.

Eine Statue in der Judería erinnert an den berühmten Philosophen Moses Maimonides aus Córdoba

Alcázar de los Reyes Cristianos
✚ 198 B1
✉ Plaza Campo Santo de los Mártires
☎ 957 42 01 51
🕐 Di–Sa 10–14 und 16.30–18.30 Uhr, So und Feiertage 9.30–15 Uhr
💰 mittel (Fr frei)

Museo Taurino
✚ 198 B2
✉ Plaza Maimónides 5
☎ 957 20 10 56
🕐 Di–Sa 10–14 und 18–20 Uhr, So und Feiertage 9.30–15 Uhr
💰 mittel (Fr frei)

Sinagoga (Synagoge)
✚ 198 A2
✉ Calle Judíos 20
☎ 957 20 29 28
🕐 Di–Sa 10–13.30 und 15.30–17.30 Uhr, So 10–13.30 Uhr
💰 preiswert (frei für EU-Bürger)

Weitere Sehenswürdigkeiten

Links: Abkühlung an der Plaza de las Tendillas

Nördlich der Mezquita erstreckt sich ein Viertel mit engen Gassen, das viel weniger besucht ist als die Judería (▶ 117). Dort befindet sich Córdobas **Museo Arqueológico** (Archäologisches Museum) in einem Renaissancegebäude, dem Palacio de los Paéz, an der von Bäumen beschatteten Plaza Jerónimo Páez. Der Palast hat Kassettendecken und elegante Treppenhäuser, ausgestellt sind Exponate aus prähistorischer Zeit sowie aus den Epochen der Römer und der Mauren. Zu den Höhepunkten zählen römische Mosaiken und die edle Bronzefigur eines Hirschs, die in Medina Azahara, den Ausgrabungen einer Palaststadt aus dem 10. Jahrhundert (sechs Kilometer westlich von Córdoba), gefunden wurde (▶ 128).

Rechts: Das Gemälde *El Pecado* (Die Sünde) von Julio Romero de Torres ist voll von erotischer Symbolik

Unweit des Flusses liegt die **Plaza del Potro** (Fohlenplatz) mit der Statue eines sich aufbäumenden Pferdes auf dem Brunnen in der Mitte. Auf dem Platz fand früher der Viehmarkt statt; hier entdeckte der Schriftsteller Luis de Góngora (1561–1627) Vorbilder für seine Protagonisten. Am westlichen Ende des Platzes befindet sich die Posada del Potro, die schon im *Don Quijote* von Cervantes erwähnt wird und heute ein Kulturzentrum beherbergt. Gegenüber steht das Hospital de la Caridad, in dem das **Museo de Bellas Artes** (Museum der schönen Künste) untergebracht ist. Die verzierten Decken der Räume im Erdgeschoss sind ebenso schön wie einige der Gemälde. Die Sammlung bietet Werke von Zurbarán, Goya und Murillo. Auf der anderen Seite des *patio* in der Mitte widmet sich ein weiteres Museum einem Künstler aus Córdoba, Julio Romero de Torres, der für seine recht kitschigen erotischen Darstellungen bekannt ist.

Im Herzen der Neustadt speien die Brunnen an der **Plaza de las Tendillas** Wasser. Wer in einem Café Platz nimmt, hört die Uhr Flamencoklänge von sich geben. Von hier kann man Richtung Westen die Einkaufsstraße Conde de Gondomar bis zur Fußgängerzone, der Avenida del Gran Capitán, hinunterbummeln.

KLEINE PAUSE

Beginnen Sie den Abend mit einem Sherry in der beliebten Bar **El Caballo Rojo** (Calle Cardenal Herrero 28), die zu den ältesten Lokalen der Stadt zählt.

CÓRDOBA: INSIDER-INFO

Top-Tipps: Am Freitag wird für viele Sehenswürdigkeiten kein Eintritt verlangt, nämlich für den Alcázar, das Museo Taurino und das Museo Julio Romero de Torres. Auch an anderen Tagen müssen EU-Bürger oft nichts bezahlen, wenn sie ihren Pass vorzeigen.

• Die Öffnungszeiten der Sehenswürdigkeiten und Museen in Córdoba ändern sich häufig. Fragen Sie bei der Touristeninformation nach.

Geheimtipps: In der ersten Maiwoche findet in Córdoba die **Fiesta de los Patios** statt. Dann sind die mit Blumen geschmückten Höfe der Privathäuser öffentlich zugänglich; zur Untermalung wird auch Musik, vor allem Flamenco, geboten.

• Der **Palacio Museo de Viana** (🔲 199 D4, Rejas de Don Gomez 2, Tel. 957 48 01 34, Eintritt teuer) aus dem 14. Jahrhundert hat 12 *patios*, jeder mit einem Brunnen, mit Rosen, Jasmin, Bougainvilleen und Geranien. Die Führungen (auf Spanisch) durch die Räume sind oft recht überlaufen.

Muss nicht sein! Wer den **Puente Romano** (Römische Brücke) über den schlammigen Río Guadalquivir überquert, hat zwar eine schöne Sicht auf die Mezquita, aber die Gehsteige sind schmal und der Verkehr ist enorm.

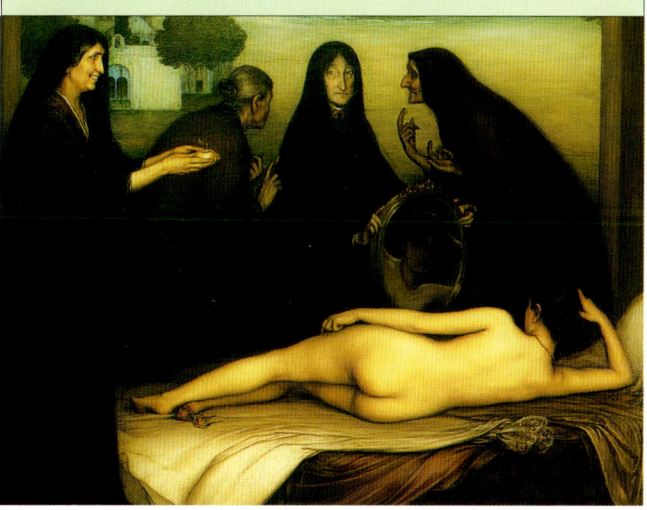

Museo Arqueológico
🔲 198 C3 ✉ Plaza Jerónimo Páez
☎ 957 47 40 11
🕐 Mi–Sa 9–20, Di 15–20 Uhr, So und Feiertage 9–15 Uhr 💶 preiswert (für EU-Bürger frei)

Museo de Bellas Artes
🔲 199 D3 ✉ Plaza del Potro 1
☎ 957 47 33 45
🕐 Mi–Sa 9–20 Uhr, Di 15–20 Uhr, So und Feiertage 9–15 Uhr
💶 preiswert (für EU-Bürger frei)

Museo Julio Romero de Torres
🔲 199 D3 ✉ Plaza del Potro 1
☎ 957 49 19 09
🕐 Di–Sa 10–14 und 16.30–18.30 Uhr, So und Feiertage 9.30–14.30 Uhr 💶 mittel (Fr frei)

4

Priego de Córdoba

Die ruhige Provinzstadt Priego de Córdoba zeichnet sich durch viele Barockkirchen und einen bemerkenswerten Renaissancebrunnen aus. Im maurischen Viertel, dem Barrio de la Villa, winden sich Gassen zwischen weiß getünchten Häusern hindurch, die mit Blumen geschmückt sind.

Priego liegt an einem Steilabbruch am Fuße des höchsten Berges der Provinz Córdoba, dem La Tinosa (1570 m). Die Stadt entstand zur Zeit der Römer und wurde im 13. und 14. Jahrhundert von Mauren und Christen umkämpft. Erst die Seidenproduktion im 18. Jahrhundert bescherte Priego seine wunderschönen Gebäude.

Im Zentrum trifft man sich auf der **Plaza de Andalucía** und der angrenzenden **Plaza de la Constitución** zum morgendlichen Plausch. Das historische Priego erstreckt sich östlich der Plaza de Andalucía. Hier fällt neben anderen schönen Gebäuden das berühmteste Bauwerk der Stadt ins Auge, die **Iglesia de la Asunción**. Das schlichte weiße Gotteshaus birgt zwei der schönsten Barockschätze Spaniens: ein herrlich geschnitztes Altarstück und den Sagrario, die achteckige Umgangskapelle mit Vorraum und weißen Stuckarbeiten, die in die Kuppel emporragen.

Von der Plaza de Santa Ana an der Kirche führt die Calle Real in den **Barrio de la Villa**, wo an den weißen Hauswänden Körbe mit Geranien und Bougainvilleen hängen. Das Viertel ist für

Die Fuente del Rey (unten und rechts), ein extravaganter Barockbrunnen (18. Jahrhundert) auf einem ruhigen Platz

Üppiger Blumenschmuck auf dem Barrio de la Villa in Priego de Córdoba

PRIEGO DE CÓRDOBA: INSIDER-INFO

Topp-Tipps: Die **Kirchen** von Priego sind in der Regel von 11–13 Uhr geöffnet und außerdem zur Morgenmesse.

• Die Touristeninformation organisiert **Führungen** zu den schönsten Sehenswürdigkeiten der Stadt – eine gute Lösung, wenn man wenig Zeit hat. Reservierung empfohlen.

Geheimtipp: Die **Carnicerías Reales** unweit der Kirche San Pedro, ein Schlachthof und Markt aus dem 16. Jahrhundert, sind heute nicht mehr in Betrieb, jedoch architektonisch interessant. Der gepflasterte Hof des alten Markts ist von Arkaden umgeben, von den Sprossenfenstern blickt man über Olivenhaine. Gelegentlich Ausstellungen hiesiger Künstler.

Autos gesperrt, nicht jedoch für Motorräder. Am östlichen Ende liegt der **Paseo de Adarve**, eine Promenade, von der aus man einen herrlichen Blick auf die Landschaft ringsum hat. Im Nordwesten des Viertels wartet die **Iglesia de San Pedro** mit einem schönen Altargemälde auf.

Nicht verpassen sollte man auch die elegante **Fuente del Rey**, den Brunnen an einem friedlichen Platz im Westen der Stadt, den man von der Plaza de Andalucía über die Calle del Río erreicht. Das Wasser sprudelt aus grimmigen Gesichtern in mehrere Wasserbecken. In der Mitte der schillernden Wasserfläche stehen die Meeresgötter Neptun und Amphitrite.

Hinter der Fuente del Rey steht ein weiterer Brunnen, die italienisch anmutende **Fuente de la Virgen de la Salud** aus dem späten 16. Jahrhundert.

KLEINE PAUSE

Wenn Sie sich am üppigen Barockdekor der Iglesia de la Asunción erfreut haben, sollten Sie im Straßencafé **El Aljibe** (► 134) ein Glas Wein genießen.

✚ 195 F3

Touristeninformation
✉ Calle del Río 33
☎ 957 70 06 25

Parken
Parkplatz an der Plaza Palenque, am westli-chen Ende der Carrera de las Monjas. Morgens schnell besetzt.

Iglesia de la Asunción
✉ Plaza de Abad Palomino
🕐 Di–So 11–13.30 und 17.30–19 Uhr

6

Baeza

Mit Baeza erreichen Sie den ruhigeren Teil Andalusiens. Die Stadt blieb von modernen Übergriffen weitgehend verschont, weshalb Gebäude aus den Epochen der Gotik und Renaissance sowie reizvolle Plätze und Straßen erhalten sind.

Baeza liegt an einem Steilhang mit Blick auf Olivenhaine und Weizenfelder. Am besten beginnt man seine Entdeckungstour an der **Plaza del Pópulo** mit ihren edlen Renaissancegebäuden. Sie heißt auch Plaza de los Leones, weil steinerne Löwen den verwitterten Brunnen zieren. Vom Platz blickt man auf die attraktive Fassade des alten Schlachthofs und den Zwillingsbogen, die maurische Puerta de Jaén sowie den Arco de Villalar aus dem 16. Jahrhundert. Am oberen Ende des Platzes steht die elegante Casa de Pópulo, das ehemalige Gericht, in dem sich die Touristeninformation befindet.

Links davon gelangt man über einige Treppen, die Escalerillas de la Audiencia, in eine schmale Gasse, die Calle Romanones, die zur Plaza Santa Cruz und zum **Palacio de Jabalquinto** führt. Dessen gotische Fassade ist mit rautenförmigen Verzierungen versehen. Im von doppelstöckigen Arkaden umgebenen restaurierten Hof steht ein Brunnen. Über eine Barocktreppe gelangt man ins Obergeschoss. Dem Palast gegenüber wartet die kleine romanische **Iglesia de Santa Cruz** mit Resten westgotischer Bögen und der Moschee auf, die hier einst stand.

Von der nahe gelegenen Plaza Santa Cruz gelangt man zur ruhigen Plaza de Santa María mit einem Brunnen in der Mitte, der die Form eines Triumphbogens hat. Der Platz wird von der **Catedral de Santa María** beherrscht, deren weitläufiges Schiff aus der Renaissance stammt. Entworfen wurde es von Andrés de Vandelvira, auf den auch viele Gebäude in Úbeda (► 126f) zurückgehen. Den Hauptaltar ziert ein reich geschmückter Altaraufsatz, außerdem findet man zahlreiche *rejas*, schmiedeeiserne Gitter, welche die Seitenkapellen abtrennen. Die Kathedrale steht über den Fundamenten der alten Moschee, von der im gotischen Kreuzgang einige Überreste erhalten sind.

Unterhalb vom historischen Viertel Baezas ist rund um die Plaza de España und den Paseo de la Constitución viel los. Hier spielen Jugendliche Fußball und kurven wild mit dem Rad herum. Gebäude mit Arkaden und zahlreichen Bars und Cafés säumen den Paseo. Von hier aus bummelt man Richtung Westen, um in der Calle Benavides einen Blick auf das Rathaus mit der Fassade aus dem 16. Jahrhundert zu werfen.

Wegen der Löwen am Brunnen heißt die Plaza del Pópulo auch Plaza de los Leones

KLEINE PAUSE

Gesellen Sie sich in der Bar **La Góndola** (► 134) zu den Einheimischen, und probieren Sie *patatas baezanas*.

Von Baeza aus blickt man in die Ebene der Provinz Jaén hinunter

✚ 196 C3

Touristeninformation
✉ Plaza del Pópulo (Plaza de los Leones)
☎ 953 74 04 44

Parken
Man findet rund um die Plaza de la Constitución Parkplätze; morgens und abends ist es allerdings schwieriger.

Palacio de Jabalquinto
✉ Plaza Santa Cruz
🕐 Do–Di 10–14 und 16–18 Uhr
🎟 frei

Iglesia de Santa Cruz
✉ Plaza Santa Cruz
🕐 Mo–Sa 11–13 und 16–18 Uhr, So und an Feiertagen 12–14 Uhr
🎟 frei

Catedral de Santa María
✉ Plaza de Santa María 🕐 tägl. 10.30–13 und 16–18 Uhr 🎟 frei

BAEZA: INSIDER-INFO

Top-Tipps: Beim Besuch der Kathedrale sollte man ausreichend Kleingeld dabei haben. An der Westseite der Kirche befindet sich ein wenig interessantes Gemälde des hl. Petrus, wirft man jedoch eine Münze ein, gibt das Bild den musikalisch untermalten Blick auf die **silberne Monstranz** frei, die wiederum bei Prozessionen verwendet wird.
• Abends sind in Baeza auffällig viele Polizisten unterwegs. Bei den meisten handelt es sich um junge Leute, die an der Academia de Guardias de la Guardia Civil ihre Ausbildung absolvieren.

Geheimtipp: Von der Plaza de Populo gehen Sie durch die Puerta de Jaén, folgen der Straße für 250 Meter und erreichen dann den **Paseo de las Murallas.** Auf dem Weg entlang der Klippe in Richtung Kathedrale haben Sie eine tolle Aussicht auf die Umgebung.

7

Parque Natural de Cazorla y Segura

Im Parque Natural de Cazorla y Segura ragen zerklüftete Berge über 2000 Meter hoch auf, dazwischen liegen tiefe, felsige Schluchten und dicht bewaldete Täler. Kleine Dörfer ducken sich an die Felsen. Zugang zum Park hat man über die attraktive Stadt Cazorla.

Cazorla liegt am Westrand der Sierra de Cazorla, direkt unterhalb der großartigen Felsen des Berges Peña de los Halcones (Falkenfelsen). Die Stadt zieht sich am Fuß des Berges entlang, der am geschäftigen Hauptplatz, der Plaza de la Constitución, anzusteigen beginnt. Von dort führt auch die Calle Dr. Muñoz weiter zur erheblich älteren Plaza de la Corredera mit Cafés und Geschäften.

Gassen winden sich bergauf bis zu einem Aussichtspunkt, dem **Balcón del Pintor Zabaletato**, mit herrlichem Blick auf die Ruinen der Kirche Santa María und die halb verfallene Burg **La Yedra**, die auch Las Cuatro Esquinas – vier Ecken – heißt. Unterhalb liegt die Plaza Santa María mit ihrem Renaissancebrunnen – ein beliebter Treffpunkt.

Der Naturpark

Die Sierra de Cazorla y Segura bildet zusammen mit einigen kleineren Gebirgen den größten Naturpark Andalusiens. Die Berge hier sind bewaldet; heimisch gemacht wurden immergrüne Eichen und Kiefern sowie Erlen, Ahorn und Wacholder. Insgesamt gibt es über 1200 verschiedene Pflanzenarten. Zu den Tieren zählen Rotwild, Füchse, Wildkatzen, Steinböcke und Wildschweine. Von Beobachtungsposten am Straßenrand kann man auch Greifvögel observieren, die sich in den Sierras sammeln, darunter Gänsegeier, Steinadler und Wanderfalken. Das gut ausgebaute Straßennetz macht die Autofahrt durch den Park zu einem Vergnügen. Rund um Cazorla kann man gut wandern, tiefer in den Bergen gibt es nur noch wenige markierte Wege. Örtliche Veranstalter bieten organisierte Tagestouren an, auch per Pferd, Mountainbike oder mit dem Jeep in entlegenere Gebiete (▶ 136). Diese Aktivitäten kann man in Cazorla buchen.

Der Park beginnt zwei Kilometer östlich von Cazorla beim Dorf Iruela, dessen winzige Burg auf einem Felsen thront. Fährt man 34 Kilometer in nordöstlicher Richtung durch die Berge, erreicht man das Centro de

Der hier noch schmale Río Guadalquivir plätschert durch die Wildnis der Sierra de Cazorla

Wanderfalken gehören zur Tierwelt der Sierra de Cazorla

PARQUE NATURAL DE CAZORLA Y SEGURA: INSIDER-INFO

Top-Tipps: Die besten Landkarten, um den Parque Natural de Cazorla zu erforschen, sind diejenigen aus der Reihe Editorial Alpinas (Maßstab 1:40 000; www.editorial.alpina.com), und zwar die Ausgaben Sierra de Cazorla bzw. Sierra de Segura. Wanderwege und Strecken für Mountainbiker sind hier beschrieben.
• Wer auf einem unmarkierten Weg durch die Sierra wandert, sollte sich an jeder Abzweigung eine Notiz machen, damit er wieder zurückfindet.
• In Carzola findet auf der Plaza del Mercado, zwischen Parkplatz und Haupteinkaufsstraße, täglich ein **Markt** mit einheimischen Produkten und Kunsthandwerk statt.

Geheimtipp: Der restaurierte Turm der Burg La Yedra in Cazorla beherbergt ein **Heimatmuseum**, in dem Geräte wie Ölpressen, aber auch eine Rekonstruktion des Lebens auf einer ländlichen *plaza* zu sehen sind (Plaza de Santa María, Cazorla, Di 15–20, Mi–Sa 9–15, So und an Feiertagen 9–15 Uhr, Eintritt frei).

Blick von den Felsen hinunter auf Cazorla

Interpretación Torre del Vinagre. Hier ist im Sommer immer viel los, aber die Ausstellungen, die das Ökosystem des Parks erläutern, sind hervorragend. In der Nähe befindet sich ein Botanischer Garten mit den Pflanzen, die in der Sierra wachsen.

🔲 197 E4

Cazorla Touristeninformation
✉ Paseo del Santo Cristo 17 (OMT)
☎ 953 71 01 02
🕐 April–Okt.
✉ Calle Hilario Marco (OMT)

✉ Calle Juan Domingo, Quercus (privat geführt)
☎ 953 72 01 15

Parken
An der Plaza del Mercado, unterhalb der Plaza de la Constitución, gibt es einen Parkplatz.

8

Úbeda

Úbeda wartet mit einem architektonischen Kleinod auf. An der Plaza de Vázquez de Molina im Herzen der Stadt steht ein in Spanien einmaliges Ensemble prächtiger Renaissancegebäude.

Der Platz wurde im Mittelalter von den vornehmsten Familien der Stadt angelegt, den Cobos und Molinas, die im 16. Jahrhundert durch die Textilindustrie zu großem Reichtum kamen. Um sich ein steinernes Denkmal zu setzen, stellten beide Familien herausragende Baumeister und Künstler ein, darunter den besten Architekten der Zeit, Andrés de Vandelvira.

Der Palacio de las Cadenas, eines der Gebäude an der Plaza de Vázquez de Molina

Er schuf die wunderschöne **Sacra Capilla del Salvador**, die auf einem Entwurf von Diego de Siloé basiert. Die Hauptfassade verbindet klassische Elemente mit Motiven aus der Gotik. Es handelt sich um ein herausragendes Beispiel für den so genannten platuresken Stil, vom Gesamterscheinungsbild bis zu den filigranen Arbeiten (*plateria*) der mittelalterlichen Silberschmiede. Ein gotisches Gewölbe, vergoldete Altaraufsätze und Renaissanceschnitzereien zieren den Innenraum. Der Chor wird vom Schiff durch ein herrliches Gitter getrennt, der Altaraufsatz zeigt eine behutsam restaurierte Schnitzfigur der *Verklärung Christi*. Das Gotteshaus wurde ursprünglich als Privatkapelle für Francisco de los Cobos errichtet und ist bis heute in Privatbesitz.

Andere bemerkenswerte Gebäude an der *plaza* sind der **Palacio de las Cadenas** (Kettenpalast), den Vandelvira für Juan Vázquez de Molina mit einer klassizistischen Fassade entwarf. Heute befindet sich hier das Rathaus. Das **Museo de Alfarería** (Keramikmuseum) im Untergeschoss des Palasts zeigt viele Beispiele der grün glasierten Keramik, die auf die Zeit der Mauren zurückgeht und Úbeda bekannt machte. Direkt gegenüber erhebt sich die Kirche **Santa**

✚ 196 C4

Touristeninformation
✉ Palacio del Contadero, Calle Baja del Marqués
☎ 953 75 08 97

Capilla del Salvador
✉ Plaza de Vázquez de Molina ☎ tägl. 10 bis 14 und 17–19.30 Uhr 👆 preiswert

Museo de Alfarería (Keramikmuseum)
✉ Plaza de Vázquez de Molina
☎ 953 75 04 40 🕐 Di–Sa 10.30–14.30 und 16.30–19, So 10.30–14 Uhr 👆 preiswert

Die Hügel von Úbeda

Im Mittelalter war das Wort Úbeda gleichbedeutend mit »aus dem Sinn«. Bis heute sagt man in Spanien zu vergesslichen oder verträumten Menschen, dass sie »über die Hügel von Úbeda wandern«. Der Legende zufolge verpasste einst ein junger christlicher Ritter eine entscheidende Schlacht, weil er seine Geliebte, eine schöne Muslimin, besuchte. Als König Ferdinand III. wissen wollte, wo er gewesen war, antwortete der Ritter: »In den Hügeln, Majestät.«

María de las Reales Alcázares, deren gotischer Kreuzgang auf den Fundamenten der früheren Moschee steht.

Ein Stück weiter nördlich liegt der alte Marktplatz, die **Plaza del Primero de Mayo**, wo Stierkämpfe und während der Inquisition schreckliche Ketzerverbrennungen stattfanden. Hier erheben sich auch das alte Rathaus mit eleganten Arkaden und die Kirche **San Pablo** mit einem schönen gotischen Portal und einer Galerie. Schmale Straßen führen durch ein herrliches Tor aus dem 13. Jahrhundert mit doppelten Hufeisenbögen, die Puerta de Losal, nach Norden. Um die Calle de Valencia liegen die Töpferateliers, aus denen die bekannte Úbeda-Keramik stammt (► 135).

KLEINE PAUSE

Lassen Sie sich bei einem Kaffee im *parador* (16. Jahrhundert) an der Plaza de Vázquez de Molina (► 134) in die Renaissanc zurückversetzen.

Oben: Die Iglesia de la Trinidad (18. Jahrhundert), eine der wenigen Barockkirchen in Úbeda

ÚBEDA: INSIDER-INFO

Top-Tipps: Folgen Sie in Úbeda den Schildern mit der Aufschrift *Zona Monumental* zur Plaza de Vázquez de Molina.
• In der Calle Real, der langen, schmalen Straße zwischen dem Hauptplatz, der Plaza de Andalucia und der Plaza de Vázquez de Molina, finden sich Geschäfte, in denen die bekannten **Esparto-Grasarbeiten** verkauft werden.

Geheimtipp: Gehen Sie rechts an der Capilla del Salvador vorbei zur Plaza de Santa Lucía hinunter. Vom dortigen Aussichtspunkt hat man einen schönen Blick über Olivenhaine bis zu den Bergen der Sierra de Cazorla, die im Dunst liegen.

Nach Lust und Laune!

Zuheros und die maurische Burg mit Olivenhainen im Hintergrund

2 Medina Azahara

Die Ruinen der Palaststadt aus dem 10. Jahrhundert sind rund sieben Kilometer von Córdoba entfernt. Mit dem Bau der Anlage wurde 936 begonnen, zu ihrer Blütezeit war sie ein Paradebeispiel für die maurische Bau- und Dekorationskunst.

Hauptattraktion ist der exquisite Raum von Abd al-Rahman III. mit besonders sehenswerten Marmorarbeiten. Am besten erreichen Sie Medina Azahara mit dem Auto. Oder Sie nehmen den Bus 0-1 von Córdoba aus bis zur Kreuzung, von der die Zufahrtsstraße nach Medina Azahara abzweigt. Von hier ist es noch ein 3 Kilometer langer Marsch durch Hitze und Staub. Es gibt aber auch organisierte Ausflüge.

➕ 196 A3 ✉ 7 km westlich von Córdoba ⏰ April–Sept. Di–Sa 10–20.30 Uhr, So und Feiertage 10–14 Uhr; Okt. bis März Di–Sa 10–14, So und Feiertage 10–14 Uhr ✋ preiswert

3 Zuheros

Die engen Gassen von Zuheros zu erkunden, macht richtig Spaß. Der Charme des Ortes resultiert aus der Lage auf einem Berg mitten in der Sierra Subbética unweit von Priego de Córdoba. Auf den Felsen über den Häusern sind die Ruinen einer maurischen Burg zu sehen. An der Plaza de la Paz steht die **Iglesia de la Virgen de los Remedios**. Das **Dorfmuseum** zeigt prähistorische Funde und Exponate aus der Zeit der Römer und der Mauren. Zuheros ist bekannt für Olivenöl und Käse. Die **Cueva del Cerro de los Murciélagos** (Fledermaushöhle) mit beeindruckenden Gesteinsformationen liegt etwa vier Kilometer östlich von Zuheros.

➕ 196 B3

Touristeninformation
Am nördlichen Dorfeingang von Zuheros (A316) ☎ 957 69 47 75

Museum von Zuheros
✉ Plaza de la Paz ☎ 957 69 45 45 ⏰ tägl. 10–14 und 16–19 Uhr ✋ preiswert

Cueva del Cerro de los Murciélagos
➕ 196 B3
☎ 957 69 45 45
⏰ Touren Mitte April–Mitte Sept. Mo–Fr 10 und 18 Uhr, Sa, So und an Feiertagen 11, 12.30, 14, 18, 19.30 Uhr (bitte vorab telefonisch bestätigen lassen) ✋ mittel

5 Jaén

Die Stadt Jaén ist schon ihrer majestätischen Kathedrale, der arabischen Bäder, schönen Museen und der Altstadt wegen einen Besuch wert. An der Plaza de Santa María wurde die **Kathedrale** von

1540 an in über 250 Jahren errichtet. Die gewaltige Westfassade präsentiert sich als Komposition aus eleganten korinthischen Säulen und Figurenschmuck und wird an beiden Seiten von hohen Türmen flankiert. Innen beeindruckt die Kirche mit einem Wald aus korinthischen Säulen; der Chor besticht durch exquisite Schnitzarbeiten. In der Kathedrale befindet sich das Santo Rastro, das »heilige Gesicht«, ein

Die imposante Fassade mit den Doppeltürmen der Kathedrale von Jaén überragt die Stadt

Schweißtuch, mit dem die hl. Veronika Jesus auf dem Weg zur Kreuzigung die Stirn gewischt haben soll. Es wird jeden Freitag ausgestellt.

Die restaurierten **Baños Árabes** liegen unter dem Palacio de Villadompardo (mit einem Museum für Kunst, Kunsthandwerk und Brauchtum). Das Mauerwerk ist durch sternförmige Oberlichter unterbrochen und wird von typisch maurischen Säulen und Hufeisenbögen getragen. Durch einen Glasfußboden blickt man auf Überbleibsel aus der Römerzeit. Das **Museo Provincial** zeigt Artefakte aus der Zeit der Phönizier, Römer und Mauren; in einem Seitenanbau sind zudem Steinskulpturen aus dem 5. Jahrhundert v. Chr. zu sehen. In den Vierteln **La Magdalena** und **San Juan** an den nordöstlichen Hängen des mit Büschen bewachsenen Stadtbergs Santa Catalina blieb im Gassengewirr der maurische Charakter von Jaén besonders gut erhalten. Über allem wachen die Ruinen der maurischen Burg.

✠ 196 C3

Touristeninformation
✉ Calle de la Maestra ☎ 953 19 04 55

Catedral
✉ Plaza de Santa María
🕐 tägl. 8.30–13 und 17–20 Uhr 🎟 frei

Baños Árabes
✉ Plaza de Santa Luisa de Marillac
☎ 953 23 62 92
🕐 Di–Fr 9–20 Uhr, Sa/So 9.30–14.30 Uhr
🎟 frei für EU-Bürger

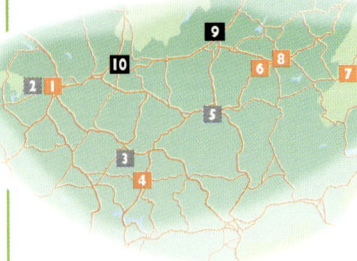

Museo Provincial

✉ Paseo de la Estación 27

☎ 953 25 06 00 ⏰ Mi–Sa 9–20 Uhr,
Di 15–20 Uhr, So 9–15 Uhr

🎫 frei für EU-Bürger

🄉 Baños de la Encina

Dieser Ort wartet mit einer der schönsten Burgen Spaniens auf, die hoch auf dem Berg thront. Die 14 Türme und der gewaltige Bergfried der maurischen Festung beherrschen das winzige Dorf darunter. 967 bis 986 bauten die Kalifen von Córdoba die Festung zur Verteidigung gegen kriegerische Clans aus der Sierra Morena und der Sierra de Cazorla (► 124f). Wer die Burg besichtigen möchte, bittet in der Touristeninformation oder im Rathaus an der Plaza de la Constitución um den Schlüssel. Innen wartet nichts als weite Leere, doch kann man den Bergfried, die Torre del Homenaje, erklimmen, von wo aus man einen herrlichen Panoramablick hat. Aber Achtung: Das Treppenhaus ist nicht beleuchtet, und es können plötzlich im Dunkeln Tauben auffliegen. Die schmale, nicht gesicherte Brustwehr läuft um die inneren Mauern; man sollte sie lieber meiden.

✚ 196 C4

Touristeninformation

✉ Callejón del Castillo 1

☎ 953 61 41 85

Vorhergehende Seiten und unten: Panoramablick auf das Dorf Baños de la Encina

🄉 Montoro

Freundliche Straßen und alte Gemäuer prägen das Bild von Montoro. Der Ort liegt in einer Schleife des Río Guadalquivir, der von einer hübschen Brücke aus dem 15. Jahrhundert überspannt wird. Über die lange Hauptstraße, die Calle Corredera, gelangt man zur Plaza de España mit dem dreistöckigen Turm der Kirche San Bartolomé. Gegenüber steht der alte Herzogspalast, heute das Rathaus. Im Norden des Platzes führt eine enge Gasse in ein noch älteres Viertel mit der Kirche Santa María de la Mota, heute ein Museum für Mineralien und Archäologie. Wer Zeit hat, besucht die innen wie außen mit Muscheln verzierte Casa de las Conchas in der Calle Grajas 17.

✚ 196 B4

Touristeninformation

✉ Plaza de España 8

☎ 957 16 00 89

Santa María de la Mota

✉ Plaza de Santa María

⏰ Sa 6–20 Uhr, So 11–13 Uhr

Wohin zum ... Übernachten?

CÓRDOBA

Hostal Deanes €

Dieses zum *hostal* umgewandelte Privathaus hat viel altmodischen Charme. Eine kleine Tapas-Bar bietet beeindruckend klingende Spezialitäten wie Disteln in Mandelsoße, an den Wänden werden Fotos von Stierkämpfern stolz zur Schau gestellt. Dem großen *patio* mit Tischen und Stühlen sieht man an, dass er gern benutzt wird. Die Zimmer sind einfach und trotz zentraler Lage weit weg von der Straße.

🏛 **198 B2**
✉ **Calle Deanes 6, Córdoba**
☎ **957 29 37 44**

Hotel and Hostal Maestre €–€€

Vom Preis einmal abgesehen, besteht kein großer Unterschied zwischen dem Hotel und dem *hostal*, die einen Häuserblock vom Fluss entfernt in einer ruhigen Seitenstraße liegen. Von den Zimmern blickt man auf einen lichten, von Arkaden gesäumten Innenhof. Die Möbel im kastilischen Stil und die edlen Gemälde verleihen dem Ganzen einen eleganten Hauch. Die Zimmer im *hostal* sind kleiner, der *patio* mit Blumenkübeln, Pflanzen und Kanarienvogelkäfig am Eingang ist typisch für Córdoba.

🏛 **199 D2** ✉ **Calle Romero Barros 4 und 6** ☎ **957 47 24 10; Fax 957 47 53 95;**
www.hotelmaestre.com

Lola €€

Lola, die Besitzerin dieses ehemaligen Palastes aus dem 19. Jahrhundert hat die Zimmer mit Flair und viel Liebe zum Detail dekoriert. Das Hotel ist mit Antiquitäten, gewebten Teppichen, Originalbalken und Art Deco Elementen dekoriert. Die Marmorbäder sind groß und modern und es gibt eine Dachterrasse mit Blick auf den Turm von Mezquita. Das Hotel ist ein idealer Ausgangspunkt für Besichtigungen und liegt in Gehweite zu Geschäften und Restaurants.

🏛 **198 B2** ✉ **Romero 3**
☎ **957 20 03 05**

Hotel Mezquita €€

Das Haus (16. Jh.) gehörte einst Julio Romero de Torres, dem bekannten Maler aus Córdoba. Gemälde und Antiquitäten verleihen dem Hotel heute noch nostalgisches Flair. Die Originalsäulen und das Originalmauerwerk blieben erhalten, dazu ein reizender *patio*, in dem im Sommer das Essen serviert wird. Die Zimmer bieten allen Komfort und sird mit geschnitzten Möbeln und Sa:invorhängen ausgestattet. Die Lage gegenüber vom Haupteingang der Mezquita ist ideal.

🏛 **198 C2**
✉ **Plaza Santa Catalina 1, Córdoba**
☎ **957 47 55 86; Fax 957 47 62 19;**
www.hotelmezquita.com

Los Omeyas €€

Mitten im Gassengewirr des früheren Judenviertels von Córdoba spiegelt dieses frisch renovierte Hotel mit Bögen im Stil der Mezquita, mit weißem Marmor und Gitterwerk das maurische Erbe der Stadt wider. Über den *patio* in der Mitte gelangt man zu den komfortabel und geschmackvoll eingerichteten Zimmern mit Klimaanlage. Vom oersten Stockwerk blickt man a:f den Turm der Mezquita. Das Frühstück ist im Preis nicht enthalten. Manchmal sind Gruppen hier untergebracht.

🏛 **198 C2** ✉ **Calle Encarnación 17, Córdoba** ☎ **957 49 22 67; Fax 957 49 16 39 www.hotel-losomeyas.com**

PRIEGO DE CÓRDOBA

Hostal Rafi €

Als eines der wenigen kleinen *hostals* liegt das Rafi mitten im Zentrum mit Geschäften und Barockkirchen ringsum. Die Zimmer sind nichts Besonderes, die Bäder dafür geräumig und modern. Von der Lobby gelangt man in die angrenzende Bar, die meist brechend voll von Einheimischen ist. Sie alle schätzen die gute Auswahl an *tapas* und kleinen Gerichten.

⊞ 196 B3
⊠ Isabel La Católica 4, Priego de Córdoba
☎ 957 54 70 27; www.hostalrafi.net

JAÉN

Parador Castillo de Santa Catalina €€€

Dieser *parador* zählt zu den imposantesten in ganz Spanien. Er liegt hoch oben auf dem Cerro de Santa Catalina zwischen den Türmen einer mittelalterlichen maurischen Burg. Die Zimmer sind mit luxuriösen Himmelbetten ausgestattet und ha-

ben Balkone mit herrlicher Aussicht. Die Räumlichkeiten sind allesamt prunkvoll mit hohen Decken und maurischem Dekor. Das Restaurant, in dem Gerichte aus Jaén serviert werden, ist ebenfalls empfehlenswert.

⊞ 196 C3
⊠ El Castillo de Santa Catalina, Jaén
☎ 953 23 00 00; Fax 953 23 09 30;
www.parador.es

BAEZA

Hospedería Fuentenueva €€

Kaum vorstellbar, dass dieses edle, kleine Hotel einst als Frauengefängnis diente. Die Steinmauern blieben erhalten, doch wurde das Ambiente extravagant gestaltet – mit lachsfarbenen, mit Druckornamenten versehenen Wänden, Marmorböden, modernen Möbeln und sprudelnden Brunnen. Außerdem gibt es ein hervorragendes Restaurant und einen Pool im Freien.

⊞ 196 C3
⊠ Paseo Arca del Agua, Baeza
☎ 953 74 31 00; Fax 953 74 31 00;
www.fuentenueva.com

Hostal El Patio €

Das *hostal* in einem Palast aus dem 16. Jahrhundert liegt in einer geplasterten Seitenstraße, die zu einer alten Kirche führt. In dem Familienbetrieb fühlt man sich gleich daheim. Der Name des Hauses passt: Der *patio* ist weitläufig; zwischen den Originalsäulen stehen Sofas und Armsessel. Die Zimmer sind schlicht eingerichtet, aber dennoch behaglich, außerdem ist die Lage zentral, und es herrscht himmlische Ruhe. Keine Kreditkarten.

⊞ 196 C3
⊠ Calle Conde Romanones 13, Baeza
☎ 953 74 02 00

CAZORLA

Hotel Guadalquivir €

Den Familienbetrieb im Stadtzentrum gibt es schon seit 25 Jahren und er ist besonders bei Rucksackreisenden beliebt, die das Haus wegen der günstigen Preise und der freundlichen Atmosphäre schätzen. Die Zimmer sind groß und modern ausgestattet. Das Frühstück wird extra

berechnet. Der Eigentümer Pedro gibt gute Tipps – von den besten Tapas bis hin zum schönsten Spaziergang.

⊞ 197 D3
⊠ Calle Nueva 6, Cazorla
☎ 953 72 02 68

ÚBEDA

María de Molina €€

Das Hotel liegt am historischen Hauptplatz und ist in einem Palast aus dem 16. Jahrhundert untergebracht, in dem ein *patio* mit Säulen, Wandteppiche und ein Steinbrunnen an alte Zeiten erinnern. Rattanmöbel, ockerfarbene Wände, Palmen und andere Pflanzen verschönern den Aufenthalt in der Lobby und im Restaurant. Die Zimmer sind solide mit dunklen Holzmöbeln und begehbaren Schränken ausgestattet; vom Balkon hat man einen schönen Blick auf die Plaza.

⊞ 196 C3
⊠ Plaza del Ayuntamiento s/n, Úbeda
☎ 953 79 53 56; Fax 953 79 36 94;
www.hotel-maria-de-molina.com

Wohin zum ...
Essen und Trinken?

Preise

Für ein Essen inklusive Wein und Service zahlen Sie pro Person:

€ unter 12 Euro €€ 12–30 Euro €€€ über 30 Euro

CÓRDOBA

El Burlaero €€–€€€

Ins Restaurant kommen Spanier, um Gerichte mit Wildschwein, Taube, Rebhuhn oder Kaninchen zu genießen. In der Bar herrscht ein gemütliches Durcheinander mit Gitarren, *matador*-Umhängen, Schinken, Fässern und Fotos. Das Haus war früher in jüdischem Besitz, heute erstreckt sich das Restaurant über mehrere Räume mit niedrigen Balkendecken und einem typischen *patio*. Beginnen Sie das Menü mit einem *salmorejo*, einer dickflüssigen, kalten Suppe aus Tomaten, Knoblauch und Eiern.

➕ 198 B2 ✉ Calleja de la Hoguera 5, Córdoba ☎ 957 47 27 19; Fax 957 48 15 52 🕐 tägl. 11–16.30 und 19.30–23 Uhr

El Churrasco €€

Dieses hervorragende Restaurant im Herzen der Judería hat sich auf Fleischgerichte wie seinen Namensgeber *Churrasco* (Grillfleisch in einer würzigen Soße) und Fisch spezialisiert. Wenn Sie Appetit auf *Tapas* haben, können Sie in der angrenzenden Bar *Media Ración of Berenjenas Crujientes con Salmorejo* (knusprig frittierte Auberginenstreifen mit dickem Gazpacho) bestellen. Es gibt einen charmanten Innenhof sowie verschiedene Speiseräume mit Balken, unverputztem Mauerwerk und bewegender Kunst.

➕ 198 B2 ✉ Calle Romero 16 ☎ 957 29 08 19 🕐 im Aug. geschl.

Restaurante Vallina €€–€€€

Anfang 2000 wurde das kleine Hotel mit angeschlossenem Restaurant eröffnet. Das Gebäude liegt hinter der Mezquita und ist schon 1600 Jahre alt, wovon die römischen Säulen und der alte Brunnen zeugen. Die Fleischgerichte sind der Stolz des Hauses: Steaks werden auf einem Rost direkt am Tisch zubereitet. Unter den Nachspeisen finden sich mehr Leckereien als nur der übliche Karamellpudding und Eis.

➕ 198 C2 ✉ Corregidor Luis de la Cerda 83, Córdoba ☎ 957 49 87 50; Fax 957 49 87 51 🕐 tägl. 20.30–1 Uhr

El Rincón de Carmen €€–€€€

Das Lokal eignet sich für ein romantisches Abendessen zu zweit. Es liegt mitten im ehemaligen Judenviertel in einem Gebäude aus dem 18. Jahrhundert und hat auch einen nach Jasmin duftenden *patio*. Die Speisekarte ist überaus reichhaltig, wobei Reisgerichte im Mittelpunkt stehen, unter anderem gibt es auch schwarzen Reis, der mit Tintenfisch-Tinte gefärbt wurde, oder Dauerbrenner wie Paella valenciana. Im angrenzenden Café stehen gepolsterte Bambussessel.

➕ 198 B2 ✉ Romero 4, Córdoba ☎ 957 29 10 55 🕐 tägl. 12–16 und 20–23.30 Uhr

Taberna Plateros €–€€

Dieses Lokal wurde schon im 17. Jahrhundert eröffnet. Über die große Gaststube mit *patio* gelangt man in weitere Räumlichkeiten und in die traditionelle Bar, wo sich Geschäftsleute gern treffen. Die Wände sind mit Fotos von Manolete, dem Torero aus Córdoba, geschmückt, den *patio* zieren Kacheln und Mauersteine. Auf den Tisch kommt solide Hausmannskost und die Auswahl an *Tapas* ist groß.

➕ 199 D2 ✉ San Francisco 6, Córdoba ☎ 957 47 00 42 🕐 Di–Sa 8–16 und 19.30–24 Uhr

El Aljibe €-€€

Das Lokal liegt direkt an der Ecke des Hauptplatzes. Dunkles Holz, Ziegel und Terrakottafliesen sorgen für eine behagliche und lockere Atmosphäre. Die Auswahl an Tapas ist gut, es gibt ungewöhnliche regionale Spezialitäten wie mit Schinken gefüllte Datteln. Für ein dreigängiges *menú del día* muss man weniger berappen als zu Hause für eine Runde Getränke.

+ 196 B3
⊠ Calle Abad Palomino 7, Priego de Córdoba
☎ 957 70 18 56
⊕ tägl. 12.30–24 Uhr, Karwoche und Mitte Sept. (feria) geschl.

BAEZA

Casa Juanita €€

Die Eigentümer setzen gern alte Rezepte aus der Region auf die Speisekarte, die Gerichte sind dementsprechend ungewöhnlich und lecker. Kaltgepresstes Olivenöl aus der hauseigenen Presse ist eine Standardzutat. Zu den Spezialitäten zählen Rebhuhnsalat, Rinderfilet mit Tomaten und Paprika oder *alcachofas Luisa*, Artischockenherzen mit Tomaten und Knoblauch. Das Restaurant liegt im Hotel gleichen Namens.

+ 196 C3
⊠ Plaza del Arca del Agua s/n, Baeza
☎ 953 74 00 40
⊕ Di–Sa 13.30–15 und 20.30–23.30 Uhr; 24. und 31. Dez. geschl.

La Méson Góndola €

Alte Männer bevölkern die Bar, einheimische Familien belagern die Tische. Im Winter knistert hinter der Bar ein Feuer, die niedrige Balkendecke und die Kombination von Ziegeln und Kacheln machen Bar wie Restaurant zu einem gastlichen Ort. Probieren Sie als Vorspeise die *patatas baezanas*, die Spezialität des Hauses: Bratkartoffeln mit Pilzen, Petersilie und Knoblauch.

+ 196 C3
⊠ Portales Carbonería 13, Baeza
☎ 953 74 29 84
⊕ tägl. 20–24 Uhr

CAZORLA

Juan Carlos €€

Wer wegen der vielen Wildschweinköpfe an der Wand glaubt, dass es hier hauptsächlich Wildgerichte gibt, wird mit innovativen Vorspeisen wie Melonensuppe mit Minze überrascht. Das hausgemachte Feigeneis schließt die Mahlzeit erfrischend ab.

+ 197 D3
⊠ Plaza Consuelo Mendieta 2, Cazorla
☎ 953 72 12 01
⊕ tägl. 11.30–15.30 und 19.30–23.30 Uhr

ÚBEDA

Parador Restaurante Nacional del Condestable Dávalos €€-€€€

Das stilvoll renovierte Restaurant genießt einen hervorragenden Ruf und ist für seine Zutaten (frisch vom Markt) sowie für Rezepte bekannt, die seit Generationen tradiert werden. Die Atmosphäre in dem Palast aus dem 16. Jahrhundert entspricht der guten Küche; der Service ist formvollendet und aufmerksam. Man sollte einen Blick in den Weinkeller werfen, wo unter den originalen Steingewölben schlichte Holztische und gigantische Weinfässer stehen.

+ 196 C4
⊠ Plaza de Vázquez de Molina, Úbeda
☎ 953 75 03 45
⊕ tägl. 12–16 und 19–24 Uhr

Restaurante El Marqués €€

Zu diesem Hotel in der Innenstadt gehört ein hervorragendes, elegant in warmen Ocker- und Cremetönen gehaltenes, subtil beleuchtetes und modern möbliertes Restaurant. Hier kann man wunderbar einen Kaffee trinken, ein leichtes Mittagessen einnehmen oder sich auch ein *menú del día* mit drei Gängen gönnen. Regionalküche mit einem Touch Nouvelle Cuisine.

+ 196 C4
⊠ Hotel María Molina, Plaza del Ayuntamiento s/n, Úbeda
☎ 953 79 53 56; Fax 953 79 36 94
⊕ tägl. 20–24 Uhr

Wohin zum ...
Einkaufen?

Die alteingesessenen Leder- und Silberwerkstätten in Córdoba produzieren wunderbare Waren. Südlich der Stadt liegt rund um Priego de Córdoba ein Gebiet, das für Wein und Olivenöl bester Qualität bekannt ist. In Úbeda in der Provinz Jaén findet man die schönste Keramik.

PROVINZ CÓRDOBA

In der Stadt Córdoba geht man am besten in dem Viertel zwischen der Plaza de las Tendillas (▶ 118) und der autofreien Avenida del Gran Capitán zum Einkaufen, besonders in der Conde de Gondomar, welche die beiden Straßen verbindet. Hier gibt es schicke Modegeschäfte, die es mit denen von Sevilla aufnehmen können,

zum Beispiel **Modas Pilar Morales** (Conde de Gondomar 2, Tel. 957 41 12 54).

Das Kaufhaus **El Corte Inglés** befindet sich in Córdoba an der Kreuzung der Avenida del Gran Capitán und der Avenida Ronda de los Tejares. Rund um die Mezquita (▶ 115f) findet man viele Mitbringsel und Postkarten. Wer jedoch die berühmten Lederarbeiten erstehen möchte, geht besser in bekannte Ateliers wie **Meryan** (Calleja de las Flores 2/Encarnación 12, Tel. 957 47 59 02), wo neben Ledersachen auch Keramik und anderes Kunsthandwerk angeboten wird. **Artesanía La Corredera** (Calle Rodríguez Marín, Tel. 957 48 97 16) und **Artesanía Cordobesa** (Calle Romero 10, Tel. 957 9 03 84) bieten ein gute Auswahl an handgearbeiteter Keramik.

Im **Zoco**, dem Kunsthandwerksmarkt (▶ 117), gibt es mehrere Geschäfte, die filigrane Silberarbeiten verkaufen. Ein überaus amüsanter **Markt** wird in der Plaza de la Corredera abgehalten. Hier werden jeden

Tag Kleidung, Kunsthandwerk und Kuriositäten aller Art feilgeboten; samstags ist besonders viel los. Wer exquisites Olivenöl erstehen möchte, geht zur **La Tienda del Olivo** (Calle San Fernando 124b, Tel. 957 47 44 97).

Wenn man in Richtung Süden nach Priego de Córdoba fährt, gelangt man ins Oliven- und Weinbaugebiet Montilla. Die sherryähnlichen Weine, denen kein weiterer Alkohol zugesetzt wird, laufen unter dem Namen Moriles, so heißt auch der wichtigste Weinort der Region. Man kann so ziemlich überall einen Montilla kaufen, ebenso Olivenöl und Käse, empfehlenswert ist aber die **Touristeninformation in Zuheros** (▶ 128).

PROVINZ JAÉN

Die wunderschöne Keramik von **Úbeda** (▶ 126f) ist an ihrer dunkelgrünen Glasierung zu erkennen. Die Calle de Valencia ist das Keramikviertel der Stadt, wo es so schöne Werkstätten gibt wie die **Alfarería Paco Tito** (Cal-

le Valencia 22, Tel. 953 75 14 96) oder in der Nähe **Antonio Almazara** (Valencia 34, Tel. 953 75 36 92). In der Calle Real, der alten Hauptstraße von Úbeda, finden sich ein oder zwei Geschäfte, die bis heute Flechtwaren aus Esparto-Gras verkaufen, eine Handwerkskunst, die in dieser Gegend eine lange Tradition hat. Versuchen Sie Ihr Glück im **Acuario** (Calle Real 61, Tel. 953 75 40 14), wo es auch gute Keramikkacheln gibt. Ein weiteres Geschäft für hochwertige Keramik und andere Kunsthandwerksartikel ist **Alfarería Góngora** (Cuesta de la Merced 32, Tel. 953 75 46 05), gleich bei der Plaza Vázquez de Molina.

In der Sierra de Cazorla unternimmt man in **Cazorla** einen Streifzug auf dem **Markt**, der jeden Tag an der Plaza del Mercado abgehalten wird, und schaut sich die Läden in der Calle Dr Muñoz an, wo Produkte der Region zum Verkauf stehen. Wer ein Mitbringsel aus der Sierra sucht, findet im **Centro de Interpretación** in Torre del Vinagre (Tel. 953 72 01 02) eine Auswahl.

Wohin zum ... Ausgehen?

Fragen Sie in Córdoba nach einem kostenlosen Exemplar des monatlich erscheinenden Veranstaltungskalenders *Qué Hacer en Córdoba?* oder der Zeitung *Welcome & Olé* ! Es gibt auch einen Extra-Führer durch die Tapas-Bars der Stadt. Die spanische Tageszeitung heißt einfach *Córdoba*. Viele Informationen über Szenelokale bieten die jungen Stadtführer von *Cicerones de Córdoba*. Man findet sie am Alcázar, an der Puerta de Almodóvar, der Plaza de las Tendillas und am Palacio de Viana.

NACHTLEBEN

Auch wenn Córdoba längst nicht so kosmopolitisch wie Sevilla, Granada und Málaga ist und das Nachtleben dement-

sprechend ruhiger ist, findet man Tanz- und Musikbars an der Calle Cruz Conde nördlich der Plaza de las Tendillas.

FLAMENCO

In der Stadt **Córdoba** kann man klassischen Flamenco im **Tablao Cardenal** (Calle Torrijos 10, Tel. 957 48 33 20) direkt gegenüber der Mezquita erleben. Die Show wird in einem entzückenden *patio* in schöner Atmosphäre präsentiert. Es gibt eine Bar und ein Restaurant, die Flamencoaufführungen beginnen um 22.30 Uhr. Es empfiehlt sich, zu reservieren. Eine gute Alternative ist **La Bulería** (Calle Pedro López 3, Tel. 957 48 38 39) in der Nähe der Plaza de la Corredera.

Baeza bietet einen Flamencoclub, den **Peña Flamenco** (Conde Romanones 6), in dem gelegentlich auch

Aufführungen stattfinden. Genaueres weiß die Touristeninformation. Ein ähnlicher Club in Úbeda ist **Peña Flamenco El Quejío** (Alfareros 4). Auch hier sollte man sich bei der Touristeninformation erkundigen.

THEATER

Córdoba besitzt ein schönes Theater, das **Gran Teatro** (Avenida del Gran Capitán 3, Tel. 957 48 02 37, www.teatrocordoba.com), in dem auch Konzerte, Tanz und Schauspiele stattfinden. Das Theater und die Touristeninformation halten Monatsprogramme bereit.

STIERKAMPF

In der Arena von Córdoba (Avenida Gran Vía Parque, Tel. 957 23 25 07) finden den ganzen Sommer über Stierkämpfe statt. Die Touristeninformation hat die genauen Daten. Wo in den Provinzstädten und auf dem Land *corridas* abgehalten werden, wissen auch die jeweiligen Touristeninformationen.

FREIZEIT UND SPORT

Das **Hammam Baños Árabes** (Calle Corregidor Luis de la Cerda, Tel. 957 48 47 46 www.hammam spain.com/cordoba) ist ein maurischen Stil erbautes traditionelles Dampfbad mit Massagen. In der *tetería* (Teezimmer) können Sie sich anschließend entspannen.

Wer das Abenteuer unter freiem Himmel liebt, kommt im bergigen Parque Natural de Cazorla y Segura (▶ 140) auf seine Kosten. Man kann allein losgehen, aber das Team von **Quercus** (Calle Juan Domingo, Tel. 953 72 01 15) im Ort Cazorla lässt sich alle möglichen Unternehmungen wie Jeepfahrten in abgelegenere Gebiete und Exkursionen per Pferd oder Mountainbike einfallen. Das **Centro de Interpretación** in Torre del Vinagre (Tel. 953 71 30 40) organisiert ebenfalls Jeeptouren in den Park sowie Ausritte und Mountainbiketouren. Ein ähnliches Programm bietet **Tierraventura Cazorla** (Calle Ximinez 17, Tel. 953 72 20 11/639 66 05 62, www.tierraventuracazorla.com).

Sevilla und Huelva

Erste Orientierung

In keiner Stadt sind die typischen Merkmale Andalusiens so ausgeprägt vorhanden wie im spontanen, optimistischen Sevilla. Orangenbäume und üppig blühende Parks prägen das Bild; aus den Bars dringt Flamencomusik, und in stillen Straßen hört man das Geklapper von Pferdekutschen. Moderne Gebäude bilden mit Palästen aus der Maurenzeit, erhabenen Kirchen und mittelalterlichen Gassen eine gelungene Synthese. Einige der besten Tapas-Bars Spaniens laden zum Verweilen ein.

Links: Blick auf die Reales Alcázares von Sevilla, ein Kleinod der *mudéjar*-Architektur

In der Provinz rund um Sevilla kann man weniger bekannte, aber nicht minder faszinierende Orte wie die alte Römerstadt Itálica, das von einem Mauerring umgebene Carmona mit maurischen Straßen und einer römischen Nekropole sowie das historische Écija besichtigen.

Etwas weiter entfernt ist die Provinz Huelva, die von Touristen oft vernachlässigt wird, weil Sevilla sie so sehr beeindruckt. Die Stadt Huelva ist vorrangig ein Industriehafen und bietet keine großartigen Monumente, doch im Norden der Provinz liegen die friedlichen Hügel der Sierra Morena, die Huelva mit der Nachbarprovinz Sevilla teilt. Hier besucht man die nette, in den Bergen gelegene Stadt Aracena mit der Gruta de las Maravillas, einem Kalksteinhöhlensystem, dann schlängelt sich die Straße weiter zu heiteren Dörfern mitten in Korkeichenwäldern, wo man sich die Beine vertreten kann und frische Bergluft atmet. Die Küste ganz im Süden der Provinz Huelva heißt Costa de la Luz und zählt zu den längsten und abgeschiedensten Andalusiens. Dahinter erstrecken sich das Delta des Río Guadalquivir und der Parque Nacional Coto de Doñana mit weitläufigen Feuchtgebieten, Sand, Dünen und Steppen, in denen viele wilde Tiere leben.

Oben: Die Puerta de Sevilla, das alte römische Tor zur Stadt Carmona

Vorhergehende Seite: Der elegante Giralda-Turm in Sevilla, ein Paradebeispiel der maurischen Architektur

★ Nicht verpassen!

Nach Lust und Laune!

959m

5 Aracena & Gruta de las Maravillas

N435   N433

Minas de Riotinto

6 Río Tinto

0   50 km

Valverde del Camino

N630

Aznacóllar

4 Itálica

2

NIV

3 Écija

Carmona

A472

A364

Palos de la Frontera

A49

1 ✈ Alcalá de Guadaira

Sevilla

A92

A92

uelva

A376   A364

Mazagón

9 El Rocío

Morón de la Frontera

A364

Costa de Luz

8   Playa Cuesta de Maneli

7 Parque Nacional de Doñana

Matalascañas

A376

Sanlúcar de Barrameda

A4

Jerez de la Frontera

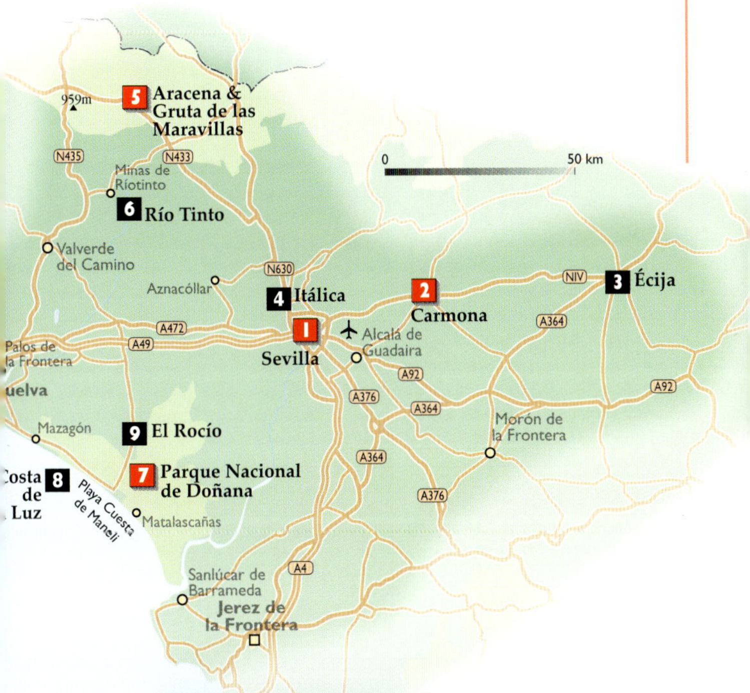

In Sevillas Museo de Artes y Costumbres Populares mischen sich verschiedene Stile

Besichtigen Sie das zauberhafte Sevilla, und fahren Sie anschließend in die alte Stadt Carmona und zu den imposanten Kalksteinhöhlen von Aracena. Erkunden Sie dann das größte Naturreservat Europas, den Parque Nacional Coto de Doñana.

Sevilla und Huelva in vier Tagen

Erster Tag

Vormittags
Besuchen Sie in aller Frühe die **Kathedrale** von Sevilla und den **Giralda-Turm** (rechts, ➤ 143ff), bummeln Sie dann durch die Straßen und über die Plätze des **Barrio de Santa Cruz** (➤ 148).

Nachmittags
Legen Sie nach dem Besuch der **Reales Alcázares** (➤ 146f) im schattigen **Parque de María Luisa** (➤ 151) eine Pause ein, bevor Sie sich über die **Plaza**

de España (➤ 151) auf den Rückweg machen. Genehmigen Sie sich im **Barrio de Santa Cruz** einige Tapas, später dann noch ein leichtes Abendessen in einem der Restaurants des Viertels (➤ 164f), oder mischen Sie sich unter die Einheimischen in den geschäftigen Einkaufsstraßen **Sierpes** und **Tetuán** (➤ 166f)

Zweiter Tag

Vormittags
Begeben Sie sich zum **Museo de Bellas Artes** (➤ 148ff), um einige der schönsten Gemälde Spaniens zu bewundern. Lohnend ist auch ein Besuch in der **Casa de Pilatos** (➤ 150f), wo man den *mudéjar*-Sti zu sehen bekommt.

Nachmittags

Fahren Sie über die NIV in Richtung Córdoba, und
übernachten Sie in **Carmona** (rechts, ➤ 154f).
Schön ist der Besuch der **Necrópolis Romana**
(➤ 154), danach erkundet man die engen Gassen
der von einer Mauer umgebenen alten Stadt
und die Kirche **Santa María la Mayor**.

Dritter Tag

Vormittags

Die Fahrt führt in Richtung Sevilla, dann über die
N630 nach Norden, wo in **Itálica** (➤ 160) die Ruinen einer römischen Stadt warten. Weiter geht es

nach Norden durch die Hü-
gel der Sierra Morena bis
nach **Aracena** (➤ 156f).

Nachmittags

Besuchen Sie zunächst
die berühmten Höhlen
von Aracena, die **Gruta de
las Maravillas** (links,
➤ 156f), und erklimmen
Sie dann in aller Ruhe den Hügel mit der maurischen Burg und der Kirche.

Vierter Tag

Vormittags

Früh am Morgen geht es Richtung Süden zur **Costa de la Luz** (➤ 161), wo
Sie ein bis zwei Stunden baden oder über die ruhige **Playa Cuesta de Maneli**
(➤ 162) durch Sanddünen mit aromatisch duftenden Bäumen und
Gebüsch wandern können. Am besten nehmen Sie ein Picknick mit, denn
hier gibt es weit und breit keine Cafés oder Bars.

Nachmittags

Fahren Sie zum Centro de Recepción del Acebuche, dem Hauptzugang zum
Parque Nacional Coto de Doñana (➤ 158f). Wer keine Zeit für eine längere,
im Voraus gebuchte Tour durch das Gebiet (➤ 168) hat, sollte zumindest
die Vogelreservate in Zentrumsnähe oder **Las Rocínas** (➤ 159) besuchen.

Sevilla

Sevilla, auf beiden Seiten des Río Guadalquivir gelegen, besticht durch Lebendigkeit und Eleganz. Die bühnengleiche Kulisse eignet sich hervorragend für das überschäumendste Fest Spaniens, die Feria de Abril, während der eine Woche lang Flamenco, Pferde und Sherry regieren. Auch zu anderen Zeiten genießen die *sevillanos* das Leben in Bars, Luxusrestaurants und schicken Einkaufsstraßen.

Die Region um Sevilla fiel im Jahr 712 an die Mauren, ihre Siedlung Ishbiliyya bildet den Kern der heutigen Stadt. Sevilla gelangte unter der Herrschaft der Christen zu Wohlstand und war im 16. Jahrhundert Spaniens wichtigster Auslaufhafen nach Amerika. Im 17. Jahrhundert folgte der Niedergang, als der Guadalquivir versandete. Rund 200 Jahre träumte Sevilla vor sich hin, bis Ende des 18. Jahrhunderts Reisende von der Schönheit und Dekadenz des Ortes zu schwärmen begannen. Das 20. Jahrhundert brachte dann den Aufschwung. 1929 fand hier die Iberoamerikanische Ausstellung statt, von der viele wunderschöne öffentliche Gebäude erhalten blieben. 63 Jahre später hieß Sevilla seine Gäste zur Expo 92 willkommen – und profitierte von den vielen modernisierten oder neuen Bauten, die mit dem Charme vergangener Tage gut harmonieren.

Man braucht – physisch wie psychisch – eine gute Kondition, um mit dem Tempo von Sevilla mithalten zu können. Hier kommen nicht nur kulturell Interessierte auf ihre Kosten – man denke nur an die gewaltige gotische Kathedrale oder die geschichtsträchtigen Reales Alcázares. In den Hauptstraßen, in den Bars und Cafés ist immer etwas los, doch findet man etwas abseits begrünte *plazas,* weniger stark frequentierte Kneipen und Kirchenportale, die den Weg zu Oasen der Ruhe freigeben.

Der Salón de los Embajadores (Gesandtensaal), einer der Höhepunkte der Reales Alcázares

Touristeninformation

✚ 202 B3

✉ Avenida de la Constitución 21 (J de A)
☎ 954 22 14 04/21 81 57; Fax 954 22 97 53

✉ Calle Arjona 28 ☎ 954 22 17 14

✉ Paseo de las Delicias 9 ☎ 954 23 44 65; www.turismo.sevilla.org

Parken

Außerhalb des Zentrums parkt man in der Nähe des Bahnhofs Santa Justa, in der Calle Luis de Morales, gleich bei der Avenida de Luis Montoro, der Zufahrtstraße von der Costa del Sol, Málaga und Granada. Parkplätze sind an der inneren Ringstraße von Sevilla ausgeschildert.

Kathedrale und Giralda

Die Kathedrale von Sevilla, Santa María de la Sede, ist die größte gotische Kirche der Welt, ein architektonisches Kleinod mit herausragenden Skulpturen, Gemälden und Kunsthandwerksarbeiten. Die Kathedrale beherrscht das Herz der Stadt; sie ist nicht nur das Ergebnis genialer Baukunst, sondern auch in Stein gemeißeltes Symbol des Triumphs der Christen über die Mauren.

Die Giralda überragt die Fialen und Pfeiler der Kathedrale

Nachdem Ferdinand III. 1248 Sevilla den Mauren abgenommen hatte, wurde die Moschee der Stadt für christliche Gottesdienste genutzt, bis Anfang des 15. Jahrhunderts Pläne für eine Kathedrale entstanden. Der größte Teil der Moschee wurde zerstört; innerhalb von hundert Jahren entstand das Hauptschiff der Kathedrale. Der Ehrgeiz der Baumeister wird in folgendem überlieferten Ausspruch deutlich: »Wir wollen eine Kirche bauen, die so gewaltig ist, dass jeder, der sie sieht, uns für verrückt hält.«

Die Giralda

Blickfang der Kathedrale ist die **Giralda**, ein Turm, der 97 Meter hoch in den Himmel ragt. Er ist das Wahrzeichen von Sevilla, das die *sevillanos* verehren – das Besteigen des Turms überlassen sie allerdings lieber den Touristen. Die Giralda geht auf das Minarett aus dem 12. Jahrhundert zurück, dessen Vorbild das Minarett der Koutoubia-Moschee von Marrakesch war, und wurde von den maurischen Almohaden von 1184 bis 1198 errichtet. Im 16. Jahrhundert fügten die Spanier den Glockenturm hinzu. Ganz oben thront eine Wetterfahne (*giraldillo*) in Form einer Statue, die den »Glauben« symbolisiert; von ihr hat der Turm seinen Namen. Berühmt ist die Giralda wegen der maurischen Strukturelemente, einem Meisterwerk filigraner Steinmetzkunst mit geometrischem Maßwerk, das mit den wechselnden Lichtverhältnissen seine Wirkung verändert. Der Turm wurde mit 35 Rampen anstelle von Treppen versehen, sodass die Wächter mit dem Pferd zu ihrem Dienst reiten konnten. Die christlichen Soldaten, die Sevilla 1258 angriffen, waren von dem Minarett so begeistert, dass sie den Mauren drohten, sie zu

Mit dem Pferdewagen durch Sevilla

Eine Fahrt mit dem Pferdewagen durch Sevilla ist teuer, bei Touristen aber dennoch sehr beliebt. Sie können die gut gepflegten Kutschen mit den gelben Rädern an der Plaza Virgen de los Reyes neben der Kathedrale besteigen. Die einstündige Rundfahrt kostet für vier Personen ca. 25 €.

exekutieren, falls der Turm irgendwie beschädigt würde. Niemand rührte den Turm auch nur an. Die Eroberer fügten dann etwas schwerfällige Balkone und den besagten Glockenturm hinzu, doch die Eleganz des Minaretts blieb erhalten.

Der Eingang zur Giralda befindet sich links in der Nordostecke der Kathedrale, unweit der Puerta de la Concepción. Hat man den Turm bestiegen, bietet sich durch die vergitterten Fenster eine etwas eingeschränkte Sicht auf die angrenzende Kathedrale mit ihren Dächern, auf unzählige Spitztürme und die fast horizontalen Strebepfeiler. Turmfalken fliegen umher, und man kann die Schwimmbecken auf den Dachterrassen von Sevilla zählen.

Das Kolumbusgrab in der Kathedrale von Sevilla

Die Kathedrale

In die riesige gotische Kathedrale, welche die christlichen Eroberer an das Minarett anbauten, gelangt man durch die **Puerta del Perdón** (Gnadentor). Einige islamische Strukturelemente blieben erhalten, etwa die mit Bronze beschlagenen Türen. Dahinter liegt der **Patio de los Naranjos** (Orangenhof), der ebenfalls aus maurischer Zeit stammt; hier wurden einst rituelle Waschungen vorgenommen, bevor die Gläubigen die damalige Moschee betraten. Über dem Hof erhebt sich die Fassade der **Puerta de la Concepción** (Empfängnistor), durch die man das Innere der Kathedrale betritt. Man sollte die gigantischen Dimensionen erst einmal auf sich wirken lassen. Im Zentrum des Hauptschiffs befindet sich die **Capilla Mayor**, der Altarraum, mit dem **Coro** (Chor) rechts. Der vergoldete und bemalte Altaraufsatz ist das Prunkstück der Kathedrale; er besteht aus 45 geschnitzten Tafeln, die Szenen aus dem Leben Jesu darstellen, und zeigt über tausend biblische Gestalten. Im Zentrum dieses Ehrfurcht gebietenden Meisterwerks der Gotik steht eine Statue der Virgen de la Sede. Das Chorgestühl umfasst 117 herrlich geschnitzte Sitze.

Hinter der Capilla Mayor säumen Kapellen die Ostwand der Kathedrale, darunter auch die **Capilla Real** (Königliche Grabkapelle) mit einem imposanten Altarstück aus Stein. Geht man nun in Richtung Süden, gelangt man zur **Sacristía Mayor**, einem Raum im Platereskenstil des 16. Jahrhunderts mit Kuppel. Hier befinden sich viele Kirchenschätze, darunter eine Silbermonstranz (16. Jahrhundert) und mehrere Gemälde von Zurbarán wie die *Hl. Theresia* oder Murillos *Hl. Leonhard* und *Hl. Isidor*. Links der Sacristía Mayor liegt die ovale **Sala Capitular**

Öffnungszeiten

Vor dem Eingang bilden sich zu jeder Tageszeit lange Schlangen, besonders schlimm wird es, wenn am späteren Vormittag die Bustouristen eintreffen. Letzter Einlass ist eine Stunde vor Schließung. Meistens ist der Zutritt zu bestimmten Stellen in der Kathedrale ganz oder teilweise gesperrt.

(Kapitelsaal) mit einer Kuppel, Marmorboden und herrlichen Gemälden wie Murillos *Unbefleckter Empfängnis*. Rechts an die Sacristía Mayor schließt sich die **Sacristía de los Cálices** mit weiteren Gemälden an, darunter ein Meisterwerk von Goya, *Die Heiligen Justa und Rufina*, das die Schutzpatrone von Sevilla darstellt.

An die Sacristía de los Cálices schließt sich das **Kolumbusgrab** an: Es besteht aus vier gekrönten Figuren, die den Sarg des großen Seefahrers emporheben und die mit Gewändern, welche die Symbole der spanischen Königreiche Kastilien, Aragón, León und Navarra tragen, geschmückt sind. Das Grab soll die Gebeine von Kolumbus, seinem Sohn Diego und seinem Enkel Luis enthalten. Es bestehen allerdings Zweifel an der Authentizität, da sie mehrmals über den Atlantik von und nach Kuba geschifft wurden.

KLEINE PAUSE

Gut schmeckt ein Bier in der **Cervecería Giralda** in der Calle Matéos Gago 1 mit hervorragendem Blick auf die Kathedrale.

Kathedrale Santa María de la Sede and Giralda
🔲 202 B3 ✉ Plaza Virgen de los Reyes ☎ 954 21 49 71/56 33 21
🕐 Mo–Sa 11–18 Uhr, So und Feiertage 14–19 Uhr 🚌 C1, C2, C3, C4
🎫 teuer (So frei)

Hundert Jahre Arbeit stecken im Altaraufsatz in der Capilla Mayor, einem der Schmuckstücke der Kathedrale

Reales Alcázares

Diese schöne Palastanlage ist ein herrliches Refugium abseits vom Trubel der Stadt. Nach den maurischen Herrschern nahmen die christlichen Könige den imposanten Palast im *mudéjar*-Stil, der genauso kunstvoll ist wie die Alhambra von Granada, in Besitz.

Der Grundriss des Palasts lässt das klassische Schema muslimischer Architektur mit zentralen Innenhöfen erkennen, von denen nach allen Seiten unterschiedliche Hallen und Räumlichkeiten abgehen. Es finden sich hier bemalter Stuck und *azulejos* (▶ 8), Kacheln, im Überfluss, die sich zu wunderbaren geometrischen Mustern zusammenfügen. Die herrlichen Gärten sind besonders einladend.

Mit dem Bau des Alcázar von Sevilla wurde Anfang des 8. Jahrhunderts begonnen, und zwar auf den Ruinen einer römischen und westgotischen Festung. Das Innere des Gebäudes stammt fast völlig aus dem späten Mittelalter und verdankt dem Ehrgeiz von Pedro I., der die besten Kunsthandwerker anstellte, besonders viel. Die christlichen Monarchen fügten in der Folgezeit weitere Anbauten hinzu.

Besichtigung der Reales Alcázares

Nur jeweils einige hundert Personen können im 30-Minuten-Takt die Kontrolle passieren; mit Warteschlangen ist zu rechnen.

Hinter dem Eingang liegt der **Patio del León** (Löwenhof), dahinter der größere **Patio de la Montería** (Jagdhof). Rechts davon erstreckt sich der **Salón del Almirante** (Admiralssalon), den Isabella von Kastilien 1503 zur Planung der Reisen nach Amerika nutzte. Am schönsten ist die **Sala de Audiencias** (Audienzsaal) mit einer Artesonado-Decke, einem beeindruckenden Modell des Schiffes von Kolumbus, der *Santa María*, und dem herrlichen Altarstück *Madonna der Seefahrer* aus dem 16. Jahrhundert, das unter anderem Kolumbus und Amerigo Vespucci zeigt.

Das nüchterne Äußere des Palasts (oben links) lässt nichts von den architektonischen Schätzen im Innern erahnen; der Salón de los Embajadores (Gesandtensaal, oben rechts) gehört zu den Hauptsehenswürdigkeiten

Unterwegs in Sevilla
Am Kartenschalter gibt es offizielle Führer durch die Reales Alcázares. Sie können auch Audio-Guides in verschiedenen Sprachen ausleihen, über die man das Wichtigste zu den einzelnen Sehenswürdigkeiten erfährt.

**Unten rechts:
Die herrlichen
Gärten der Reales Alcázares**

Im eigentlichen Palast Pedros I. besticht der zentrale Hof, der **Patio de las Doncellas** (Damenhof) mit üppigen Fächerbögen, Steingitterwerk und einem Fries aus *azulejos*. In der Mitte lässt ein Brunnen schlanke Wassersäulen aufsteigen. Der Hof ist von reich dekorierten Räumen umgeben, die schmale Durchgänge miteinander verbinden. Im Zentrum befindet sich der **Patio de las Muñecas** (Puppenhof). Der **Salón de los Embajadores** (Gesandtensaal) ist das Prunkstück des Alcázar. Hufeisenbögen setzen an den herrlich gekachelten Wänden Akzente. Diese scheinen

sich zu einer Kuppel aus Zedernholz emporzuschwingen, von der wiederum Stalaktiten herabzuhängen scheinen. Alles ist in Grün, Rot und Gold gehalten.

Eine Treppe in der Ecke des Patio de las Doncellas führt in die düsteren **Salones de Carlos V**, die Privatgemächer Karls V. aus dem 17. Jahrhundert. Man geht gerne gleich weiter in die Gärten mit den gekachelten Wegen, Brunnen, schattigen Sitzgelegenheiten, Orangenhainen und Bäumen, die heute allerdings wenig Ähnlichkeit mit der subtilen Gartenkunst Pedros I. und der Mauren haben.

Nicht weit vom Estanque del Mercurio (Merkurbecken) gelangt man an einer Cafeteria vorbei zum Apeadero mit einer Sammlung von Kutschen und weiter zum Ausgang.

🗺 202 B3
✉ Plaza del Triunfo
☎ 954 50 23 23
🕐 Juni–Okt. Di–Sa 9.30–20 Uhr, So und Feiertage 9.30–18 Uhr; Nov.–Mai Di–Sa 9.30–18 Uhr, So und Feiertage 9.30–14.30 Uhr

🍴 Café
🚇 C1, C2, C3, C4
🎫 teuer (Kinder unter 12 Jahren und Senioren frei)

Barrio de Santa Cruz

Bei der Kathedrale und den Reales Alcázares gibt es viele schmale Gassen sowie die *plazas* des Viertels Santa Cruz, eine willkommene Abwechslung zu den verkehrsreichen Hauptstraßen. Santa Cruz war im mittelalterlichen Sevilla die *aljama*, das Judenviertel. Viel wurde hier 1492 nach einem Pogrom zerstört, dennoch – und sogar trotz der Modernisierungsmaßnahmen zu Beginn des 20. Jahrhunderts blieb manches erhalten. Wer durch die Straßen streift, kann immer wieder durch schmiedeeiserne Gitter einen Blick auf einen hübschen *patio* werfen. Eine kleine Oase der Ruhe ist die **Plaza de Santa Cruz**. Das Kreuz in der Mitte symbolisiert die Iglesia de Santa Cruz, eine Kirche, die von den Truppen Napoleons zerstört wurde. Ebenfalls reizvoll ist die Plaza Doña Elvira mit dem Brunnen. Das **Hospital de los Venerables Sacerdotes** an der Plaza de los Venerables, einst ein Hospiz für pensionierte Priester, beherbergt heute eine Galerie mit Malerei und Bildhauerei von führenden zeitgenössischen Künstlern Spaniens. Der *patio* des Gebäudes ist hübsch. Am Ostrand des Viertels liegen die angenehm schattigen **Jardines de Murillo** (Murillo-Gärten); überall gibt es Bars und Cafés.

Die ruhigen Straßen im Viertel Santa Cruz im Herzen von Sevilla

Museo de Bellas Artes

Eine der herausragendsten Kunstgalerien Spaniens ist im ehemaligen **Convento de la Merced Calzada** untergebracht, das sich in nordwestlicher Richtung unweit der Kathedrale erhebt. Mit seinem *patio* und den Galerien ist das Gebäude als solches schon sehenswert, die Besucher kommen aber in erster Linie, um Meisterwerke der spanischen Malerei vom frühen Mittelalter bis zum 20. Jahrhundert zu sehen.

Die Dauerausstellung verteilt sich auf 14 Räume. Höhepunkt ist **Saal V**, die frühere Klosterkapelle. Man kommt seitlich herein und sieht sich sogleich der *Apotheose des hl. Thomas von Aquin* gegenüber, einem Meisterwerk von Francisco de Zurbarán aus dem 17. Jahrhundert. Wendet man sich nach rechts, überblickt man den Saal in seiner ganzen Pracht. Selbst die Kuppel der Kapelle ist noch mit restaurierten Gemälden bestückt. An der Wand der früheren Apsis wird das Werk des in Sevilla geborenen Malers Bartolomé Esteban Murillo (1618–82)

Hospital de los Venerables Sacerdotes
✚ 202 C3 ✉ Plaza de los Venerables 8
☎ 954 56 26 96 ⏰ 10–14 und 16–20 Uhr (Führungen)
✋ mittel

Museo de Bellas Artes
✚ 202 A4 ✉ Plaza del Museo
☎ 954 22 07 90
⏰ Mi–Sa 9–20 Uhr, Di 15–20 Uhr, So und Feiertage 9–14 Uhr ▣ C1, C2, C3, C4
✋ preiswert (für EU-Bürger frei)

Mit dem Bus durch Sevilla

Sevirama (Paseo de Colón, Tel. 954 56 06 93, www.busturistico.com, teuer) bietet Stadtrundfahrten in offenen Panoramabussen. Sie starten von 10 Uhr an alle 30 Minuten nördlich des Torre del Oro (▶ 152) und fahren an verschiedenen Sehenswürdigkeiten vorbei zur Plaza de España (▶ 151), durch Triana (▶ 152) und zur Isla Mágica (▶ 152). Über Kopfhörer werden die Highlights in der gewünschten Sprache erläutert. Mit dem Tagesticket können Sie jederzeit zu- und aussteigen.

Die Apotheose des hl. Thomas von Aquin **von Zubarán zählt zu den Schätzen des Museo de Bellas Artes**

gefeiert, darunter *Die unbefleckte Empfängnis* und *Die Heiligen Rufina und Justa*. In einer kleinen Nische rechts hängt Murillos *Muttergottes mit Kind*, das als *La Virgen de la Servilleta* bekannt ist, da der Maler das Gemälde auf eine Serviette skizziert haben soll. In **Saal VII** finden sich noch mehr Murillos, **Saal X** ist Zurbarán gewidmet. Ausgestellt werden ferner Werke von Goya, Velázquez, El Greco und von Murillos Zeitgenossen Juan de Valdés de Leal sowie von Bildhauern wie Pedro Millán, der

> **Mit dem Boot durch Sevilla**
> Zwischen 11 und 22 Uhr starten alle 30 Minuten Boote zu einstündigen Rundfahrten. Die Touren beginnen gegenüber der Torre del Oro (► 152), wo sich auch der Kartenschalter befindet (Cruceros Turísticos Torre del Oro, Tel. 954 56 16 92).

im 15. Jahrhundert in Sevilla geboren wurde. Seine *Grablegung* hängt in **Saal I**.

Die **Säle XII** und **XIV** zeigen Kunst aus dem 19. und 20. Jahrhundert. In Saal XII sollten Sie das etwas kitschige Gemälde von Gonzalo Bilbao betrachten, das die Welt der Carmen in der Tabakfabrik (► 12) heraufbeschwört, oder auch nach seiner *Sommernacht in Sevilla* sehen. Weitere Höhepunkte sind *Bulerías* von José García Ramos und sein Porträt eines trinkenden Mannes mit dem Titel *Hasta Verte Cristo Mío*.

Casa de Pilatos

In diesem Renaissancegebäude am Ostrand des Viertels Santa Cruz kamen traditionelle *mudéjar*-Materialien – Holz, Stuck, *azulejos* und Ziegel – zur Verwendung, aus denen ein Privathaus von seltener Schönheit entstand. Das Anwesen wurde größtenteils vom Sohn des Gouverneurs von Andalusien erbaut, der sich vom Haus des Pilatus in Jerusalem hatte inspirieren lassen. Ab 1950 wurde das Haus in seiner alten Pracht wiederhergestellt. Man betritt das Anwesen durch den **Apeadero**, einen von Arkaden umgebenen und von Bougainvilleen bewachsenen Kutschhof. Dahinter liegt der **Patio Principal**, der zentrale Hof. In diesem Renaissancehof gehen Elemente der Gotik eine gelungene Synthese mit *mudéjar*-Dekor ein; es gibt einen Brunnen und klassische Skulpturen der Göttinnen Pallas Athene und Minerva. Bei einer Führung

Der zentrale Innenhof in der Casa de Pilatos

kann man die herrlich ausgestatteten Räume kennen lernen. In den kleinen, nach innen gelegenen Gärten finden sich Palmen und Blumen, römische Statuen und italienisch anmutende Loggien.

Plaza de España und Parque de María Luisa

Von all den Plätzen und Parks in Sevilla sind die Plaza de España und der **Parque de María Luisa** am schönsten. Beide entstanden 1929 als Vorzeigeobjekte für die Iberoamerikanische Ausstellung. Im Parque de María Luisa kann man im Schatten der Bäume die Hitze gut ertragen. Der Park ist eine Oase aus bunten Gärten mit Geranien und Bougainvilleen, Bäumen, farbenfrohen Kacheln, Brücken und Pavillons. Im Osten liegen an der hübschen Plaza de América das **Museo Arqueológico** (Archäologisches Museum) mit einer Sammlung prähistorischer bis maurischer Altertümer sowie das **Museo de Artes y Costumbres Populares** (Volkskundemuseum), das Kunsthandwerk und Trachten aus dem 18. und 19. Jahrhundert präsentiert. Beide entstanden ebenfalls im Rahmen der Ausstellung 1929.

Unten: Rast an der Plaza de España

Die halbmondförmige Plaza de España

Im Norden des Parque de María Luisa erstreckt sich jenseits der Avenida de Isabel la Católica die **Plaza de España**, ein riesiger halbkreisförmiger Platz mit geschwungenen Treppen, die zu Ziegelgebäuden mit Arkaden hinaufführen. Unten zeigen bunte Kachelmosaiken historische Szenen und die Wappen der spanischen Provinzen. Vor dem Halbrund des Platzes spannen sich dekorative Brücken über einen künstlichen See, auf dem man mit dem Ruderboot fahren kann.

Plaza de San Francisco und Calle Sierpes

Im Norden der Kathedrale und am Ende der betriebsamen Avenida de la Constitución liegen zwei aneinander angrenzende Plätze. Die **Plaza Nueva** ist architektonisch nicht besonders reizvoll, doch ist hier am Abend viel los, wenn sich die Menschenmenge hin und her schiebt und das Gehupe der Autos kein Ende nimmt. Nicht weniger umtriebig geht es auf der **Plaza de San Francisco** zu, wo schon seit dem 16. Jahrhundert das Herz Sevillas schlägt. Politische Kundgebungen und andere Veranstaltungen werden zwischen dem Ayuntamiento (Rathaus) aus dem 16. Jahrhundert mit seiner schönen Renaissancefassade und den mit Balkonen versehenen Gebäuden aus dem 19. Jahrhundert, die gegenüber stehen, abgehalten. Von hier bummelt man durch die **Calle Sierpes**, die wichtigste Einkaufsstraße der Stadt. In den Seitenstraßen drängen sich die Menschen zwischen Tapas-Bars und Barockkirchen. Am Ende der Sierpes gelangt man zur **Campaña** mit einem farbenfrohen Markt für Kunsthandwerk. In der Confitería La Campaña, einem beliebten Straßencafé mit Konditorei, gönnt man sich noch einen leckeren Kuchen.

Die Calle Sierpes ist als Fußgängerzone die Haupteinkaufsstraße Sevillas

Rechts: In La Maestranza, Sevillas Arena (18. Jahrhundert), finden die aufregendsten Stierkämpfe Spaniens statt

Torre del Oro, Plaza de Toros da la Maestranza und Triana

Sevilla liegt wunderschön am Guadalquivir; beide Flussufer sind es wert, erkundet zu werden. Auf der Ostseite grenzt an die Altstadt die **Torre del Oro**, ein maurischer Turm aus dem 12. Jahrhundert, in dem heute ein kleines Schifffahrtsmuseum untergebracht ist. Weiter nördlich erreicht man am Paseo de Cristóbal Colón die riesige barocke Stierkampfarena von Sevilla, **La Maestranza** (► 168) – angeblich die schönste der Welt. Ein Stückchen weiter südlich kann man den Guadalquivir über den Puente de Isabel II überqueren und gelangt so ins Viertel **Triana**, Heimat der Zigeuner, des Flamenco (► 16ff) und der Keramikproduktion.

Die Expo-Insel

Die Expo 92 fand in Sevilla auf der **Isla de La Cartuja** statt, die von den beiden Armen des Río Guadalquivir umschlossen wird. Das Kartäuserkloster, auf das sich der Name der Insel bezieht, wurde für die Expo restauriert (Tel. 955 03 70 70, Di–Sa 10–21 Uhr, So und Feiertage 10–15 Uhr, preiswert, Di für EU-Bürger frei). Auf der Ostseite der Insel liegt der riesige Vergnügungspark **Isla Mágica** (Mai–Sept. tägl. 11–24 Uhr; www.islamagica.es).

Casa de Pilatos
🚩 202 C4 ✉ Plaza de Pilatos 1
☎ 954 22 52 98 🕐 Juli–Sept. tägl. 9–12 Uhr
🚌 C1, C2, C3, C4 (zur Plaza San Agustín)
🖐 teuer

Plaza de España and Parque de María Luisa
🚩 202 C2 ✉ Avenida de Isabel la Católica
🚌 Bus C1, C2, C3, C4 🖐 frei

Museo Arqueológico
🚩 202 C1 ✉ Plaza de América ☎ 954 23 24 01 🕐 Mi–Sa 9–20 Uhr, Di 15–20 Uhr, So und Feiertage 9–14 Uhr 🖐 preiswert (für EU-Bürger frei)

Museo de Artes y Costumbres Populares
🚩 202 C2 ✉ Plaza de América ☎ 954 23 25 76 🕐 Mi–Sa 9–20 Uhr, Di 15–20 Uhr, So und Feiertage 9–14 Uhr 🖐 preiswert (für EU-Bürger frei)

SEVILLA: INSIDER-INFO

Top-Tipps: Oft ist es schwierig, in der Haupttouristeninformation in der Avenida de la Constitución detaillierte **Auskünfte** zu bekommen, da dort immer viel los ist. Probieren Sie Ihr Glück bei der Stadtinformation in der Calle Arjona 28, ein paar Straßen nordwestlich der Kathedrale am Puente de Isabel II (oder Puente de Triana).

• Wer der Hitze am Nachmittag entkommen möchte, ist im **Museo de Bellas Artes** (► 148) gut aufgehoben, das über Mittag nicht schließt.

• Ins Zentrum von Sevilla gelangt man am einfachsten mit den **Bussen** C1 oder C3, die Nummern C2 und C4 fahren in entgegengesetzter Richtung. Busfahrpläne halten die Touristeninformationen (► 142) oder das Büro von Transportes Urbanos de Sevilla (TUSSAM) in der Calle Diego de Riaña 2 bereit.

Geheimtipp: Die **Capilla de San José** steht in einer schmalen Seitenstraße der Calle Sierpes (links von der Plaza de San Francisco) unweit der Calle Jovellanos im Herzen des Einkaufsviertels. Der spätbarocke Altar der Kapelle zählt zu den schönsten in ganz Andalusien.

2

Carmona

Die alte, von einer Mauer umschlossene Stadt Carmona östlich von Sevilla war zur Römerzeit von Bedeutung – wie die Necrópolis, die Gräberstadt etwas außerhalb bezeugt. Später eroberten und befestigten die Mauren die Stadt. Diesem historischen Erbe begegnet man auf Schritt und Tritt, dazu kommen Kirchen und Gebäude späterer Epochen in einem Gewirr aus engen Gassen und hübschen Plätzen.

Die **Necrópolis Romana** umfasst über 900 Familiengräber in Form von Kolumbarien, tief in den Fels geschlagenen Grabnischen. Führungen werden angeboten, aber man findet sich auch gut allein zurecht. Zu den Höhepunkten zählt die **Tumba del Elefante** (Elefantengrab), deren Name sich auf einen Steinelefanten bezieht, vermutlich ein Symbol für langes Leben. Am größten ist die **Tumba de Serviliam,** ein Patrizierhaus mit Säulen und überdachten Galerien und Kammern. Das zur Ausgrabungsstätte gehörige Museum präsentiert Mosaiken, Grabsteine und Urnen.

Die Stadt Carmona betritt man durch ein beeindruckendes römisches Tor, die **Puerta de Sevilla**, die auch maurische Elemente aufweist. Auf die Befestigungsmauern und die Zinnen des Tores gelangt man durch das Büro der Touristeninformation. Jenseits des lebhaften Plaza Blas Infante steht außerhalb der Stadtmauer die **Iglesia de San Pedro** aus dem 15. Jahrhundert; ihr Turm ist der Giralda (► 143f) in Sevilla nachempfunden. Im Inneren locken vergoldete Kunstobjekte.

An der Ecke des von Palmen gesäumten Hauptplatzes von Carmona, der Plaza de San Fernando, steht die **Casa de Cabildo**, das alte Rathaus, mit maurischen Fensterbögen, rot-weißen Steinen und farbenprächtigen Kacheln. Östlich der *plaza* gelangt man über die Calle Martín López de Córdoba zur gotischen **Iglesia de Santa María Mayor**, einer Kirche, die im 15. Jahrhundert anstelle der maurischen Moschee errichtet wurde. Man betritt die Kirche über den ehemaligen *patio* mit Orangenbäumen und Hufeisenbögen. Halten Sie besonders nach der Säule mit dem eingravierten westgotischen Kalender Ausschau. Die Kirche hat einen hohen Innenraum mit Rippengewölbe und großartigen Bündelsäulen. Am östlichen Stadtrand befindet sich die restaurierte **Puerta de Córdoba**, von der aus sich eine Straße zu den Ruinen einer römischen Brücke schlängelt.

Ruhiger Platz im Zentrum von Carmona

CARMONA: INSIDER-INFO

Top-Tipps: In der **Necrópolis Romana** sollte man sich vor der Sonne schützen, es kann sehr heiß werden, und es gibt wenig Schatten.
• Jeden Morgen findet in einem arkadenverzierten *patio* aus dem 17. Jahrhundert südlich der Plaza de San Fernando ein **Markt** statt.

Geheimtipp: Das *ayuntamiento* (Rathaus) von Carmona befindet sich in einem herrlichen Renaissancegebäude. Im *patio* stellt ein römisches Mosaik ein Medusenhaupt dar (Mo–Fr 8–14.30 Uhr, Eintritt frei).

Reizvolle Plätze bestimmen das Bild in Carmona

KLEINE PAUSE

Selbst wenn Sie nicht im exklusiven **Parador Nacional**, einem Hotel im renovierten Alcázar del Rey de Pedro, wohnen, sollten Sie sich hier etwas zu trinken genehmigen. Die Überreste dieser maurischen Festung erheben sich hoch über der Stadt, das Hotel gilt als eines der schönsten in ganz Spanien. Wer es sich leisten kann, bleibt zum Mittag- oder Abendessen.

✚ 195 D3

Touristeninformation
✉ Arco de la Puerta de Sevilla
☎ 954 19 09 55; www.turismo.carmona.org

✉ Plaza de San Fernando (Info)

Parken
Einige wenige Parkplätze gibt es innerhalb der Puerta de Sevilla, mehr Glück hat man in den Straßen rund um die Plaza de San Fernando – wie immer am besten mittags.

Necrópolis Romana
✉ Avenida de Jorge Bonsor 9 ☎ 954 14 08 11
🕐 Mitte Sept.–Mitte Juni Di–Fr 9–17 Uhr,

Sa/So 10–14 Uhr; Mitte Juni–Mitte Sept. Di–Sa 9–14 Uhr, So 10–14 Uhr
👍 preiswert (für EU-Bürger frei)

Iglesia de San Pedro
✉ Calle San Pedro 🕐 Di–Sa 9.30–14 Uhr; Aug. geschl. 👍 preiswert

Iglesia de Santa María la Mayor
✉ Calle Martín López de Córdoba 🕐 Di–Sa 9.30–14 Uhr; Aug. geschl. 👍 mittel

Museo de la Ciudad
✉ Calle Martín López de Córdoba
🕐 Juli/Aug. Mi–Mo 11–19 Uhr, Sept.–Juni Mi–Mo 10–14, 16.30–21.30, Di 10–14 Uhr
👍 preiswert

5

Aracena und die Gruta de las Maravillas

Hauptattraktion dieses lebendigen Marktfleckens sind die beeindruckenden Tropfsteinhöhlen unterhalb des Hügels, auf dem
Aracena steht. Der Ort selbst hat hübsche Straßen mit Kopfsteinpflaster und wird von den Ruinen einer mittelalterlichen
Burg sowie einer Kirche aus dem 13. Jahrhundert überragt.

Aracena liegt im Norden der Provinz Huelva mitten in der Sierra
de Aracena, einem Gebiet mit sanft geschwungenen Hügeln, auf
denen Korkeichen und Eukalyptusbäume stehen; es handelt sich
um die Ausläufer der Sierra Morena. Die **Gruta de las Maravillas** (Wunderhöhle) zieht viele Touristen in die Stadt. 1,2 Kilometer des Höhlensystems stehen zur Besichtigung offen; Galerien und Durchgänge zeigen bizarr geformte Stalaktiten und Sta-
lagmiten und führen zu mehreren kleineren Seen. Beleuchtung
und musikalische Untermalung verleihen der Szenerie zusätzliche Dramatik. Die Führungen finden auf Spanisch statt, doch
sprechen die Gesteinsformationen eigentlich für sich selbst,
wenngleich der Führer mit einem Laserstab einzelne Figuren
und »Gesichter« herausstellt. Zu den Höhepunkten zählt die
Sala de los Culos (Saal der Hintern), wo die Kalziumkarbonat-
ablagerungen wohlgerundeten menschlichen Hinterteilen ähneln.

Oben: Die Gruta
de las Maravil-
las soll ein
Schäfer im
19. Jahrhundert
entdeckt haben,
als er nach ver-
loren gegange-
nen Schafen
suchte

Köstlicher Schinken

Aracena ist das Zentrum des *jamón ibério* (Schinken) in der Sierra Morena. Mehrere Läden der Stadt bieten den köstlichen Schinken und andere Spezialitäten wie *pata negra*, einen wunderbaren Schinken aus dem Fleisch schwarzer Schweine, die sich überwiegend von Eicheln ernähren. Sie können den Schinken natürlich auch in einer der Bars in der Unterstadt probieren. Hauptproduktionsort des Schinkens ist Jabugo (Tour ➤ 182ff).

In Aracena können Sie durch Kopfsteinpflastergassen und über den Hauptplatz, die Plaza Marqués de Aracena, bummeln, wo in der Regel immer viel los ist. Ganz oben auf dem Hügel liegt hinter einem Tor aus dem 16. Jahrhundert die Ruine einer maurischen Burg, daneben steht Nuestra Señora de los Dolores, eine beeindruckende mittelalterliche Kirche mit reich verziertem Turm.

Man kann eine Besichtigungstour in der Kutsche oder mit dem Auto unternehmen, viel schöner ist es jedoch, zu Fuß durch die steil ansteigende Altstadt zu streifen und sich dabei die hübsche **Plaza Alta** anzusehen. Sie liegt recht verlassen da, seit rund um die Plaza Marqués de Aracena das moderne Aracena entstand. Im Rathaus an der Plaza Alta befindet sich das Informationszentrum für den nahe gelegenen Naturpark.

🚩 194 B4

Touristeninformation
✉ Calle Pozo de la Nieve, Plaza San Pedro (auch Eintrittskarten zur Gruta de las Maravillas) ☎ 959 12 82 06

Parken
Am Eingang der Stadt von der N433 her befindet sich an der Plaza de San Pedro ein Parkplatz; bezahlt wird beim Wächter.

Gruta de las Maravillas
✉ bei der Plaza San Pedro
☎ 959 12 82 06/12 83 55
🕐 tägl. 10.30–13.30 und 15– 18 Uhr; Führungen Mo–Fr stündlich, Sa/So halbstündlich; Eintrittskarten im Touristenzentrum gegenüber vom Zugang zu den Höhlen; beschränkte Besucherzahlen (35 Personen pro Tour) und Wartezeiten bis zu zwei Stunden
💰 teuer

ARACENA: INSIDER-INFO

Top-Tipps: In der Gruta de las Maravillas ist es kühl, nehmen Sie unbedingt einen Pullover mit.
• Wer kein Spanisch kann, sollte sich bei den Führungen hinten halten und einfach die Umgebung auf sich wirken lassen. Aber Achtung, die Beleuchtung der einzelnen Abschnitte geht automatisch aus.
• Auf halbem Weg durch die Tropfsteinhöhlen ist oft ein **Fotoapparat** mit Blitz installiert; die Bilder kann man nach der Führung kaufen. Wer kein Foto möchte, hält sich die Hand vors Gesicht.

Muss nicht sein! Dem Kartenverkauf der Gruta de las Maravillas ist ein kleines **geologisches Museum** angeschlossen, das sich aber nur für besonders Interessierte lohnt.

7

Parque Nacional de Doñana

Der wildromantische Parque Nacional de Doñana ist das größte Naturschutzgebiet Spaniens und eines der bedeutendsten Feuchtgebiete der Welt. Er dient als Refugium für heimische Vögel, Zugvögel und eine Vielzahl von Säugetieren wie den spanischen Luchs, Wildschweine und Otter.

Der Park umfasst über 50 000 Hektar Land rund um das Delta des Río Guadalquivir und seine Nebenflüsse. *Marismas* nennt man die weitläufige Wildnis mit Marschen und Tümpeln. Etwa die Hälfte des Gebietes steht im Winter unter Wasser, der Rest sind Wanderdünen und sandiger Untergrund, der sich durch den Bewuchs mit Heide und Pinien stabilisiert hat.

In dem abwechslungsreichen Lebensraum leben zahlreiche Tiere und Pflanzen. Früher war das ganze Gebiet ein Jagdrevier (*coto*). Der heutige Name bezieht sich auf Doña Ana, die Gattin eines Herzogs von Medina Sidonia. Um 1950, als das ökologische Gleichgewicht durch exzessiven Landbau immer mehr bedroht wurde, richtete man schließlich den Nationalpark ein.

Im Parque Nacional de Doñana leben zahlreiche Hirsche

Besucherzentren

Centro de Recepción del Acebuche (bei A483, 5 km nördlich von Matalascañas, Tel. 959 44 87 11; www.parquenacionaldonana.com; geöffnet tägl. 8–21 Uhr): das eigentliche Zentrum mit Ausstellungen, audiovisionellen Medien, Andenken, Café. Das Personal ist oft mehrsprachig. Touren in Allradfahrzeugen (etwa 80 km, 3–4 Stunden) ab hier. Reservierung erforderlich: Tel. 959 43 04 32. **Centro Recepción Las Rocinas** (bei A483, im südlichen Vorortbereich von El Rocío, Tel. 959 44 23 40, geöffnet Juni–Sept. tägl. 9–15 und 16–21 Uhr; Okt.–Mai tägl. 9–15 und 16–17 Uhr): Ausstellung über das Leben im Salzsumpf, audiovisionelle Medien, Bohlenweg. Nahebei werden ausgestopfte Vögel gezeigt.

Rund 300 000 Vögel – aus nicht weniger als 120 verschiedenen Arten! – ziehen jedes Jahr im Oktober aus dem kalten Nordeuropa in die *marismas*, um dann im März wieder nach Norden zu fliegen. Vögel kann man im Nationalpark deshalb am besten im Winter beobachten. Doch auch im Sommer sind die Chancen gut, Flamingos, Störche, Wiedehopfe und Greifvögel wie Adler, Geier und Falken zu erspähen.

Auf der Heide wachsen Wacholder, Rosmarin, Thymian, Lavendel und die gelb blühenden Zistrosen. Zu den häufigsten Bäumen zählen Schirmpinien und Tamarisken. An den Lagunen gedeihen Pappeln, Schilf und Binsengras. Mehrere Informationszentren regeln den Zugang zur Donaña (► Kasten oben).

KLEINE PAUSE

Coto de Doñana eignet sich hervorragend für ein Picknick, besorgen Sie sich frisches Brot, Manchego-Käse, Serrano-Schinken und ein paar Flaschen Rioja.

Der Wiedehopf, eine von zahlreichen Vogelarten des Parks

✚ 194 B2

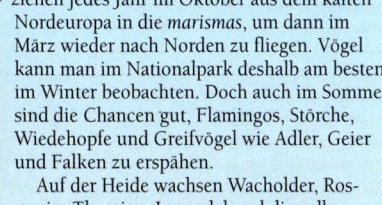

PARQUE NACIONAL DE DOÑANA: INSIDER-INFO

Top-Tipps: Im Centro de Recepción del Acebuche, der Hauptinformation, kann man sich ein Fernglas leihen.
• Auf der Jeeptour vom Centro de Recepción de Acebuche kann es bis Mittag sehr heiß werden. Auf der Abendtour sind die Aussichten besser, größere Tiere zu erspähen, seltene Vögel sieht man dann allerdings nicht.
• Alle Informationszentren der Doñana sind während der Wallfahrtswoche nach El Rocío (► 162) geschlossen. Am besten hält man sich Ende Mai bis Anfang Juni ganz von hier fern.

Geheimtipp: Von Las Rocinas kommt man zum hübschen Jagdhaus **Palacio del Acebrón**, wo eine Ausstellung Einblicke in das Leben in den Feuchtgebieten gibt. Hier befindet sich auch ein Naturlehrpfad.

Nach Lust und Laune!

❸ Écija

Der Ort ist als *Ciudad de las Torres*, Stadt der Türme, bekannt. Die elf Kirchen mit barocken Glockentürmen, deren bunte Kacheln in der Sonne glänzen, verleihen Écija eine extravagante Skyline. Der Hauptplatz, die Plaza Mayor oder Plaza de España, ist von Arkaden umgeben und mit Palmen bewachsen. Zu den bemerkenswerten Profanbauten zählen der **Palacio de Peñaflor**, dessen elegant geschwungene Fassade Balkone und farbenprächtige Fresken zieren; innen finden sich Stuck und Marmor. Der **Palacio de Benamejí** hat einen wunderschönen *patio* und beherbergt das kleine **Museo Histórico Municipal**, in dem man alles über die Stadtgeschichte erfährt.

✚ 195 E3

Die beeindruckenden Ruinen von Itálica, der ersten römischen Stadt in Spanien

Touristeninformation
✉ Plaza de España ☎ 955 90 29 33; www.sedesa.ecija.org

Palacio de Peñaflor
✉ Calle Castellar 🕐 Mo–Fr 10.30–13 und 16–19, Sa/So 11 bis 13 Uhr 💶 frei

Museo Histórico Municipal
✉ Palacio de Benamejí, Calle Cánovas del Castillo 4 🕐 Di–Fr 9.30–13.30 und 16.30–18.30 Uhr, Sa/So 9–14 Uhr 💶 frei

❹ Itálica

Die Überreste der einst bedeutenden Stadt des Römischen Reiches liegen neun Kilometer nördlich von Sevilla. Itálica wurde 205 v. Chr. am Río Guadalquivir als Hafen

Rechts: Écija heißt auch »Stadt der Türme«

und Verwaltungszentrum der römischen Provinz Hispanien gegründet. Hier kamen die Kaiser Hadrian und Trajan zur Welt. Mit der Zeit veränderte der Fluss jedoch seinen Lauf, und so verlor Itálica seine Bedeutung als Handelsstadt. Kunstschätze, Mosaike und wunderschöne Steinmetzarbeiten wurden zerstört. Der Großteil des Amphitheaters hat überdauert, und die Fundamente der Villen und Straßen sind zusammen mit den Mosaiken freigelegt worden, darunter ein herrliches Neptunmotiv.

✚ 194 C3
✉ Avenida de Extramadura 2, Santiponce
☎ 955 99 65 83
🕐 April–Sept. Di–Sa 9–20 Uhr, So und Feiertage 9–17.30 Uhr; Okt.–März Di–Sa 9 bis 17.30, So und Feiertage 10–16 Uhr 💶 preiswert (für EU-Bürger frei)

❻ Río Tinto

Jahrtausende des Bergbaus haben riesige Wunden in die Landschaft am Río Tinto gerissen. Dass hier seit der Zeit der Phönizier und Römer Eisen, Kupfer und Silber abgebaut wurden, verraten die bunten Flecken auf der Erde – in Rostrot, Smaragdgrün und Ocker. Im späten 19. Jahrhundert wurden die Minen an britische und deutsche Banken verkauft, die den Abbau in großem Stil kommerziell betrieben. Heute werden die Minen wieder von den Spaniern ausgebeutet, wobei die Produktion allerdings zurückgegangen ist.

Das Dorf Minas de Ríotinto ist nicht besonders schön, doch erzählt das **Museo Minero** (Bergbaumuseum) die Geschichte anhand von hervorragenden Exponaten aus Geologie, Archäologie

Eisenoxid und andere Mineralien färben das Gestein am Río Tinto

und Sozialgeschichte. Man kann an einer Führung teilnehmen und sich die Erdarbeiten und eine 330 Meter tiefe, offene Grube ansehen. Oder man fährt mit dem Zug, dessen restaurierte Waggons schon hundert Jahre alt sind, durch das Bergbaugebiet.

✚ 194 B3

Museo Minero
✉ Plaza del Museo
☎ 959 59 00 25/59 10 65
🕐 tägl. 10.30–15, 16–19 Uhr
🎟 Museum: mittel, Führung: teuer, Zugfahrt: teuer

Die Strände der Costa de la Luz von Huelva sind größtenteils menschenleer

❽ Costa de la Luz (Huelva)

Fährt man vom Mündungsgebiet des Río Tinto und Río Odiel ein paar Kilometer Richtung Südosten, gelangt man hinter Fabriken und Raffinerien an die weitgehend unbewohnte Küste und zu einem fast goldenen Sandstrand, der sich über 25 Kilometer von Mazagón bis Matalascañas erstreckt. Den von Sanddünen und Kiefernwäldern gesäumten Strand erreicht man nur von wenigen Punkten an der Küstenstraße aus, hinter sich der Parque Nacional de Doñana (► 158f) erstreckt. Am bequemsten gelangt man bei Mazagón und Matalascañas zum Strand. In beiden Ferienorten geht es im Sommer recht hoch her, außerdem liegt **Mazagón** manchen zu nah an der Flussmündung. Ein paar Kilometer weiter südostwärts steht der **Parador Cristóbal Colón**, oberhalb eines beliebten Strandabschnittes befindet sich ein Parkplatz. Etwa acht Kilometer weiter kann man von einem ande-

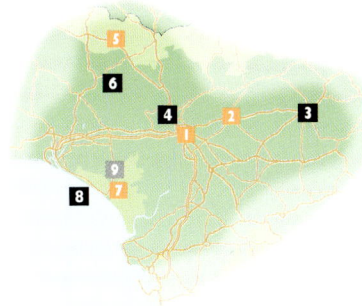

TRIANA
TRIANA

ren Parkplatz aus auf einem befestigten Weg zwei Kilometer durch die von Kiefern und Wacholder bestandenen Dünen bis zur abgelegenen Playa Cuesta de Maneli wandern. In **Matalascañas** säumen Hotelburgen den Strand.

194 B2

9 El Rocío

Wer zum ersten Mal nach El Rocío am westlichen Rand des Nationalparks Doñana kommt, glaubt sich in eine Wildweststadt versetzt. Die leeren, breiten Straßen und Plätze sind nicht geteert, und die zweistöckigen Holzgebäude mit Veranden tragen ein Übriges zu diesem Eindruck bei.
Der Ort wirkt so verlassen, weil er hauptsächlich das Ziel der Romería del Rocío (► 20), einer ungewöhnlichen Wallfahrt, ist. Jedes Jahr an Pfingsten kommen hier nach einer einwöchigen Wallfahrt etwa eine halbe Million Menschen aus ganz Spanien zusammen, um in der riesigen,

Typisches Haus einer *hermandad*, einer Bruderschaft, im Pilgerzentrum El Rocío

5
6
4
2
3
1
9
7
8

weiß getünchten Kirche Nuestra Señora del Rocío der Blanca Paloma, einer Marienfigur, zu huldigen.
Die meisten Gebäude in El Rocío sind im Besitz von *hermandades*, Bruderschaften, die auch im Laufe des Jahres oft kleinere Feierlichkeiten veranstalten.

194 B3

Für Kinder

- **Gruta de las Maravillas**, das Höhlensystem bei Aracena (► 156f)
- Zugfahrten zu den **Minas de Ríotinto** (► 161)
- **Reserva Natural El Castillo de las Guardas** (über die N433 von Sevilla-Aracena zur A467 nach Río Tinto, Tel. 955 95 25 68, tägl. 10.30 Uhr bis Sonnenuntergang). Sie können im eigenen Auto durch das Reservat fahren und dabei Elefanten, Kamele, Giraffen, Antilopen, Zebras und viele andere exotische Tiere beobachten. Außerdem gibt es ein Schlangenhaus.

Wohin zum ... Übernachten?

Preise

Mit folgenden Preisen müssen Sie pro Doppelzimmer und Nacht rechnen:

€ unter 50 Euro €€ 50–80 Euro €€€ 80–120 Euro €€€€ über 120 Euro

SEVILLA UND UMGEBUNG

Las Casas de la Judería €€€€

In einer Gasse am Rande des Barrio de Santa Cruz und doch nicht weit von den Geschäften liegt dieses wunderschöne Hotel. Die Zimmer gruppieren sich um drei Höfe, die einst zu einem Palast gehörten. Die Räume sind passend im Barockstil eingerichtet. Überall stehen Plüschsessel, die hohen Wände sind in Pastelltönen gestrichen.

🚩 202 C3 ◻ Callejón de Dos Hermanas 7, Sevilla ☎ 954 41 51 50; Fax 954 42 21 70

Hostal Londres €€

Dieses einfache, aber gemütliche Hotel liegt in der Nähe des Museo de Bellas Artes und des Haupteinkaufsviertels. In der Umgebung gibt es zahlreiche Cafés und Restaurants und die Kathedrale ist zu Fuß in 10 Minuten erreichbar. Die Zimmer sind altmodisch aber zweckmäßig und einige haben Balkon. Schauen Sie nach der Gedenktafel für Manuel Machado (Dichterkollege und Bruder des berühmteren Antonio) gleich gegenüber vom Hoteleingang.

🚩 202 A4 ◻ San Pedro Mártir 1, El Arenal ☎ 954 21 28 96

La Hospedería €€€

Rund 80 Kilometer nordöstlich von Sevilla macht das Hotel auch als Zentrum für moderne Kunst mit einer Galerie und originalen Kunstwerken in allen Räumen von sich reden. Das herrliche Gebäude ist ein restauriertes Kartäuserkloster aus dem 15. Jahrhundert, das wunderschön in einem Park liegt. Vogelgezwitscher ersetzt den Fernseher. Hier sind Sie genau richtig, wenn Sie Ruhe und Erholung außerhalb der Stadt suchen.

🚩 195 D4 ◻ Carretera Cazalla-Constantina A455, Km 55,2, Cazalla de la Sierra, Sevilla ☎ 954 88 45 16; Fax 954 88 35 15; www.cartujadecazalla.com ⊙ 24.–26. Dez. geschl.

Hostería del Laurel €€

Die Lage dieses Hotels mit 21 Zimmern ist unschlagbar: Es befindet sich an einem kleinen, mit Bäumen gesäumten Platz im Herzen des Barrio de Santa Cruz. Besser bekannt sind die bodega, die schon in Zorillas Theaterstück Don Juan Tenorio vorkommt, und das Restaurant. Die Zimmer liegen auf zwei Stockwerken, sie sind frisch renoviert, einfach eingerichtet und blitzsauber.

🚩 202 C3 ◻ Plaza de los Venerables 5, Sevilla ☎ 954 22 02 95; Fax 954 21 04 50

Hotel Alfonso XIII €€€€

Luxus zu entsprechenden Preisen: Das fünfstöckige Rokokogebäude wurde 1929 zur Expo im Neo-mudéjar- und andalusischen Stil erbaut. Selbst wenn man sich hier keine Übernachtung leisten kann, sollte man sich im patio mit vielen Pflanzen, antiken Möbeln, handbemalten Kacheln, Kristallleuchtern und Unmengen Marmor und Mahagoni zumindest einen Sherry gönnen. Die Zimmer sind nicht weniger opulent ausgestattet.

🚩 202 B2 ◻ San Fernando 2, Sevilla ☎ 954 91 70 00; Fax 954 91 70 99

CARMONA

El Comercio €

Diese Pension ist Teil der alten Stadtmauer an der beeindruckenden Puerta de Sevilla. Im patio kann man sich gut abseits vom Lärm der Stadt erholen, moderne Ausstattung fehlt allerdings völlig. So sind auch die Zim-

Wohin zum ...
Essen und Trinken?

Preise
Für ein Essen inklusive Wein und Service zahlen Sie pro Person:
€ unter 12 Euro   €€ 12–30 Euro   €€€ über 30 Euro

SEVILLA

La Albahaca €€€

Das renommierte Restaurant liegt an einem wunderschönen Platz. Es gibt einen *patio* und vier Gaststuben, die üppig mit *azulejos*, alten Gemälden, Kerzenleuchtern und Pflanzen dekoriert sind. Die Speisekarte ist reichhaltig; das Essen schmeckt hervorragend – besonders die traumhaften Desserts.

✚ 202 C3
✉ Plaza de Santa Cruz 12, Sevilla
☎ 954 22 07 14; Fax 954 56 12 04
🕐 Mo–Sa 12.30–16 und 8.30–24 Uhr, 24. und 31. Dez. geschl.

Casa Robles €€

Unweit der Calle Sierpes hat sich dieses beliebte Restaurant auf Meeresfrüchte spezialisiert, jeden Tag kommen über ein Dutzend verschiedene Schalentiere auf den Tisch. Seit 1954 zaubert Juan Robles die Gerichte in der Küche seines Familienbetriebs. Es gibt drei kleiner Gaststuben und eine lebhafte Tapas-Bar, die alle gängigen Sorten auf Lager hat, dazu leckere belegte Brote – *emparedores* – und interessant zubereitete *revueltos* (Rührreier).

✚ 202 B3
✉ Calle Álvarez Quintero 58, Sevilla
☎ 954 56 32 72; Fax 954 56 44 79
🕐 tägl. 13–16.30 und 20–1 Uhr; 24. Dez. abends geschl.

ARACENA

Los Castaños €€

Das elegante Hotel liegt nur wenige Gehminuten von den Höhlen entfernt und ist von vielen Geschäften, Restaurants und Bars umgeben. Die Zimmer sind modern und geräumig mit Balkon. Den schönsten Blick hat man vom Speisesaal, der auf die Sierra de Aracena hinausgeht.

✚ 194 B4
✉ Avenida Huelva 5
☎ 959 12 63 00; Fax 959 12 62 87

Finca Valbono €€€

Diese Unterkunft inmitten der sanften Hügel eines Naturparks eignet sich besonders für Familien. Man kann zwischen Häuschen mit Selbstversorgung oder einem Hotelzimmer wählen. Es gibt einen Pool, Wander- und Reitwege. Das Restaurant hat sich auf Fleischgerichte spezialisiert, und es gibt auch einige einfache Gerichte für Kinder.

✚ 194 B4
✉ Carretera de Carboneras, Km 1, Aracena
☎ 959 12 77 11; www.fincavalbono.com

---

mer einfach eingerichtet, haben hohe Wände aber bequeme Betten; das Personal bemüht sich freundlich um die Gäste.

✚ 195 D3 AA
✉ Calle Torre del Oro 56, Carmona
☎ 954 14 00 18

Parador de Carmona €€€

Der *parador*, einer der schönsten in ganz Spanien, liegt hoch oben auf einem Plateau und diente einst als maurische Festung, dann als christlicher Palast. Von hier aus blickt man über die Ebene des Río Corbones. Die Gemeinschaftsräume gruppieren sich um einen zentralen *patio* im maurischen Stil, die Zimmer sind groß und luxuriös möbliert. Sie gehen entweder auf den Innenhof oder zum Tal hinaus. Wer sich hier kein Zimmer leisten kann, trinkt etwas an der Bar oder isst im hervorragenden Restaurant (▶ 166).

✚ 195 D3 AA
✉ Alcázar s/n, Carmona
☎ 954 14 10 10; Fax 954 14 17 12; www.parador.es

Habanita €€

In einer Seitenstraße im betriebsamen Viertel Alfalfa verbirgt sich in Gehweite vom Zentrum eines der wenigen vegetarischen Lokale von Sevilla. Die moderaten Preise locken Studenten und Touristen an. Die Speisekarte ist reichhaltig mit den Schwerpunkten kubanische und mediterrane Küche. Ein paar Gerichte sind wirklich exotisch, wie Yukka mit Knoblauch, dicke schwarze Bohnen oder *tamales*, gefüllte Teigtaschen. Zu streng geht es dann aber doch nicht zu: Die Nachspeisen sind zuckersüß, und es gibt alkoholische Getränke.

➕ 202 B4
✉ Calle Golfo 3, Sevilla
☎ 606 71 64 56 (Handy)
🕐 Mo–Sa 12–16.30 Uhr und 20.30 Uhr bis spät

El Corral del Agua €€

Dieses Restaurant liegt an einem der schönsten Standorte im Herzen des Barrio de Santa Cruz. Es befindet sich in einem ehemaligen Palast aus dem 18. Jahrhundert und hat einen hübschen Innenhof mit leuchtenden roten Geranien. Die traditionellen Gerichte sind immer gut. Auf der Speisekarte stehen zum Beispiel Tintenfisch in Knoblauch und glasiertes Honiglamm.

➕ 202 B3
✉ Callejón del Agua 6
☎ 954 22 48 41
🕐 So und Jan.–Feb. geschl.

El Patio €

In dieser berühmten Bar gibt es genügend Kacheln für einen Mini-Alcázar; die *azulejos*-Treppen dienen als zusätzliche Sitzplätze. Das Lokal ist beliebt bei Studenten, Geschäftsleuten und ein Treffpunkt nach dem großen Einkaufsbummel. Neben einer großen Auswahl an Tapas stehen dick belegte Sandwiches und *tortillas* (Omelettes) auf der Karte. Probieren Sie den eisgekühlten *fino* aus dem Fass.

➕ 202 B4
✉ San Eloy 9, Sevilla
☎ 954 22 11 48
🕐 tägl. 11.30–23.30 Uhr

Pizzería San Marco €€

Dieses ungewöhnliche italienische Lokal ist in einem echten muslimischen Badehaus untergebracht und hat ein ganz besonderes Flair. Die Speisekarte bietet eine gute Auswahl an Pizzen und Pastas, meist ist es hier brechend voll. Während man auf seinen Platz wartet, nimmt man in der zugehörigen Harry's Bar einen Drink – sie ist nicht ganz so berühmt wie die in Venedig, aber nett.

➕ 202 C3 ✉ Calle Mesón del Moro 6, Sevilla ☎ 954 21 43 90
🕐 Di–So 13.30–16.30 und 20.30–0.30 Uhr

Restaurant La Cueva €€

In diesem Restaurant speisen Sie im bepflanzten *patio* im Freien. Ockerfarbene Wände, gepflasterter Boden und Säulen runden das Bild ab, innen ist das Restaurant mit Stierkampfaccessoires ausgestattet. Die Preise sind moderat, auch das *menú del día*; die Küche bietet solide andalusische Kost mit einigen guten Fischgerichten und einer überdurchschnittlichen Paella.

➕ 202 B3
✉ Rodrigo Caro 18, Sevilla
☎ 954 21 31 43
🕐 Di–Sa 12.30–15.30 und 19.30–23.30 Uhr

CARMONA

Molino de la Romera €€-€€€

Diese Mühle aus dem 15. Jahrhundert wirkt mit geplastertem Boden, Bögen und einem *patio* wie zu alten Zeiten. In der Bar, wo immer viele Studenten sitzen, gehen die Getränke und Tapas flott über den Tresen; im Restaurant bietet die typisch andalusische Speisekarte *gazpacho*, Salate und Suppen, *tortilla*, gebratenen Fisch, Grillfleisch und vielfältige Gerichte mit Meeresfrüchten. Am Wochenende ist auch noch das Restaurant *mesón* in einem kirchenartigen Raum mit eigener Bar und Kaminfeuer geöffnet.

➕ 195 D3
✉ Calle Pedro 1, Carmona
☎ 954 14 20 00; Fax 954 14 01 25;
www.molinodelaromera.com

🍷 Bar: Mo–Fr 13–23 Uhr,
Restaurant: Mo–Fr 19.30–23 Uhr;
24. und 31. Dez geschl.

Restaurante Alcázar de la Reina, Parador of Carmona €€€

Die ehemalige Maurenfestung hat ein herrliches Ambiente, und der Speisesaal mit Gewölbedecke, Lüster und Panoramablick eignet sich für besondere Gelegenheiten. Die Speisekarte ist exquisit, mit Schwerpunkt Wild, vor allem Rebhuhn und Reh, der Wein ist exzellent.

➕ 195 D3 A4
✉ Calle Alcázar s/n, Carmona
☎ 954 14 10 10; Fax 954 14 17 12
🕐 tägl. 13.30–16 und 20.30–23 Uhr, Juli und 24. Dez. geschl.

Restaurante Casas €€

In diesem typischen Restaurant der Sierra Nevada ist an der Wand nicht mehr viel Platz: Hier hängen Spiegel, Teller, religiöse Bilder, Töpfe und Pfannen unter der heimeligen Balkendecke. Auf den Tisch kommen der berühmte Schinken und Schweinefleisch – alles in Form bester Hausmannskost.

➕ 194 B4
✉ Colmenetas 41, Aracena
☎ 959 12 80 44; Fax 959 12 82 12
🕐 tägl. 12–17 Uhr

Montecruz €€

Von der oberen Gaststube, die am Wochenende von spanischen Familien bevölkert ist, bietet sich ein atemberaubender Blick auf die Burg. Die Ausstattung ist gehoben mit bunten Kacheln, blauen und gelben Malereien und Kiefermöbeln. Im Sommer kann man draußen auf der Terrasse essen. Als Vorspeise nimmt man *migas*, gebratene Brotwürfel, mit Sardinen, Spinat und Kichererbsen, die es als Tapas oder als *ración* gibt.

➕ 194 B4
✉ Plaza de San Pedro, Aracena
☎ 959 12 60 13
🕐 tägl. 11–16.30 und 21–24 Uhr

Wohin zum ... Einkaufen?

Sevilla steht für schicke Mode, und so ist hier eine Vielzahl an Bekleidungs- und Schuhgeschäften führender Markennamen vertreten. Andenkenläden mit Billigramsch für Touristen gibt es gleichfalls, doch findet man auch edle Geschenkboutiquen und Juweliere sowie Keramik und traditionelles Kunsthandwerk. Die Stadt Huelva kann mit Sevilla in Sachen Einkaufen sicher nicht mithalten, doch in den Hügeln der Sierra Morena können Sie in Aracena und Jabugo den besten *jamón serrano* (luftgetrockneter Schinken) und andere Leckerbissen erstehen, von denen man nur träumen kann.

Die Haupteinkaufszone von Sevilla liegt zwischen der geschäftigen Plaza Nueva (➤ 152) und der angrenzenden Plaza de San Francisco (➤ 152) sowie weiter nördlich der Plaza del Duque de la Victoria. Das Zentrum umfasst die Fußgängerzone der **Calle Sierpes** (➤ 152), die zusammen mit den Nachbarstraßen Velázquez, Tetuán, Méndez Núñez und den sie verbindenden Gassen ein breites Spektrum an Geschäften aufweist. Hier gibt es Kleidung, Schuhe, Lederwaren, Kinderbekleidung und Keramik. Den letzten Schrei in Sachen Mode ersteht man bei **Max Mara** (Plaza Nueva 3, Tel. 954 21 48 25) oder bei **Zara** (Plaza del Duque de la Victoria. Tel. 954 21 48 75). Mode aus Amerika verkauft **Nicole Miller** (Albareda 16, Tel. 954 56 36 14), und für eine spanisch-italienische Mode geht man zu **Vittoria & Lucchino** (Calle Sierpes, Tel. 954 22 71 51).

Wer etwas absolut Spanisches möchte, findet in der Calle Sierpes mehrere Geschäfte, die sich Flamenco-tüchern, Schals und Schuhen verschrieben haben, darunter **Molina** (Calle Sierpes 11, Tel. 954 21 10 69) und **María Rosa** (Calle Cuna 13, Tel. 954 22 21 43). Abseits der Calle Sierpes und östlich der Kathedrale kann man bei **Artesanía Textil** (Garcia de Vinuesa, Tel. 954 56 28 40) Platzdeckchen oder typisch andalusische Tischdecken erstehen. Wirklich schicke Hüte kauft man bei perfekter Beratung in der **Sombrería Maquedano** (Calle Sierpes 40, Tel. 954 56 47 71).

Schmuck bester Qualität findet man in der **Joyería Abrines** (Calle Serpientes 47, Tel. 954 22 84 55) und in der **Casa Ruiz** (O'Donnell 14, Tel. 954 22 21 37, und Calle Sierpes 68, Tel. 954 22 77 80). Am nördlichen Ende der Calle Sierpes befindet sich eine Zweigstelle des Kaufhauses **El Corte Inglés** (Plaza del Duque de la Victoria). Völlig anders präsentiert sich der **Szene-Markt** mit Schmuck und Bekleidung, der jeden Donnerstag, Freitag und Samstag an der Plaza del Duque de la Victoria abgehalten wird. Wer wissen möchte, was den echten Sevillaner bei der Feria de Abril (▶ 21) begeistert, wirft einen Blick ins **Arcab** (Paseo de Cristóbal Colón 8, Tel. 954 56 14 11), wo sich alles ums Reiten dreht.

In Sevilla gibt es einige hervorragende Konditoreien. Im **La Campana** (Tel. 954 22 35 70) am Nordende der Calle Sierpes bekommt man eine große Auswahl an leckern Kuchen und Torten. **Horno San Buenaventura** (Avenida de la Constitución/Calle Vinuesa, Tel. 954 92 32 64) direkt gegenüber der Kathedrale wartet in seinem Café-Restaurant mit Süßigkeiten, Eis, Torten und Kuchen auf, dass einem das Wasser im Mund zusammenläuft.

Gut geeignet zum Einkaufen ist außerdem die Calle Hernando Colón, die vom Haupteingang der Kathedrale bis zur Plaza de San Francisco verläuft und an der sich zahlreiche Andenkenläden und Bekleidungsgeschäfte befinden. Im Barrio de Santa Cruz (▶ 148) gibt es zwischen billigen Souvenirläden auch einige hochklassige Geschäfte, zum Beispiel **Agua de Sevilla** (Rodrigo Caro 16, Tel. 954 21 06 54) nicht weit von den Reales Alcázares (▶ 146), eine sehr schicke Parfümerie, in der es auch Accessoires gibt. Wer Keramik und Kunsthandwerk sucht, sollte bei **Martian Ceramics** (Calle Sierpes 74, Tel. 954 21 39 76), **El Postigo** (Arfe, Tel. 954 21 39 76), **Sevillart** (Call Vida 17, Santa Cruz, Tel. 954 56 25 67) oder auf der anderen Seite des Flusses im Viertel Triana bei **Azulejos Santa Isabel** (Alfarería 12, Tel. 954 34 46 08) stöbern.

CARMONA

Hervorragende Keramik, darunter handbemalte Kacheln und Namensschilder, findet man bei **Cerámica San Blas** (Dominguez de la Haza 18, Tel. 954 14 40 49). Wer nach typischen Produkten sucht, geht zum **Markt**, der morgens an der Calle Domínguez de Aposanto stattfindet.

PROVINZ HUELVA

Die Hügel der Sierra Morena im Norden von Sevilla sind die Heimat des *jamón*; hier wird der lecker luftgetrocknete Schinken, bekannt als *pata negra*, hergestellt. In Aracena verkauft **Jamones y Embutidos Ibéricos, La Trastienda** (Plaza San Pedro 2, Tel. 959 12 71 58) alle möglichen Schinkensorten und gekochtes Fleisch; die größte Auswahl findet man jedoch in Dorf **Jabugo** (▶ 184). In Topgeschäften wie **La Cañada de Jabugo** (Carretera San Juan del Puerto-Cáceres 2, Tel. 959 12 12 07) ist die Auswahl an *jamón*, *chorizo* (würzige Würstchen) und *salchichón* (Salami) umwerfend.

Typisches Kunsthandwerk aus der Sierra Morena sollten Sie in Aracena im **Artesanía Pascual** (Plaza de San Pedro 47, Tel. 959 12 80 07) kaufen, einem hübschen bunten Laden, der sich auch direkt am Parkplatz des Ortes befindet.

Auch an der Costa de la Luz gibt es Geschäfte mit dem gewissen Etwas. Zum Informationszentrum des Parque Nacional de Doñana, dem **Centro de Recepción del Acebuche** (▶ 159), gehört ein Andenkenladen, der auch Kunsthandwerkliches anbietet.

Wohin zum ...
Ausgehen?

In Sevilla kann man sich am Kiosk den Monatskalender *El Giraldillo* (www.elgiraldillo.es) kaufen, der manchmal wie auch *Sevilla Welcome & Olé* in den Touristeninformationen kostenlos ausliegt.

NACHTLEBEN

In **Sevilla** gibt es weniger große Nachtclubs als vielmehr unzählige Musikbars, die alle an der Plaza de la Alfalfa ein paar Straßen östlich der Calle Sierpes liegen. Am Westufer des Río Guadalquivir bietet die Calle del Betis am Eingang zum Viertel Triana Livemusik.

FLAMENCO

Sevilla gehört zu den großen Flamencostädten, und es gibt mehrere Lokale, in denen »spontan« getanzt wird, was sich jedoch kaum bis zu den Touristen herumspricht.

Es gibt auch relativ überdrehte Shows; ein guter Kompromiss ist unter den Umständen das **El Arenal** (Calle Rodo 7, Tel. 954 21 64 92), ein etabliertes Lokal mit *zwei tablaos* (▶ 17) pro Nacht und der Möglichkeit zu essen. Im Herzen des Barrio de Santa Cruz (▶ 148) finden sich **Los Gallos** (Plaza de Santa Cruz 11, Tel. 954 21 69 81) und **El Tamboril** (Plaza de Santa Cruz), die beide einen Besuch lohnen. Wer mehr Atmosphäre will, geht ins beliebte **La Carboneria** (Calle Levries 18, Tel. 954 21 44 60), wo oft am Donnerstag und Montag Flamenco stattfindet, selten jedoch vor 22 Uhr. Zur Calle Levíes gelangt man über die Calle San José, ein paar Straßen nordöstlich der Calle Mateos Gago im Barrio de Santa Cruz.

THEATER

Sevillas **Teatro de La Maestranza** (Paseo de Cristóbal Colón 22, Tel. 954 22 65 73; www.teatromaestranza.com), etwa hundert Meter von der Stierkampfarena entfernt, bringt hervorragende Opern, klassische Konzerte und Jazz auf die Bühne. Das **Teatro Lope de Vega** (Avenida María Luisa, Tel. 954 59 08 46) zeigt Schauspiel, Musik und Tanz.

STIERKAMPF

Sevillas legendäre Arena aus dem 18. Jahrhundert, **La Maestranza** (Paseo de Cristóbal Colón, Tel. 954 22 45 77), zeigt *corridas* von Weltrang, die immer ausverkauft sind; selbst ein Ticket auf der sonnigen Seite muss man lang im Voraus buchen. Saison ist von Ostersonntag bis Oktober, wobei im Juni und Juli Berühmtheiten zu sehen sind, die übrige Zeit auch Anfänger. Die Stierkämpfe finden am Sonntagabend statt, während der Feria de Abril (▶ 19) jeden Abend. Beste Aussichten auf ein Ticket hat man beim Schalter direkt an der Arena.

AKTIVITÄTEN IM FREIEN

Bei Aracena bietet die **Sierra Morena** vielfältige Möglichkeiten zum Wandern. Organisierte Unternehmungen sind relativ selten, doch hält die Touristeninformation Auskünfte über geführte Wanderungen und Radtouren bereit.

An der Costa de la Luz (▶ 161f) von Huelva bietet sich im **Parque Nacional de Doñana** (▶ 158) Gelegenheit, Vögel zu beobachten. Sie können auch an einer Standardtour im Auto durch den Park teilnehmen (zu buchen über Centro de Recepción del Acebuche, Tel. 959 43 04 32). Hoch zu Ross kann man im Rahmen eines eintägigen Ausritts durch das Marschland der Doñana ebenfalls viele Vögel sehen (zu buchen über **Doñana Ecuestre**, El Rocío, Tel. 959 44 24 74; www.donanaecuestre.com).

Spaziergänge & Touren

1 GRANADAS ALBAICÍN

Spaziergang

Auf diesem Rundweg wird das malerische alte Maurenviertel von Granada, der Albaicín (▶ 87), erkundet. Immer wieder bieten sich herrliche Blicke auf die Alhambra und die Sierra Nevada. Die Strecke führt durch enge Gassen den Albaicín-Hügel hinauf, vorbei an historischen Kirchen und mitten durchs Herz des Viertels bis zum Aussichtspunkt Mirador de San Nicolás.

LÄNGE: 3 Kilometer
DAUER: 2–3 Stunden
START/ZIEL: Plaza Nueva ✚ 200 C2

Klassischer Blick auf die Alhambra mit den schneebedeckten Gipfeln der Sierra Nevada im Hintergrund

1–2

Von der Plaza Nueva spaziert man über die Plaza de Santa Ana mit der Iglesia de Santa Ana y San Gil und durch die schmale, aber verkehrsreiche Carrera del Darro. Rechter Hand bahnt sich der Rinnsal, der Río Darro, seinen Weg durchs sumpfige Gestrüpp. Gehen Sie die Straße entlang, und passieren Sie zunächst eine alte maurische Brücke, den Puente de Cabrera, dann den Puente de Espinosa. Am gegenüberliegenden Ufer, direkt hinter der zweiten Brücke, stehen die Überreste eines Tores aus dem 11. Jahrhundert, der Puerta de los Tableros, und einer alten Brücke, des Pu-

ente del Cadí. Halten Sie nun links nach einer Gasse namens Bañuelo Ausschau, dort befinden sich linker Hand die **Baños Árabes** (▶ 87).

2–3

Gehen Sie auf der Carrera del Darro weiter, vorbei am **Convento de Santa Catalina de Zafra** (tägl. geöffnet, im Aug. geschl.), wo Sie bei den Nonnen leckeren Mandelkuchen kaufen können. Dann folgt das **Museo Arqueológico** (▶ 87). Laufen Sie

weiter geradeaus und passieren Sie die Terrasse des Paseo del Padre Manjón, auch bekannt als Paseo de los Tristes, weil hier einst die Priester öffentlich der Gemeinde Trost zusprachen. Heute steht hier alles voller Cafétische.

3–4

Biegen Sie gleich hinter der Bar La Fuente links ab, und gehen Sie die schmale gepflasterte Calle Horno del Oro hinauf. Am Ende der Gasse folgen ein paar Stufen, rechts dann noch weitere. Überqueren Sie die nächste Gasse und laufen Sie die Calle Valenzuela hinauf. Ganz oben warten weitere Stufen, halten Sie sich links und an der nächsten Gabelung rechts. Biegen Sie nach 20 Metern scharf links ab, dann geht es bergauf und rechts weiter. An der Kreuzung mit der Carril de San Agustín halten Sie sich scharf links und folgen einer Gasse mit Kopfsteinpflaster. Links bietet sich wieder ein herrlicher Blick auf die Alhambra.

vorbei geradeaus weiter. Sie passieren nun einen maurischen Ziegelbrunnen, den Aljibe de Bibalbonud, und den Convento Santo Tomasas de Villanueva. Hinter der von Bäumen gesäumten Placeta del Abad führt der Weg an der Mauer der Kirche **San Salvador** entlang. Wenn Sie sich links halten, gelangen Sie zum Eingang. Die Kirche steht am Platz der früheren Moschee.

Iglesia de san Salvador

CALLE VALENZUELA

HORNO DEL ORO

CARRIL DE SAN AGUSTÍN

Aljibe de Polo

PLACETA DE ABAD

Aljibe de Bibalbonud

Café Bar La Fuente

MANJÓN (TRISTES)

③

PLAZA DEL CEMENTERIO DE SAN NICOLÁS

Convento Santo Tomasas de Villanueva

④

Museo Arqueológico

PASEO DEL PADRE DE LOS

CALLE JON SAN CECILIO

Iglesia San Nicolás

Mirador de San Nicolás

NUEVO CALLE SAN NICOLÁS

⑦

ALBAICÍN

Convento de Santa Catalina de Zafra

Río Darro

② BAÑUELO

Puente del Cadí

Puerta de los Tableros

Alhambra

PLACETA DE LAS MINAS

⑥

CTA. MARÍA DE LA MIEL

ALGIBE DEL GATO

⑧

Baños Árabes

CARRERA DEL DARRO

Puente de Espinosa

200 Meter

0

PLACETA NEVOT

PLACETA DE LA CRUZ VERDE

Puente de Cabrera

CARRERA DEL DARRO

SAN GREGORIO

Iglesia de Santa Ana y San Gil

PLAZA SANTA ANA

CALLE DE ELVIRA

CALDERERÍA NUEVA

PLAZA NUEVA

①

CALLE DE ELVIRA

⑨

Gegen Ende führen Treppen hinunter zur Caldería Nueva

Die Cafés an der Plaza del Cementerio de San Nicolás laden zu einer Pause ein

4–5
Folgen Sie der Gasse nun nach rechts und gehen Sie an der Kreuzung auf der linken Seite

5–6

Halten Sie sich nach dem Verlassen der Kirche links, und biegen Sie dann noch einmal links in die Calle Panaderos ab. Gehen Sie an einem weiteren alten Brunnen, dem Aljibe de Polo, mehreren kleinen Läden und netten Bars vorbei zur Plaza Larga, an der es noch mehr Geschäfte und Lokale gibt, außerdem Stände mit Blumen und Obst am Morgen. Überqueren Sie den Platz, und durchschreiten Sie die **Puerta de las Pesas,** ein altes Tor in den Mauern der Maurenburg, der Alcazaba.

6–7

Steigen Sie hinter dem Torbogen die Stufen bis zur Placeta de las Minas hinauf, und biegen Sie oben links in den Callejón de San Cecilio ein. Folgen Sie der Gasse bis zur Plaza del Cementerio de San Nicolás mit der gleichnamigen Kirche aus dem 16. Jahrhundert. Auf der rechten Seite der Kirche befindet sich eine maurische Zisterne, aus deren Hähnen Wasser sprudelt. Direkt vor der Kirche liegt der **Mirador de San Nicolás,** der bekannteste Aussichtspunkt von Granada; hier sollte man gut auf seine Sachen aufpassen.

7–8

Gehen Sie rechts vom Mirador bergab, und laufen Sie rechts über den Camino Nuevo de San Nicolás. Biegen Sie an der Kreuzung links ab, und folgen Sie einer schmalen Gasse, der Cuesta María de la Miel. Rechts beginnt nun der Algibe del Gato. Nach einigen Metern verläuft der Weg zuerst links und dann rechts zur **Placeta Nevot.** Auf der rechten Seite des Platzes steht ein Haus im arabischen Stil mit schönem Torbogen.

8–9

Gehen Sie weiter bergab und über die **Placeta de la Cruz Verde** – von hier erhascht man einen Blick auf die Alhambra. Wenn Sie der San Gregorio und der Calderería Nueva folgen, kommen Sie am schnell wachsenden »arabischen Viertel« von Granada mit muslimischen Lebensmittelgeschäften, Teehäusern und Läden mit Kunsthandwerk vorbei. Biegen Sie an der Calle de Elvira links ab, um wieder zur Plaza Nueva zu gelangen.

Kleine Pause

An der Plaza del Cementerio de San Nicolás, kurz vor dem Mirador de San Nicolás, können Sie in der **Café-Bar El Mirador** und in der **Café-Bar Kiki San Nicolás** wunderbar sitzen und sich erholen.

Wann?

Es ist günstig, diesen Spaziergang am späten Vormittag zu unternehmen. Die Morgensonne ist noch nicht zu heiß, und auf den Straßen und Plätzen ist viel los.

Sehenswürdigkeiten

Iglesia de San Salvador

Mo–Sa 10–13 und 16–18.30 Uhr preiswert

Am Mirador de San Nicolás, dem bekanntesten Aussichtspunkt Granadas, warten Straßenhändler auf Käufer

2 VERBORGENE WINKEL IN CÓRDOBA

Spaziergang

Entfliehen Sie den Menschenmassen rund um die Mezquita, und erkunden Sie die Ecken von Córdoba, in denen es keine Andenkenläden gibt, dafür aber faszinierende alte Gebäude und verschwiegene Winkel, dazu Bars und Cafés, in denen sich die Einheimischen treffen.

LÄNGE: 4 Kilometer
DAUER: 2–3 Stunden
START/ZIEL: Mezquita ✚ 198 C2

1–2

Der Spaziergang beginnt an der Nordecke der Mezquita, wo die Magistral González Francés auf die schmale Calle Encarnación trifft. Folgen Sie der Encarnación, und werfen Sie einen Blick auf den Eingang des **Meryan**, eines der schönsten Ledergeschäfte der Stadt. Biegen Sie bei der Iglesia de la Incarnación rechts in die Calle del Rey Heredia ab. In die Ecke der Kirche wurde eine römische Säule integriert, einer der zahlreichen Überreste des prämuslimischen Córdoba, auf die man immer wieder stößt. Biegen Sie nach 20 Metern links in die Horno del Cristo ein, halten Sie sich dann abermals links, um zur Plaza de Jerónimo Páez zu gelangen. Hinter den Wipfeln der Pal-

men, Zypressen und Orangenbäume können Sie schon e Renaissancefassade des **Museo Arqueológico** (▶ 118) von Córdoba erkennen.

2–3

Folgen Sie der schmalen Marqués del Villar rechts vom Museum. Die Straße schlängelt sich nach links und rechts und führt vorbei an einem herrlichen Barockportal mit gewundenen Säulen und einer beschlagenen Tür. Biegen Sie am Ende der Straße rechts in die Ambrosio de Morales ein, und laufen Sie zur **Plaza Seneca** mit Barockstatuen und römischen Kapitellen. Der Name des Platzes erinnert an einen cer berühmtesten Söhne der Stadt, den Philosophen Seneca, der 55 v. Chr. in Córdoba geboren wurde. Hier befindet sich auch die **Taberna**

Sociedad Plateros, eine Bar mit einer Holzbalkendecke, die von alten Steinsäulen gestützt wird; sie ist in Besitz der Zunft der Silberschmiede.

3–4

Gehen Sie nun weiter über die San Eulogio und die Calle Cabezas zum Hostal Portillo. Der Name bezieht sich auf den **Arco de Portillo**, ein maurisches Stadttor; das etwas weiter unten auf der linken Seite steht. Nach einer weiteren römischen Säule, die in eine Mauer integriert ist, folgt die verfallene Fassade eines Renaissancepalasts, der **Casa de los Marqueses del Carpio.** Einige Meter dahinter beginnt ein schmaler Torweg, **De los Arquillos** genannt. An der Wand links erzählt ein Schild die grausame Geschichte von einem Ritter, der im 10. Jahrhundert Rache nahm für die Beleidigungen, die sieben adelige

**Die Iglesia de la Trinidad,
eine der schönsten
Kirchen Córdobas**

Straße, und biegen Sie nach einigen Metern rechts in die Calle San Francisco ab. Passieren Sie die Kreuzung (rechts liegt die **Plaza del Potro**, ▶ 118), und biegen Sie links in die Calle Armas ein. Von dort aus geht es über die Calle Sanchez Pena und die Plaza Canas zur arkadengesäumten Plaza Corredera. Sie wurde im 17. Jahrhundert angelegt, in den vergangenen Jahren restauriert, und diente schon als Schauplatz für die Verbrennungen während der Inquisition, für Stierkämpfe, Feste und moderne Rockkonzerte.

5–6
Verlassen Sie die Plaza an der Ecke auf der gegenüberliegenden Seite links, und gehen Sie die Calle Rodríguez Marín hinauf. Überqueren Sie ganz oben die betriebsame Kreuzung Tundidores/Capitulares, und spazieren Sie auf der Claudio

200 Meter

lige Brüder seiner Braut zufügten: Er ließ alle sieben umbringen, setzte den Vater in dem Haus, das an Los Arquillos angrenzte, gefangen und stellte die Köpfe der Brüder am Torweg zu Schau. Spazieren Sie weiter bis zu einer Kreuzung, und biegen Sie links in die Calle dereros ein. Wenn Sie geradeaus weitergehen, kommen Sie zur Plaza de la Pescadería mit einer Palme in der Mitte. Kurze Zeit später zweigt die Calle de San Fernando ab.

4–5
Spazieren Sie nun links die Calle de San Fernando hinauf. Überqueren Sie die

Map labels:
PLAZA CORREDERA · PLAZA S CANAS · CALLE ARMAS S PENA · PLAZA DEL POTRO · SAN FRANCISCO POTRO · RODRIGUEZ MARIN · TUNDIDORES · CAPITULARES · CLAUDIO MARCELO · Arco de Portillo · CALLE DE SAN FERNANDO · Casa de los Marqueses del Carpio · CACERES · CALDEREROS · SAN EULOGIO · Taberna Sociedad Plateros · Museo Arqueológico · AMBROSIO DE MORALES · MARQUES DEL VILLAR · PLAZA SENECA · De los Arquillos · CRISTO DEL HORNO · PLAZA DE JERÓNIMO PAEZ · CALLE DEL HEREDIA · MAGISTRAL GONZÁLEZ FRANCÉS · Iglesia de la Encarnación · CALLE DE LA ENCARNACIÓN · Meryan · Mezquita-Catedral · PLAZA DE LAS TENDILLAS · CONDE DE GONDOMAR · AVENIDA DEL GRAN CAPITÁN · Iglesia de San Nicolás de la Villa · PLAZA DE SAN FELIPE · SAN FELIPE · PLAZA DE RAMÓN Y CAJAL · TESORO · Iglesia de la Trinidad · PLAZA TRINIDAD · PLAZA PROFESOR LÓPEZ-NEYRA · SÁNCHEZ DE FERIA · CALLE FERNÁNDEZ RUANO · Puerta de Almodóvar · PUERTA DE ALMODÓVAR · Zoco · CALLE JUDÍOS · Sinagoga · Museo Taurino · PLAZA MAIMÓNIDES · CALLE CARDENAL SALAZAR · PLAZA DEL CARDENAL SALAZAR · CALLE ROMERO · CALLE AVERROES · CALLE DEANES · JUDERÍA · CALLE DE TORRIJO

① ② ③ ④ ⑤ ⑥ ⑦ ⑧

Marcelo weiter. Hinter rekonstruierten römischen Säulen folgt die **Plaza de las Tendillas** mit der Uhr, die Flamencomusik spielt (▶ 118).

6–7

Überqueren Sie die Plaza de las Tendillas, und bummeln Sie die Einkaufsstraße Conde de Gondomar rechts von der Flamencouhr hinunter. Sie

gelangen nun zur breiten Avenida del Gran Capitán und zur **Iglesia de San Nicolás de la Villa**. Diese Kirche mit ihrem schmucken Glockenturm zählt zu den schönsten Sakralbauten Córdobas. Biegen Sie nun links in die Calle San Felipe ein, die an der Kirche vorbeiführt. Über die Plaza de San Nicolás erreichen Sie die Plaza de Ramón y Cajal. Halten Sie sich rechts, und laufen Sie über die Tesoro zur Plaza de la Trinidad mit der **Iglesia de la Trinidad**. In der Kirche mit dem weißen Innenraum steht ein schöner vergoldeter Altaraufsatz. Gegenüber der Kirche beginnt die Sánchez de Feria, die an der kleinen Plaza de Profesor López-Neyra vorbeiführt. Biegen Sie rechts in die Calle Fernández Ruano ab. Am Ende der Straße steht die **Puerta de Almodóvar** (▶ 117).

7–8

Gehen Sie durch die Puerta de Almodóvar und dann ein Stück die Calle Judíos hinunter, wo linker Hand die hervorragende Bodega Guzman liegt, die bei den Einheimischen überaus beliebt ist. Gleich danach beherbergt die **Casa Nr. 12** ein ungewöhnliches Museum: In diesem alten Haus sind die *patios* und Räumlichkeiten wie im 12. Jahrhundert ausgestattet. Im Keller befinden sich

westgotische Reliefs und ein schönes römisches Mosaik. Wenn Sie der Straße weiter folgen, gelangen Sie zum **Zoco-Kunsthandwerksmarkt**, zur **Synagoge** und zur **Statue von Maimónides** (alle ▶ 117). Am **Museo Taurino** (▶ 117) vorbei gelangen Sie über die Calle Romero schließlich wieder zur Mezquita.

Kleine Pause

Am Weg liegen viele Bars und Cafés. Die **Taberna Sociedad de Plateros** (Calle San Francisco 6) ist sehr beliebt und wartet mit einem herrlichen überdachten *patio* auf. Die **Bodega Guzmann** (Calle Judíos 7) ist einen Besuch wert, auch wenn Sie die dortigen hochwertigen Weine vom weiteren Spaziergang abhalten sollten.

Wann?

Wer diesen Spaziergang mit dem Besuch des Museo Arqueológico und weiteren Sehenswürdigkeiten in der Calle Judíos verbinden möchte, sollte am Vormittag oder frühen Abend starten.

Sehenswürdigkeiten

Casa No 12

🗺 Casa Nr. 12, Calle Judíos

🕐 Di–Sa 10–14 und 18–20 Uhr

Die Casa Nr. 12 mit rekonstruiertem maurischen Interieur

3 SIERRA DE GRAZALEMA

Tour

Die *pueblos blancos* in der Provinz Málaga und Cádiz sind Bergdörfer mit weiß getünchten Häusern mitten im imposanten Parque Natural Sierra de Grazalema. Auf dieser Tour lernt man einige der schönsten Orte kennen.

1–2

Verlassen Sie **Grazalema**, das unterhalb des felsigen Peñón Grande liegt, auf der Straße in Richtung Ronda. Überqueren Sie die Kreuzung, und folgen Sie den Schildern nach Ronda und Ubrique. Die Straße schlängelt sich unter Felsvorsprüngen bergauf. Folgen Sie an der nächsten Gabelung der A374 in Richtung Ubrique. Durch die schroffen Felsen der Sierra del Caillo geht es vorbei an **Villaluenga del Rosario**, dem am höchsten gelegenen Dorf der Provinz Cádiz.

2–3

Die Fahrt führt durch das Tal La La Manga mit Steilhängen zu beiden Seiten und Steinmauern am Rand der Klippen. Hinter einem Aussichtspunkt

LÄNGE: 80 Kilometer
DAUER: 4–5 Stunden
START/ZIEL: Grazalema ✛ 195 D2

mit Picknickplatz macht die Straße eine scharfe Rechtskurve. Biegen Sie etwa einen Kilometer dahinter in Richtung **Benaocaz** ab, und fahren Sie ins Dorf hinein. Sie können Ihr Auto auch am Ortsrand auf der Plaza de la Vista Hermosa auf dem Parkplatz abstellen. Das Dorf, eine Maurensiedlung aus dem 8. Jahrhundert, ist ein typisches *pueblo blanco* mit weiß getünchten Häusern, die sich vor dem Hintergrund der schroffen Kalksteinfelsen und Wälder an die Hänge klammern. Rund um den Hauptplatz, die Plaza de las Libertades, stehen Säulen mit kleinen Keramikkacheln, auf denen Wahrzeichen der Region dargestellt sind.

3–4

Gehen Sie von der Plaza de la Vista Hermosa aus über die Calle Cavadero zur Plaza de las Libertades. Biegen Sie nun links in die Calle San Blas ein, und fahren Sie an der Hauptstraße rechts in die mit A373 Villamartín ausgeschilderte Straße. Nach etwa drei Kilometern folgt eine Kreuzung, an

Rechts: Das Dorf Benaocaz ist ein günstiger Ausgangspunkt für Touren

der Sie rechts abbiegen müssen. Nun liegt die relativ große Stadt Ubrique direkt links unter den Felsen des Cruz de Tajo. Über die A373 kommen Sie nun etwas schneller voran.

4–5

Folgen Sie den Schildern in Richtung El Bosque, und biegen Sie am Wegweiser nach Benamahoma und Grazalema rechts ab. Halten Sie sich an der nächsten Kreuzung abermals rechts, und fahren Sie auf der A372 in Richtung **Benamahoma**, Ronda und Grazalema. Die Straße windet sich nun die massiven Felsen der Sierra del Pinar hinauf, vorbei an Benamahoma, einem hübschen *pueblo blanco*. Hier wird das maurische Erbe am ersten Sonntag im August bei einem farbenprächtigen Fest gefeiert, zu dem auch fingierte Schlachten zwischen den Mauren und den Christen gehören. Weiter geht es über die A372 mit herrlicher Aussicht auf die Kalksteinfelsen rechts. Nach etwa acht Kilometern biegt man links ab nach Zahara de la Sierra.

5–6

Nun fahren Sie durch eine herrliche Landschaft mit Bergen, die von Kork- und Steineichen sowie Edeltannen bestanden sind, einer Koniferenart, die schon seit der letzten Eiszeit hier heimisch ist und jetzt im Parque Natural Sierra de Grazalema gedeiht. Die Straße windet sich in vielen Haarnadelkurven stetig bergauf bis zum Puerto de Palomas in 1357 Metern Höhe. Von da ab geht es genauso kurvenreich wieder hinunter. Etwa vier Kilometer unterhalb des Passes führt ein Pfad zur imposanten Garganta Verde, einer Schlucht (▶ 178, Kasten). In Richtung Zahara de la Sierra geht es weiter, vorbei an einer Ölmühle, **El Vínculo Molino de Aceite Alojamiento Rural**, die zu den normalen Arbeitszeiten (▶ 74) besichtigt werden kann. Überlegen Sie gut, ob Sie Ihrem Magen das angebotene Glas Olivenöl zumuten können. Bis zum Dorf Zahara de la Sierra sind es jetzt noch vier Kilometer.

6–7

Nach **Zahara de la Sierra** gelangen Sie über eine Straße, die sich den Berg hinaufschlängelt. Kurz vor dem Ortseingang gibt es einige Parkplätze; es ist ratsam, den Wagen gleich hier oder weiter unten am Berg zu abzustellen. Zahara ist eines der schönsten *pueblos blancos* und wurde in den

Die Garganta Verde

Wer zwei oder drei Stunden erübrigen kann, sollte sich eine Wanderung in diesem wunderschönen Teil der Sierra nicht entgehen lassen. Man muss sich allerdings eine Genehmigung im Informationsbüro von El Bosque oder in Grazalema (▶ 66f) besorgen. Der Weg vom Parkplatz am Straßenrand ist gut ausgeschildert und führt tief in die Schlucht der Garganta Verde hinein. Kurz bevor der Pfad wieder zur Talsohle der Schlucht zurückführt, sollte man noch einen kleinen Abstecher steil hinauf zu den atemberaubenden **Las Buitreras de Garganta Verde** machen. Von oben blickt man auf riesige Felswände, in denen Dutzende von Gänsegeiern nisten. Mit etwas Geduld bekommt man einen der imposanten Vögel mit drei Metern Flügelspannweite zu Gesicht. Der Hauptweg führt in die steinige Schlucht hinunter, wo die Höhlen der **Garganta de la Ermita** mit vielfarbigen Gesteinsformationen beeindrucken.

Achtzigjahren unter Denkmalschutz gestellt. Das Dorf klammert sich an einen felsigen Berg, auf dem eine restaurierte Burg aus dem 12. Jahrhundert thront. Die schmale Hauptstraße führt zur Pla-

za, die von der Barockkirche Santa María de Mesa beherrscht wird, außerdem gibt es einen Aussichtspunkt mit Blick auf den Embalse de Zahara, einen Stausee unterhalb des Dorfes. Zur Burg gelangt man über einen steinigen Weg vom Platz aus. Der Blick von der Brustwehr lohnt die Anstrengung.

Verlassen Sie Zahara auf der Hauptstraße. Halten Sie sich an der *plaza* rechts, dann links, um-

Die restaurierte maurische Burg aus dem 12. Jahrhundert überragt das Dorf Zahara de la Sierra

runden Sie den Kreisel, und fahren Sie durch schmale Straßen zum Ortsausgang. An der Einbahnstraße, über die Sie gekommen sind, biegen Sie scharf rechts in eine kurze Seitenstraße ein, die zur Hauptstraße führt. Biegen Sie am Wegweiser nach Grazalema rechts und an der nächsten Kreuzung links nach Arroyo Molinos ab. Folgen Sie den Schildern nach Arroyo Molinos; sie gelangen auf die Straße oberhalb des Stausees.

7–8

Fahren Sie gleich hinter dem Stausee rechts in Richtung Grazalema und bei einer Abzweigung ebenfalls nach rechts.

Kleine Pause

In Benaocaz kann man im Restaurant **Casa Olivia** (Calle Lavadero, Tel. 956 23 55 98) in angenehmer Atmosphäre gute einheimische Gerichte essen. In Zahara de la Sierra kann man im Restaurant des Hotels **Marqués de Zahara** an der Hauptstraße essen (Tel. 956 12 30 61). In der einfachen **Bar Nuevo** gleich gegenüber wird ebenfalls für das leibliche Wohl gesorgt.

4

KERAMIKDÖRFER UND COWBOYLAND

Tour

LÄNGE: 100 Kilometer
DAUER: 3 Stunden (bei Aufenthalt in Níjar oder Mini Hollywood länger)
START/ZIEL: Almería ✠ 197 E2

Erster Halt auf dieser Tour ist das Dorf Níjar, eines der wichtigsten Keramikzentren in Andalusien. Von hier führt die Route durch beeindruckende Cañons von Almería. Hier wurden eine ganze Reihe von Italowestern gedreht, unter anderem *Für eine Hand voll Dollar*. Im Themenpark Mini Hollywood lebt der Wilde Westen fort.

1–2

Fahren Sie am Ende der Rambla de Belén in Almería am Kreisel in Richtung Murcia und Mojácar. Nach 17 Kilometern erreichen Sie die Abfahrt zur E15. Hinter den Vorstädten von Almería und dem Flughafen beginnt die bizarre Welt der *plasticultura* mit Treibhäusern aus Plastik, in denen Obst und Gemüse angebaut wird (▶ Kasten, 181). Hinter der Ebene Campo de Níjar ragen die Berge der Sierra de Alhamilla auf. Nach 30 Kilometern folgt der Wegweiser nach **Níjar** (▶ 100). Auf der langen Hauptstraße, der Avenida García Lorca, gibt es viele Parkbuchten. Die Keramikherstellung floriert hier schon seit der Zeit der Mauren,

und so befinden sich an der Avenida García Lorca sowie im angrenzenden Barrio Alfarero unzählige Geschäfte. Wenn man schon einmal hier ist, sollte man an der Plaza de la Glorieta, dem Hauptplatz der Oberstadt, einen Besuch abstatten – fahren Sie einfach über die Avenida García Lorca bergauf. Die hübsche Kirche Santa María de la Anunciación aus dem 16. Jahrhundert lohnt wegen ihrer bemerkenswerten Kassettendecke im *mudéjar*-Stil einen Besuch.

2–3

Verlassen Sie Níjar auf der Avenida García Lorca, und biegen Sie an der Kreuzung links nach Campohermosa und Murcia ab. An der nächsten Kreuzung geht es dann wieder links, die AL 103 führt Richtung Lucainena bergauf. Halten Sie sich an der nächsten Kreuzung rechts, und folgen Sie den Wegweisern in Richtung

In Níjar hat die Keramikindustrie eine lange Tradition

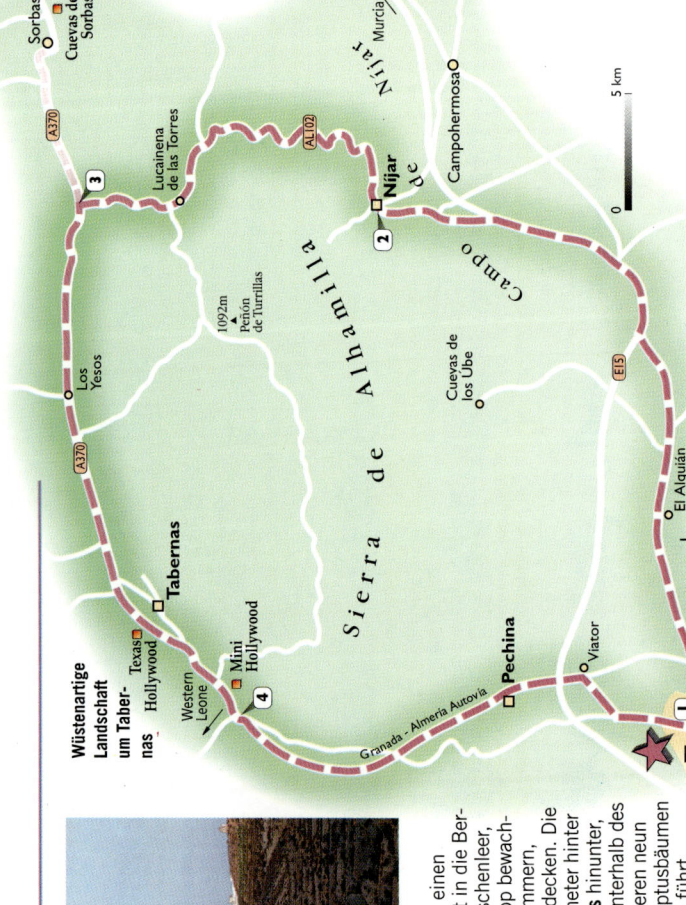

tung Lucainena (Achtung, das Schild kann durch einen Baum verdeckt sein!). Die Straße führt nun direkt in die Berge der **Sierra de Alhamilla** hinein. Hier ist es menschenleer, das karge Gebirge ist nur von Eichen und Gestrüpp bewachsen. Tief unten sieht man Plastiktreibhäuser schimmern, welche die ganze Ebene, den Campo de Níjar, bedecken. Die Straße ist hier voller Schlaglöcher. Etwa 16 Kilometer hinter Níjar führt sie zu dem Dorf **Lucainena de las Torres** hinunter, wo weiß getünchte Häuser sich um eine Kirche unterhalb des felsigen Peñón de Turrillas gruppieren. Nach weiteren neun Kilometern erreichen Sie eine gerade, von Eukalyptusbäumen gesäumte Straße, die zur Kreuzung mit der A370 führt.

Ein Meer aus Plastik

Im Westen der Provinz Almería nutzt man 25 000 Hektar ehemals trockenen, unbesiedelten Flachlandes für *plasticultura*. In Plastiktreibhäusern mit Flachdächern züchten die Gärtner mit Hilfe von Tropfbewässerung Unmengen an Gemüse, Obst und Blumen. Dieser Industriezweig verhalf der ehemals armen Region zu Wohlstand, hatte aber auch gravierende soziale und gesundheitliche Probleme bei den Arbeitern zur Folge. Außerdem stellen Umweltprobleme und Wassermangel die Zukunft des Projekts in Frage.

3–4

Entscheiden Sie nun, ob Sie rechts zum acht Kilometer entfernten Dorf Sorbas abbiegen möchten. **Sorbas** (▶ 101) liegt direkt am Hang einer Felsschlucht. Wie Níjar hat auch dieses Dorf eine lange Tradition der Keramikherstellung, die Produkte sind allerdings weniger dekorativ und eher funktional. Die Kalksteinhöhlen, die **Cuevas de Sorbas** (Führungen möglich, ▶ 101), sind etwa zwei Kilometer vom Ort entfernt. Biegen Sie auf der Hauptstraße an der Kreuzung mit der A370 links ab, und folgen Sie dem Schild nach Al-

meria. 17 Kilometer lang geht es durch wüstenartiges, trockenes Land ohne jegliche Vegetation mit graubraunen Sandsteinhügeln, die der Wind phantasievoll geformt hat.

Die Straße führt um das Dorf **Tabernas** herum, über dem eine maurische Burg thront; sie wirkt aus der Ferne imposant, ist aber nur noch eine Ruine. Sie befinden sich nun im Gebiet der Wildwest-Themenparks, das seit 1950 immer wieder als Schauplatz für amerikanische Cowboyfilme diente. Die erste der drei Wildwestattraktionen ist **Texas Hollywood**, das man über eine staubige Piste erreicht. In dieser Cowboystadt gibt es ein Fort und ein Dorf mit Indianerzelten. Wie auch in den anderen Wildwestparks werden hier immer wieder Show-Schießereien inszeniert, man kann Pferde mieten und sich als Cowboy verkleiden. Am besten – und teuersten – ist **Mini Hollywood** (▶ 102) etwa sechs Kilometer westlic von Tabernas. Noch einen Kilometer weiter führt die A370 zur neu eröffneten Autobahn Granada-Almería. Wenn Sie sich hier rechts halten, erreichen Sie die Zufahrt zur dritten Westernstadt, **Western Leone**. Sie wurde nach Sergio Leone benannt, der hier erfolgreiche Italowestern wie *Zwei glorreiche Halunken* drehte. Dieser Park ist am preiswertesten und wirkt durch seine Lage über

Mini Hollywood westlich von Tabernas ist der bekannteste Westernpark der Region

einer ausgetrockneten Bergschlucht auch am authentischsten Um wieder nach Almería zu gelangen, nimmt man die Autobahn Richtung Süden.

Kleine Pause

Am hübschen Hauptplatz im alten Níjar befinden sich die Café-Bars **La Glorieta** und **El Pipa**. In Mini Hollywood gibt es auch ein Café, eine Bar und ein Restaurant.

Aläjar ist ein typisches Dorf in der Sierra de la Virgen

LÄNGE: 60 Kilometer **DAUER:** 2–3 Stunden (bei ausgedehnteren Aufenthalten in den Dörfern und bei den Sehenswürdigkeiten entsprechend länger)
START/ZIEL: Aracena ✚ 194 B4

5 SIERRA DE ARACENA

Tour

Die Sierra de Aracena ist eine ganz eigene Welt voller bewaldeter Hügel, durch die sich Straßen von einem malerischem Dorf zum anderen schlängeln. Überall münden schmale Kopfsteinpflastergassen auf einen zentralen Platz, auf dem im Hochsommer sogar ein Brunnen mit kristallklarem Wasser plätschert.

1–2

Verlassen Sie Aracena über die Plaza de San Pedro gleich unterhalb des Parkplatzes, und fahren Sie in Richtung Aläjar nach Südwesten. Zuerst geht es eine Platanenallee entlang. Folgen Sie an der nächsten Kreuzung dem Schild nach Aläjar. Wenig später beginnt die herrliche Hügellandschaft der **Sierra de la Virgen.** Hier gilt es, seine Fahrkünste unter Beweis zu stellen: Oft muss man den Gang wechseln, da die A470 sich kurvenreich durch Kastanien-, Eschen- und Eichenwälder windet. Schon bald

können Sie einen ersten Blick auf das winzige Dorf **Linares de la Sierra** im Tal unten werfen. Der Ort ist einen Umweg wert. Am besten parken Sie oberhalb und spazieren bergab zum Hauptplatz hinunter. Hier hat jedes Haus sein eigenes Mosaik vor der Tür, das aussieht wie ein Fußabstreifer.

2–3

Weiter geht es über die A470, bis linker Hand die Abzweigung zum Dorf **Alájar** auftaucht. Über dem Ort ragen die Felsen der **Peña de Arias Montano** empor, deren Höhlen in prähistorischen Zeiten angeblich als Behausung dienten. Eine Seitenstraße führt von der Hauptstraße zur **Eremita de Nuestra Señora de los Ángeles**. Im 16. Jahrhundert zog sich hier der Geistliche und Gelehrte Benito Arias Montano zurück. Er war der Beichtvater von Philipp II., der die Einsiedelei besuchte und in einer Höhle in der Nähe meditierte (unterhalb des heutigen Parkplatzes). Ein großer Felsen neben der Höhle trägt seitdem den Namen »Königsstuhl«.

3–4

Kehren Sie auf die A470 zurück, und fahren Sie weiter bis zur Kreuzung mit der Straße von Huelva, der N435. Gegenüber liegt das Hostal el Cruce mit einer guten Tapas-Bar. Setzen Sie Ihre Fahrt auf der A470 fort, die mit Almonaster la Real und Cortegana ausgeschildert ist und durch den Wald führt.

Auf einem Abstecher kurz vor dem Dorf gelangen Sie auf einer kleinen steinigen Seitenstraße mit vielen Haarnadelkurven zum 912 Meter hohen **Mirador del Cerro San Cristóbal**. Auf dem bewaldeten Gipfel gibt es zwei Aussichtspunkte: Von dem einen blickt man zwischen Funkmasten hindurch auf Almonaster hinunter; den anderen erreicht man über einen Pfad, der am Ende der Straße abzweigt und eine atemberaubende Aussicht nach Westen auf die Sierra Pelada und im Nordosten auf die Picos de Aroche ermöglicht. Hier kann man gut Geier über dem Land kreisen sehen. Kehren Sie zur Hauptstraße zurück, und biegen Sie wenig später links nach **Almonaster** ab. Am Ortseingang gibt es Parkplätze. In Almonaster steht eine schöne **Moschee** aus dem 10. Jahrhundert, die zum Teil ins Felsgestein hineingebaut und auch nach ihrer Umfunktionierung zur christlichen Kirche im 13. Jahrhundert nicht verändert wurde. Es beeindrucken die Hufeisenbögen aus Ziegelstein, die von vermutlich römischen oder westgotischen Säulen getragen werden – sie erinnern an die Mezquita von Córdoba. Außerdem findet sich hier noch ein restaurierter Steinaltar, der aus einer westgotischen Kirche stammen soll. Vom Minarett kann man auf die Arena hinunterschauen; besonders Kinder sollten hier vorsichtig sein. Wer das Innere der Moschee besichtigen möchte, lässt sich im Rathaus an der *plaza* den Schlüssel geben.

4–5
Von Almonaster gelangt man auf der A470 nach etwa drei Kilometern zu

In der Sierra de Aracena gibt es Nüsse und Obst im Überfluss

Abstecher zu den Minas de Río Tinto

Sie können die Fahrt um 60 Kilometer verlängern und dem Bergbaugebiet Río Tinto (▶ 161) einen Besuch abstatten. Wer das vorhat, verlässt Jabugo am südlichen Ortsausgang, folgt den Wegweisern nach Huelva und fährt auf die N345 Richtung Süden. Nach 25 Kilometern biegt man links in die A461 ein, die mit Río Tinto und Nerva ausgeschildert ist. Folgen Sie nun den Schildern zum Dorf **Minas de Río Tinto** (▶ 161). Um das Dorf wieder zu verlassen, nimmt man die Ausfallstraße nach Sevilla und fährt auf der A461 durch bewaldete Hügel weiter. Dann wird ein Damm über den Embalse Cobre-Cossán, einen Stausee, überquert. Biegen Sie links auf die A479 Richtung Compofrío und Aracena ab.

einer mit Estación FFCC beschilderten Abzweigung. Halten Sie sich danach an der nächsten Kreuzung links, und lassen Sie die Straße nach Canaleja links liegen. An der Kreuzung mit der N433, der Straße von Sevilla nach Portugal, biegen Sie rechts in Richtung Aracena und Sevilla ab. Nach zwei Kilometern folgt die Abfahrt nach Jabugo, wohin Sie einen Abstecher machen.

5–6
Das ruhige und beschauliche Dorf **Jabugo** ist das Zentrum der Schinkenindustrie. Sobald Sie die ersten Gebäude der Stadt sehen, sollten Sie am Schild »Centro Urbano« rechts abbiegen und einen Parkplatz suchen. Spazieren Sie die Straße hinauf, und halten Sie sich links, biegen Sie abermals links ab, und gehen Sie durch die Calle Silencio zu einer Straße, wo alle möglichen Wurstwaren verkauft werden.

Kleine Pause

Am Hauptplatz von Almonaster kann man gemütlich in der Bar **Buenos Aires** zu Mittag essen. In Jabugo kommt in allen Lokalen *jamón* auf den Tisch – bei den Preisen vergeht einem allerdings oft der Appetit.

Praktisches

Websites
• Fremdenverkehrsbehörde von Spanien:
www.tourspain.es
• Links zu Sites von Andalusien:
www.andalucia.org

• Allgemeine Informationen über Andalusien:
www.andalucia.com

Deutschland
Spanisches Fremden-verkehrsamt
Kurfürstendamm 63 (5. OG)
D-10707 Berlin
☎ (030) 88 26 543
Fax 88 26 661

REISEVORBEREITUNG

WICHTIGE PAPIERE

● Erforderlich
○ Empfohlen
▲ Nicht erforderlich

	Deutschland	Österreich	Schweiz
Pass/Personalausweis	●	●	●
Visum	▲	▲	▲
Weiter- bzw. Rückflugticket	▲	▲	▲
Impfungen (Tetanus und Polio)	▲	▲	▲
Krankenversicherung (➤ 190, Gesundheit)	●	●	●
Reiseversicherung	○	○	○
Führerschein (national)	●	●	●
Kfz-Haftpflichtversicherung (eigenes Auto)	●	●	●
Fahrzeugschein (eigenes Auto)	●	●	●

REISEZEIT

Andalusien

Hauptsaison   Nebensaison

JAN	FEB	MÄRZ	APRIL	MAI	JUNI	JULI	AUG	SEPT	OKT	NOV	DEZ
16 °C	17 °C	18 °C	21 °C	23 °C	27 °C	29 °C	29 °C	27 °C	23 °C	19 °C	17 °C

☀ Sonnig   Bedeckt   Regnerisch   Wechselhaft

Die Temperaturangaben beziehen sich auf die **durchschnittliche Tageshöchsttemperatur** in jedem Monat. An Ostern ist es in der Regel sonnig, aber noch nicht zu heiß; die Quartiere sind in den Städten oft ziemlich ausgebucht. Günstigste Reisezeiten sind Mai und Anfang Juni, dann scheint meist die Sonne bei durchschnittlichen Tagestemperaturen von 23 bis 25 °C. Es sind auch noch nicht zu viele Touristen unterwegs, und die Auswahl an Unterkunftsmöglichkeiten ist groß. Hauptsaison ist im Juli und August, wenn es am heißesten ist. Die Andalusier machen im August Ferien, es kommt dann zu einer regelrechten Völkerwanderung ans Meer. September und Oktober können herrlich sein, die Sonne scheint bis weit in den Herbst hinein. Im Winter sind die Temperaturen an der Küste und in tiefer liegenden Gebieten angenehm, in den Bergen kann es jedoch kalt werden.

Österreich
Spanisches Fremdenver-
kehrsamt
Walfischgasse 8
A-1010 Wien
☎ (01) 512 95 80
Fax 512 95 81

Schweiz
Spanisches Fremdenver-
kehrsamt
Seefeldstr. 19
CH-8008 Zürich
☎ (44) 253 60 50
Fax 252 62 04

ANREISE

Mit dem Flugzeug: Von den meisten Flughäfen werden preiswerte Charterflüge nach Málaga angeboten, beispielsweise von Tuifly oder LTU. Wer nach Sevilla, Almería, Granada oder Jerez de la Frontera fliegen möchte, nimmt einen Linienflug von Iberia, wobei man in Madrid oder Barcelona umsteigen muss; außerdem bieten Lufthansa, Swissair und Austrian Airlines Verbindungen an. Auf jeden Fall lohnt es sich, nach einem Sondertarif Ausschau zu halten. Die Flugzeiten liegen bei rund zweieinhalb Stunden.

Mit der Bahn: Man kann über Basel, Genf, Lyon und Port Bou nach Barcelona und weiter nach Málaga fahren oder die Strecke über Madrid wählen; nach Sevilla verkehrt von dort ein Hochgeschwindigkeitszug. Auf 30 bis 35 Stunden Reisezeit sollte man sich einstellen. Es ist außerdem schwierig, für die Züge innerhalb Spaniens von Deutschland aus Platzkarten oder gar Liege- bzw. Schlafwagen zu reservieren.

Mit dem Bus: Die Deutsche Touring GmbH bietet regelmäßig und häufig Direktverbindungen von vielen deutschen Städten nach Málaga und Sevilla an. Auch in der Schweiz und Österreich gibt es Veranstalter. Die Busse sind bequem und klimatisiert, die Preise akzeptabel.

Mit dem Auto: Nach Andalusien kann man über Madrid fahren oder die küstennahe Autobahn (gebührenpflichtig) benutzen. Wegen der langen Anreise von zwei bis drei Tagen stellen Autoreisezüge eine gute Alternative dar.

ZEIT

In Andalusien gilt die Mitteleuropäische Zeit (MEZ); es besteht somit kein Zeitunterschied. Auch auf die Sommerzeit wird parallel umgestellt.

WÄHRUNG

Währung: Die offizielle Währung ist der Euro (€).
Bei Münzen erhalten Sie Stücke zu 1, 2, 5, 10, 20 und 50 Cents sowie 1 und 2 Euros.
Scheine gibt es zu 5, 10, 20, 50, 100, 200 und 500 Euros.

Geldwechsel: Reiseschecks und die gängigen Kreditkarten wie VISA, MasterCard und Diners Club werden in den meisten Hotels und Geschäften akzeptiert. Reiseschecks wechseln Banken oder auch die jeweilige Hauptpost in den Städten gegen Gebühr ein. Mit Euroscheck- und Kreditkarten kann man auch an Geldautomaten Geld abheben.

ZEITUNTERSCHIED

 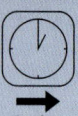   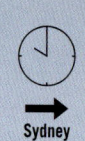

GMZ	Sevilla	New York	USA Westküste	Berlin	Sydney
12 Uhr	13 Uhr	7 Uhr	4 Uhr	13 Uhr	22 Uhr

DAS WICHTIGSTE VOR ORT

KONFEKTIONSGRÖSSEN

Spanien	Deutschland	
46	46	**Anzüge**
48	48	
50	50	
52	52	
54	54	
56	56	
8	41	**Schuhe**
8.5	42	
9.5	43	
10.5	44	
11.5	45	
12	46	
37	37	**Hemden**
38	38	
39/40	39/40	
41	41	
42	42	
43	43	
36	36	**Kleider**
38	38	
40	40	
42	42	
44	44	
46	46	
6	38	**Schuhe**
6.5	38	
7	39	
7.5	39	
8	40	
8.5	41	

FEIERTAGE

1. Januar	Neujahrstag
6. Januar	Dreikönig
28. Februar	Andalusientag (regional)
April/Mai	Ostern
1. Mai	Tag der Arbeit
24. Juni	Johannisfest (regional)
25. Juli	Jakobi (regional)
15. August	Mariä Himmelfahrt
12. Oktober	Nationalfeiertag
1. November	Allerheiligen
6. Dezember	Verfassungstag
8. Dezember	Mariä Empfängnis
25. Dezember	Weihnachten

ÖFFNUNGSZEITEN

○ Geschäfte   ● Kirchen
● Büros   ● Museen/Denkmäler
● Banken   ● Apotheken

tagsüber	mittags	abends

Kaufhäuser, große Supermärkte und Geschäfte in Ferienorten haben von 10 bis 20 Uhr, manchmal sogar bis 21 oder 22 Uhr geöffnet. Bis auf den ersten Sonntag eines Monats haben alle Läden am Sonntag geschlossen, einige zudem im August. Einige Banken öffnen auch samstags (Okt. – Mai) von 8.30 bis 13 Uhr. Die Öffnungszeiten der Museen schwanken sehr. Generell ist im Sommer länger offen, viele Museen schließen am Sonntagnachmittag, einige auch am Samstagnachmittag, außerdem ist häufig montags zu. EU-Bürger haben oft freien Eintritt, wenn sie ihren Pass vorzeigen. **Aber Achtung: Die Öffnungszeiten können sich stets ändern.**

POLIZEI (Policía Nacional) 091; (Policía Local) 092

FEUERWEHR (Bomberos) 080

KRANKENWAGEN (Ambulancia) 061

SICHERHEIT

Taschendiebe treiben ihr Unwesen, schnell wird die Tasche oder der Fotoapparat entrissen, unbeaufsichtigtes Gepäck gestohlen oder das Auto aufgebrochen. Jedes Vergehen sollte der Polizei (Policía Nacional) gemeldet werden, die an blauen Uniformen zu erkennen ist. Einige Vorsichtsmaßnahmen:

• Keine Wertsachen am Strand oder am Pool lassen.
• Alle Wertsachen im Hotelsafe deponieren.
• Handtaschen und Fotoapparate nicht über der Schulter, sondern quer über die Brust am Riemen tragen.
• Nachts einsame und zwielichtige Viertel meiden.

Polizei:
☎ **091**
von jedem Telefon

TELEFONIEREN

wählt werden muss, ganz gleich, von wo aus man anruft. Für viele öffentliche Telefone (*teléfonos públicos*) benötigt man eine Telefonkarte (*tarjeta telefónica*), die in Postämtern und an Kiosken für 6 oder 12 € erhältlich ist.

Die Telefonnummern in Spanien bestehen einheitlich aus neun Ziffern, wobei die frühere Vorwahl mit der vorangestellten 9 immer mitge-

Internationale Vorwahlnummern:
Deutschland: 00 49
Österreich: 00 43
Schweiz: 00 41
Spanien: 00 34

POST

Postämter (*correos*) sind in der Regel von 9 bis 14 Uhr geöffnet, am Samstag nur bis 13 Uhr. In den großen Touristenzentren gelten oft erweiterte Öffnungszeiten. Die Hauptpost von Málaga ist in der Avenida de Andalucía (Tel. 952 35 90 08). Briefmarken (*sellos*) gibt's auch am Kiosk.

ELEKTRIZITÄT

Die Stromspannung liegt bei 220/230 Volt, in älteren Gebäuden und Badezimmern oft

auch bei 110/120 Volt. Für Geräte mit Schukosteckern benötigt man einen Adapter.

TRINKGELD

Nicht für alle Dienstleitungen wird ein Trinkgeld erwartet, außerdem ist der Betrag in Spanien eher gering. Als Faustregel gilt:

Restaurants (Service nicht inklusive)	5–10%
Cafés/Imbiss	Wechselgeld
Reiseleiter	Kleingeld
Taxi	2–3%
Zimmermädchen	Kleingeld
Gepäckträger	Kleingeld
Garderoben	Kleingeld

BOTSCHAFTEN und KONSULATE

Deutschland
☎ 952 36 35 91
(Málaga)

Österreich
☎ 954 98 74 76
(Sevilla)

Schweiz
☎ 64 50 10 303 (Mobil)
(Málaga)

GESUNDHEIT

Krankenversicherung: Bei deutschen oder österreichischen Krankenkassen Versicherte benötigen die EHIC (European Health Insurance Card). Schweizer Staatsbürger und privat Versicherte reichen die Originalrechung zu Hause bei der jeweiligen Versicherung ein. Zusätzliche private Reisekrankenversicherung ist ratsam.

Zahnarzt: Zahnärztliche Behandlungen sind in der Regel bar zu bezahlen, da Zahnärzte privat praktizieren. Eine Liste mit *dentistas* findet sich im örtlichen Branchenbuch. Reisekrankenversicherungen übernehmen die Kosten für Notfallbehandlungen.

Sonneneinstrahlung: Die sonnigsten und heißesten Monate sind Juli und August, wenn die Temperaturen auf weit über 30 °C klettern. Meiden Sie die Sonne über Mittag und verwenden Sie Sonnencreme mit einem hohen Lichtschutzfaktor.

Medikamente: In den Apotheken (*farmacias*, erkennbar am grünen Kreuz) gibt es verschreibungspflichtige und frei verkäufliche Medikamente. In Spanien sind mehr Medikamente frei verkäuflich als in anderen Ländern.

Trinkwasser: Man kann das gechlorte Wasser aus dem Wasserhahn ohne Bedenken trinken; doch kann es leichte Magenbeschwerden hervorrufen. Mineralwasser (*agua mineral*) ist billig und überall zu haben.

ERMÄSSIGUNGEN

Studenten/Jugendliche: Wer einen Internationalen Studentenausweis besitzt, bekommt auf Reisen, Eintritte etc. eine Ermäßigung; die Costa del Sol hat sich in dieser Hinsicht allerdings nicht auf Studenten eingestellt.

Senioren: Für ältere Reisende ist die Costa del Sol das ideale Ziel. Die Reisebüros halten maßgeschneiderte Angebote bereit, außerdem gibt es im Winter die Möglichkeit zu Langzeitaufenthalten. Am besten ist man wohl mit einem Reiseunternehmen beraten, das spezielle Seniorenreisen anbietet.

EINRICHTUNGEN FÜR BEHINDERTE

In Andalusien verbessern sich die Bedingungen für behinderte Reisende allmählich – immer mehr Hotels verfügen über Zufahrtsrampen und Lifte. Informationen erhält man bei Health-Media e.V., (www.handicap-info.de) oder Cruz Roja (Rotes Kreuz Spanien), Tel. 915 33 45 31.

KINDER

Kinder sind in Spanien stets gern gesehen und in den meisten Cafés und Restaurants willkommen. Bei vielen Sehenswürdigkeiten ist der Eintritt für Kinder ermäßigt oder ganz frei.

TOILETTEN

Es gibt nur wenige öffentliche Toiletten, man kann jedoch einfach in ein Café gehen, selbst wenn man dort nichts verzehren will. Ausgeschildert sind Toiletten mit *Aseos* bzw. *Servicios* für *Señoras* (Damen) oder *Caballeros* (Herren).

ZOLL

Die Ausfuhr von Souvenirs, für welche seltene oder gefährdete Tierarten verwendet wurden, ist entweder verboten oder bedarf einer besonderen Genehmigung. Erkundigen Sie sich vor dem Kauf.

IMMER ZU GEBRAUCHEN

Ja/nein **Sí/no**
Bitte **Por favor**
Danke **Gracias**
Keine Ursache/gern **De nada**
Hallo **Hola**
Auf Wiedersehen **Adiós**
Guten Morgen **Buenos días**
Guten Tag (nach 12 Uhr)
   Buenas tardes
Guten Abend **Buenas noches**
Wie geht's? **¿Qué tal?**
Wie viel kostet das? **¿Cuánto vale?**
Tut mir Leid **Lo siento**
Verzeihung **Perdone**
Ich würde gern… **Me gustaría…**
Offen **Abierto**
Geschlossen **Cerrado**

Heute **Hoy**
Morgen **Mañana**
Gestern **Ayer**
Montag **Lunes**
Dienstag **Martes**
Mittwoch **Miércoles**
Donnerstag **Jueves**
Freitag **Viernes**
Samstag **Sábado**
Sonntag **Domingo**

NACH DEM WEG FRAGEN

Ich habe mich verlaufen
   Me he perdido
Wo ist…? **¿Dónde está?**
Wie komme ich…?
   ¿Cómo se va…?
zur Bank **al banco**
zur Post **a la oficina de correos**
zum Bahnhof **a la estación de trenes**

Wo sind die Toiletten?
   ¿Dónde están los servicios?
Links **a la izquierda**
Rechts **a la derecha**
Geradeaus **todo recto**
An der Ecke **en la esquina**
An der Ampel **en el semáforo**
An der Kreuzung **en la intersección**

IM NOTFALL

Hilfe! **¡Socorro! / ¡Ayuda!**
Könnten Sie mir bitte helfen?
   ¿Podría ayudarme, por favor?
Sprechen Sie Deutsch?
   ¿Habla aleman?
Ich verstehe (Sie) nicht **No comprendo**
Ich spreche nicht Spanisch **No hablo
   español**
Könnten Sie bitte einen Arzt rufen?
   **¿Podría llamar a un médico,
   por favor?**

ÜBERNACHTEN

Haben Sie ein Einzel-/Doppelzimmer?
   **¿Le queda alguna habitación
   individual/doble?**
mit/ohne Bad/WC/Dusche
   **con/sin baño propio/lavabo
   propio/ducha propia**
Ist das Frühstück inbegriffen?
   ¿Incluye el desayuno?
Kann ich das Zimmer ansehen?
   ¿Puedo ver la habitación?
Ich nehme das Zimmer
   Me quedo con esta habitación
Den Schlüssel für Zimmer…, bitte
   La llave de la habitación…, por favor
Danke für Ihre Gastfreundschaft
   Muchas gracias por la hospitalidad

ZAHLEN

1	**uno**	11	**once**	21	**veintiuno**	200	**doscientos**
2	**dos**	12	**doce**	22	**veintidós**	300	**trescientos**
3	**tres**	13	**trece**	30	**treinta**	400	**cuatrocientos**
4	**cuatro**	14	**catorce**	40	**cuarenta**	500	**quinientos**
5	**cinco**	15	**quince**	50	**cincuenta**	600	**seiscientos**
6	**seis**	16	**dieciséis**	60	**sesenta**	700	**setecientos**
7	**siete**	17	**diecisiete**	70	**setenta**	800	**ochocientos**
8	**ocho**	18	**dieciocho**	80	**ochenta**	900	**novecientos**
9	**nueve**	19	**diecinueve**	90	**noventa**	1000	**mil**
10	**diez**	20	**veinte**	100	**cien**		

IM RESTAURANT

Ich würde gern einen Tisch reservieren
Me gustaría reservar una mesa
Haben Sie einen Tisch für zwei Personen, bitte?
?Tienen una mesa para dos personas, por favor?
Würden Sie uns bitte die Speisekarte bringen?
?Nos podría traer la carta, por favor?
Die Rechnung, bitte
La cuenta, por favor

Bedienung inklusive
Servicio incluido
Frühstück **el desayuno**
Mittagessen **el almuerzo**
Abendessen **la cena**
Kellner/Kellnerin **camarero/camarera**
Vorspeise **los entremeses**
Hauptgericht **el plato principal**
Nachspeise **el postre**
Tagesgericht **plato del día**
Rechnung **la cuenta**

SPEISEKARTE

aceituna Olive
ajo Knoblauch
alcachofa Artischocke
almejas Muscheln
almendras Mandeln
anguila Aal
arroz Reis
atún/bonito Thunfisch
bacalao Kabeljau
berenjena Aubergine
biftec Steak
bocadillo Sandwich
boquerones Sardellen
calamares Tintenfisch (gegrillt)
caldo Fleischbrühe
callos Kutteln
cangrejo Krebs
cebolla Zwiebel
cerdo Schweinefleisch
cerezas Kirschen
cerveza Bier
champiñones Champignons
chorizo würziges Würstchen
chuleta Kotelett
churros frittiertes Gebäck
ciruela Pflaume
cochinillo asado

Spanferkel
codorniz Wachtel
conejo Kaninchen
cordero Lamm
crema Sahne
criadillas Hoden
crudo roh
endibia Chicorée
ensalada (mixta) (gemischter) Salat
ensaladilla rusa russischer Salat
espárragos Spargel
espinaca Spinat
fideos Nudeln
filete Filet
flan Karamellpudding
frambuesa Himbeere
fresa Erdbeere
fruta (de temporada) Früchte (der Saison)
galleta Keks
gambas Shrimps
garbanzos Kichererbsen
gazpacho andaluz kalte Gemüsesuppe
grosellas rote/schwarze Johannisbeeren
guisantes Erbsen
habas Saubohnen

helado Eis
hígado de oca Gänseleber
huevos fritos/revueltos Spiegelei, Rührei
jamón Schinken
judías verdes grüne Bohnen
jugo Saft
langostino Languste
leche Milch
lechuga Kopfsalat
legumbres Gemüse
lengua Zunge
lenguado Seezunge
liebre Hase
lomo de cerdo Schweinelende
manzana Apfel
mariscos Meeresfrüchte
mejillones Miesmuscheln
melocotón Pfirsich
melón Melone
merluza Seehecht
mero Zackenbarsch
morcilla Blutwurst
pan Brot
pato Ente
pepino Gurke
pepinillos Essig-

gurken
pera Birne
perejil Petersilie
pez espada Schwertfisch
pescado Fischgericht
pimientos roter/grüner Paprika
piña Ananas
plátano Banane
pollo Huhn
puerro Lauch
pulpo Tintenfisch
queso Käse
rape Seeteufel
riñones Niere
salchicha Würstchen
salchichón Hartwurst
salmonete Meerbarbe
solomillo de buey Rinderfilet
sopa Suppe
tocino Speck
tortilla española Omlette mit Kartoffeln
tortilla francesa Omlette natur
trucha Forelle
verduras grünes Gemüse
zanahorias Karotten

Reiseatlas

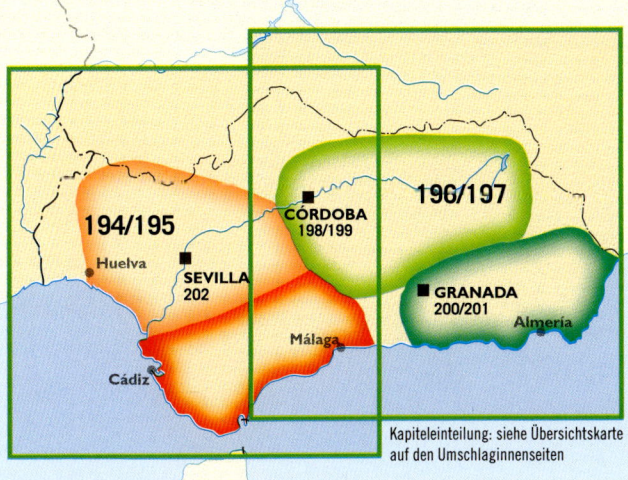

194/195

Huelva
SEVILLA
202

Cádiz

CÓRDOBA
198/199

Málaga

196/197

GRANADA
200/201
Almería

Kapiteleinteilung: siehe Übersichtskarte
auf den Umschlaginnenseiten

Reiseatlas

—··— Staatsgrenze
—·— Sonstige Grenze
━━━ Hauptstrecke
━━━ Autobahn
━━━ Hauptstraße
━━━ Nebenstraße
▫ Große Stadt
▫ Wichtige Stadt
○ Stadt
○ Dorf
▬ Nationalpark

■ Sehenswürdigkeit (im Text)
▪ Sehenswürdigkeit
◗ Stadtgebiet

Cityplan

━━━ Hauptstrecke
····· Nebenstraße
▬ Park
▬ Wichtiges Gebäude
■ Sehenswürdigkeit (im Text)
i Information

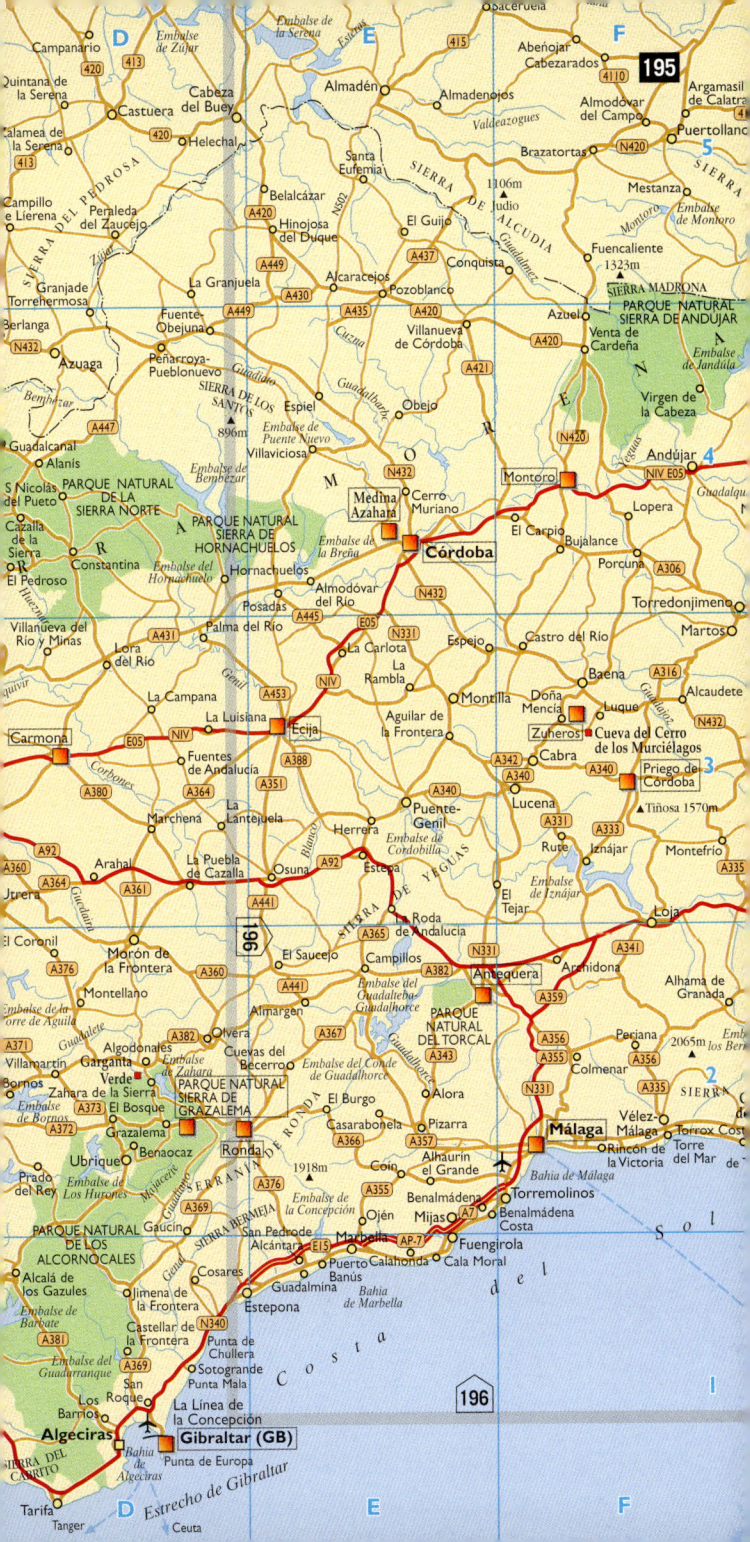

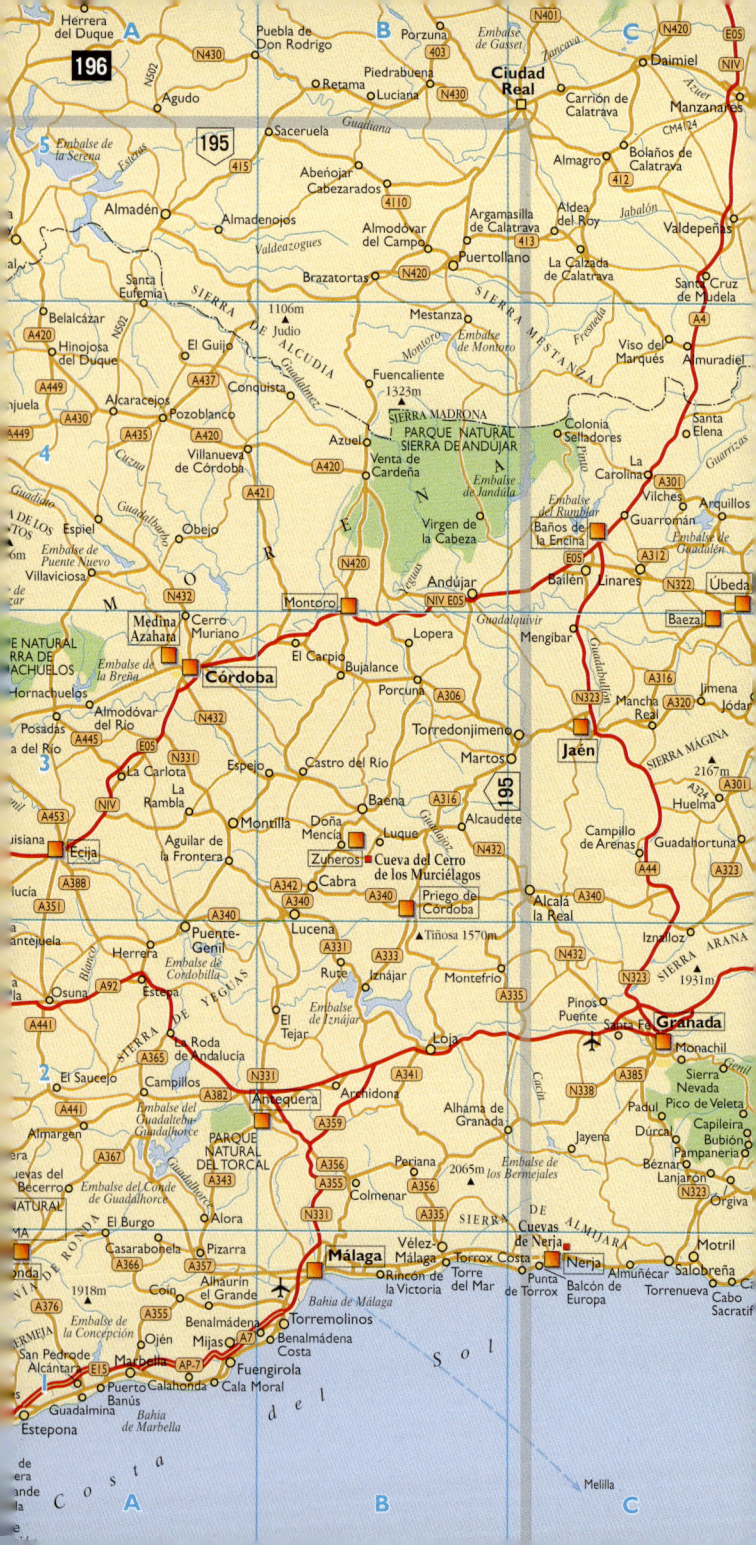

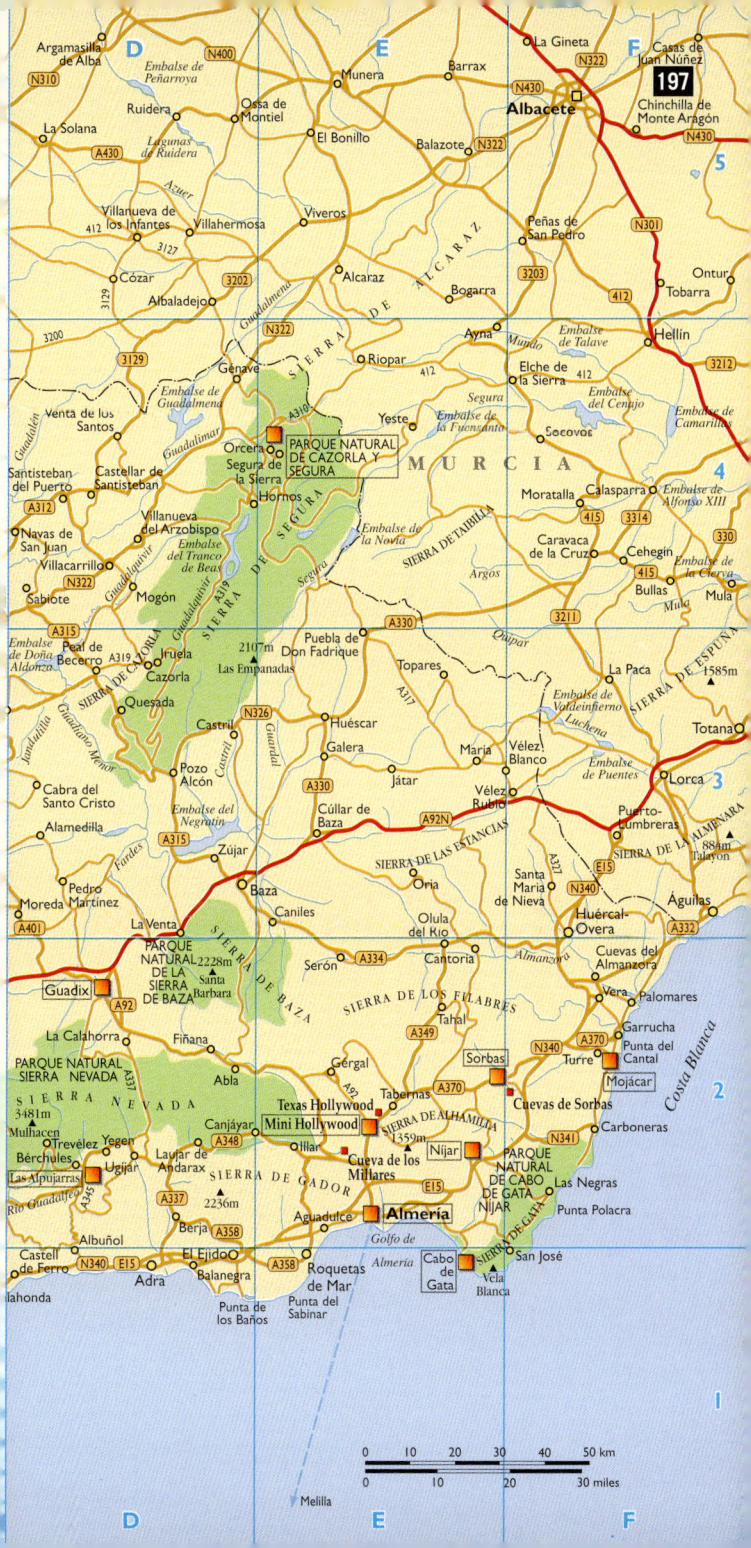

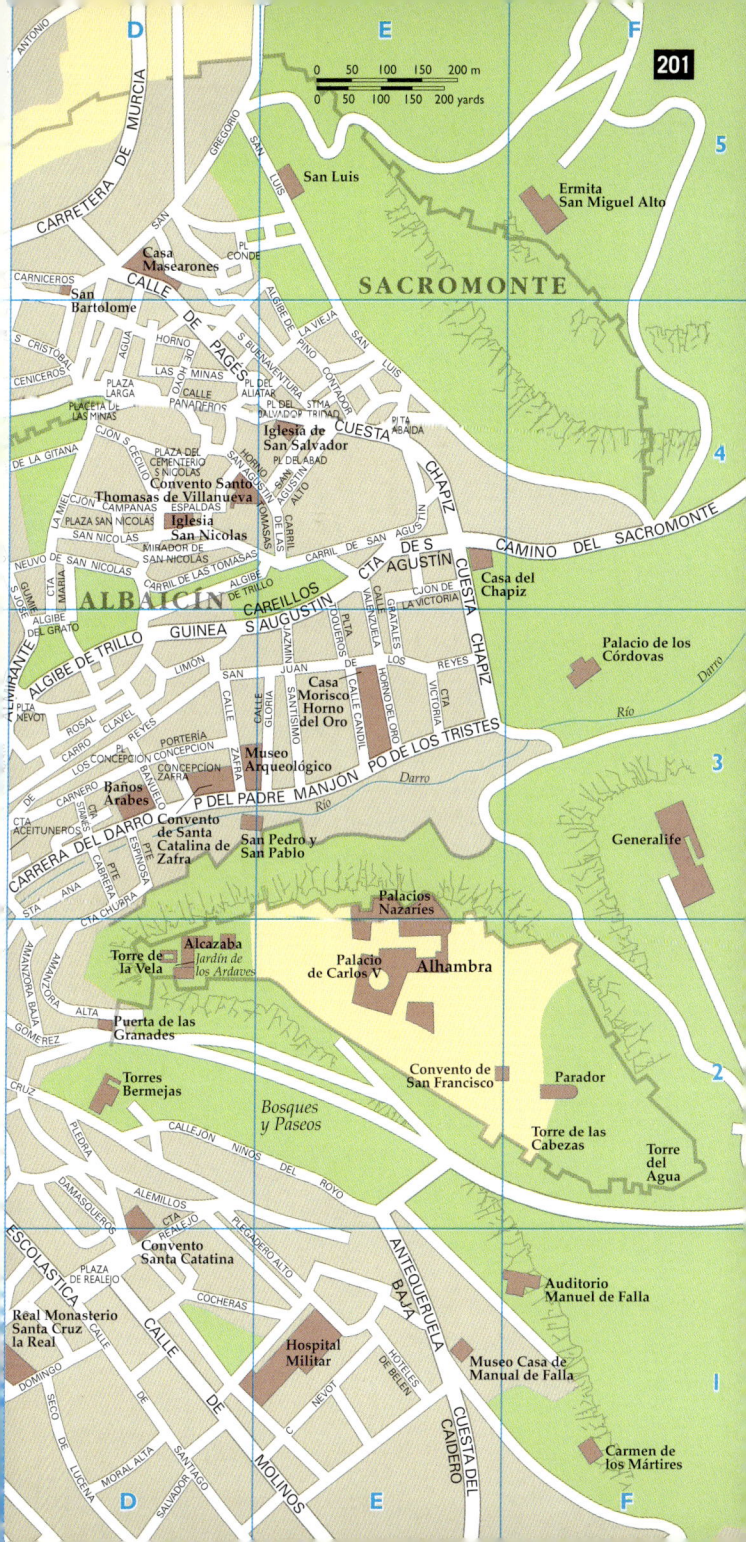

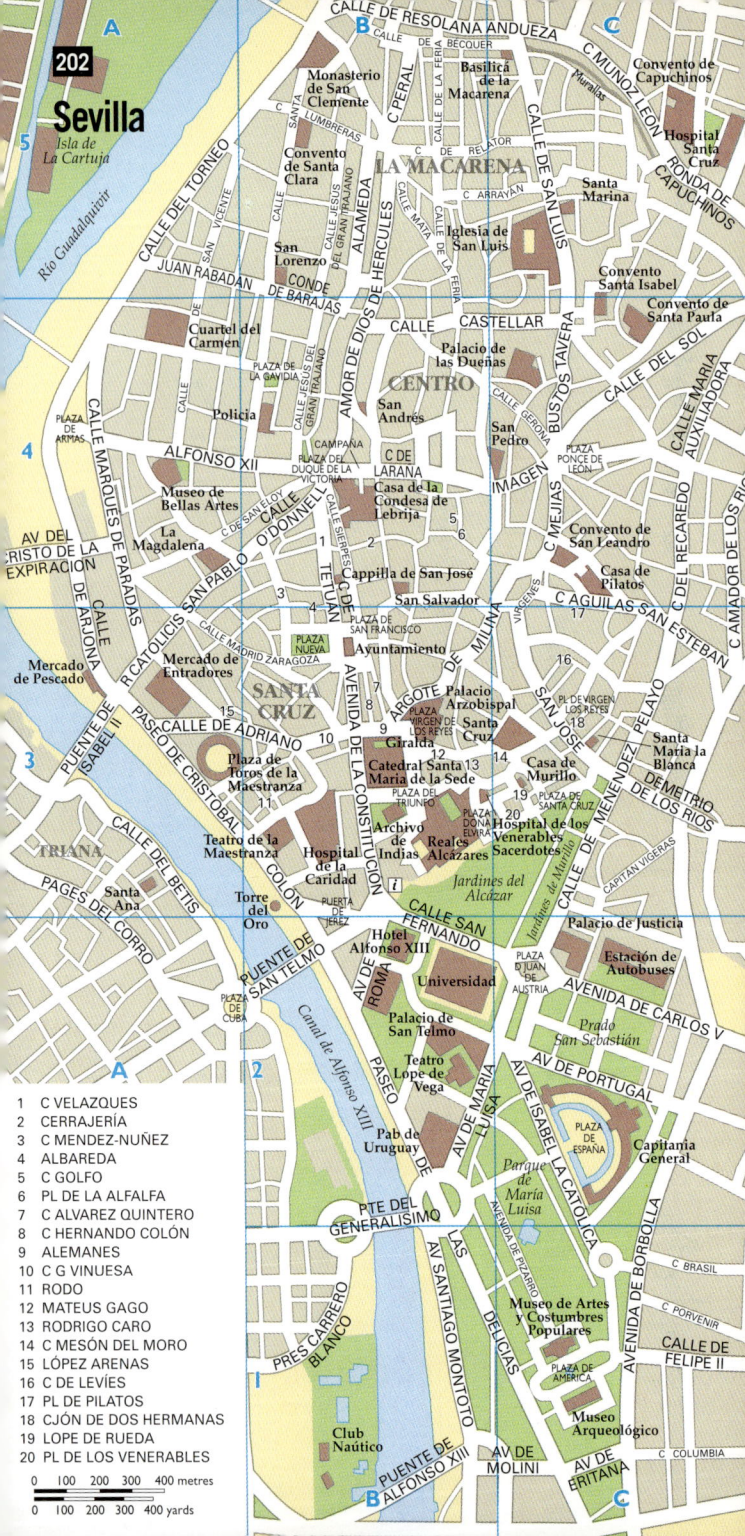

202

Sevilla

Isla de
La Cartuja

Río Guadalquivir

CALLE DE RESOLANA ANDUEZA

C MUÑOZ LEÓN

Convento de
Capuchinos

Monasterio
de San
Clemente

Basílica
de la
Macarena

Hospital
Santa
Cruz

Convento
de Santa Clara

LA MACARENA

RONDA DE CAPUCHINOS

Santa
Marina

San
Lorenzo

Iglesia de
San Luis

Convento
Santa Isabel

JUAN RABADÁN

CONDE DE BARAJAS

Convento de
Santa Paula

Cuartel del
Carmen

CALLE CASTELLAR

CALLE DEL SOL

PLAZA DE
LA GAVIDIA

Palacio de
las Dueñas

CENTRO

CALLE MARÍA
AUXILIADORA

Policía

San
Andrés

San
Pedro

PLAZA
PONCE DE
LEÓN

PLAZA
DE
ARMAS

ALFONSO XII

C DE
LARANA

CAMPANA

PLAZA DEL
DUQUE DE LA
VICTORIA

Convento de
San Leandro

AV DEL
CRISTO DE LA
EXPIRACIÓN

Museo de
Bellas Artes

Casa de la
Condesa de
Lebrija

Casa de
Pilatos

La
Magdalena

O'DONNELL

TETUÁN

Cappilla de San José

C DE RECAREDO

C AMADOR DE LOS RÍOS

Mercado
de Pescado

Mercado
de Entradores

San Salvador

C AGUILAS

SAN ESTEBAN

SANTA
CRUZ

PLAZA DE
SAN FRANCISCO

Ayuntamiento

Palacio
Arzobispal

Santa
María la
Blanca

Teatro de la
Maestranza

CALLE DE ADRIANO

AVENIDA DE LA CONSTITUCIÓN

Argote

Giralda

Santa
Cruz

Casa de
Murillo

DEMETRIO DE LOS RÍOS

Plaza
de
Toros de la
Maestranza

Catedral Santa
María de la Sede

PLAZA DEL
TRIUNFO

Hospital de los
Venerables
Sacerdotes

TRIANA

Archivo
de
Indias

Reales
Alcázares

PLAZA DE
SANTA CRUZ

Hospital
de la
Caridad

Jardines del
Alcázar

Palacio de Justicia

Santa
Ana

Torre
del
Oro

PUERTA DE
JEREZ

CALLE SAN
FERNANDO

Estación de
Autobuses

PAGES DEL CORRO

CALLE DEL BETIS

COLÓN

PUENTE DE
SAN TELMO

Hotel
Alfonso XIII

Universidad

AVENIDA DE CARLOS V

PLAZA
DE CUBA

Palacio de
San Telmo

Teatro
Lope de
Vega

Prado
San Sebastián

Canal de Alfonso XIII

Pab de
Uruguay

AV DE PORTUGAL

PTE DEL
GENERALÍSIMO

PLAZA
DE
ESPAÑA

Capitanía
General

Parque
de
María
Luisa

CALLE DE FELIPE II

Museo de Artes
y Costumbres
Populares

PLAZA
DE
AMÉRICA

Club
Náutico

Museo
Arqueológico

PUENTE DE
ALFONSO XIII

AV DE
MOLINI

0 100 200 300 400 metres
0 100 200 300 400 yards

Abbildungsnachweis

Die Automobile Assiciation dankt den nachfolgend aufgeführten Fotografen und Agenturen für ihre Unterstützung bei der Herstellung dieses Buches.
Umschlag: AA Photo Library/Peter Wilson
AKG, LONDON 7u, 22o, 22ml, 22mr, 22u, 25o; ANDALUCIA SLIDE LIBRARY/MICHELLE CHAPLOW 2o, 5, 17, 26u, 27u, 28u, 31o, 46, 49o, 63o, 64u, 92u, 102 (D. Kinnear), 110u, 128, 182, 184; BRIDGEMAN ART LIBRARY, LONDON 116 Ansichten von *maqsura* und *mihrab*, erbaut unter Al-Hakam II., 976 n. Chr. (Foto) Mezquita (Große Moschee) Córdoba, Spanien, 149 *Die Apotheose des hl. Thomas von Aquin*, 1631 von Francisco de Zurbaran (1598–1664) Museo de Bellas Artes, Sevilla, Spanien; CORBIS UK LTD 9o (Adam Woolfitt), JAMES DAVIS TRAVEL PHOTOGRAPHY 2mu, 45, 92o; ROGER DAY 79o; MARY EVANS PICTURE LIBRARY 8m, 9m, 15o, 15u, 23, 24l; EYE UBIQUITOUS 18o, 19o, 19u, 20o, 30o, 115, 146/147, 147, 161o, 172; DES HANNIGAN 3mu, 7o, 50o, 55, 59o, 60, 66, 87, 94, 96o, 100/101, 114o, 118, 120, 120/121, 124m, 138u, 141r, 162, 169, 170, 171l, 171r, 173, 175, 176, 179; HULTON GETTY 13, 24r, 25u; MUSEO DEL BANDOLERO 10or, 10m; PICTURES COLOUR LIBRARY 2mo, 2u, 3o, 3u, 20m, 33, 61o, 77, 81o, 84, 90, 93, 109, 125, 141l, 156, 161u, 185; POWERSTOCK/ZEFA 20u; REAL ESCUELA ANDALUZA DE ARTE ECUESTRE, JEREZ 57o Fotografie zur Verfügung gestellt von der Königlichen Schule; REX FEATURES LTD 6u, 14, 18u; THE ARTARCHIVE 49mr, 88/89, 119; THE TRAVEL LIBRARY 25o, 49ml, 78, 97, 99, 101, 112o, 139; PETER WILSON 85, 112u; WORLD PICTURES LTD 10–12, 21, 28/29, 56, 79u, 80/81, 82/83o, 96u.
Alle anderen Abbildungen stammen aus dem Archiv der Automobile Association (AA PHOTO LIBRARY) und wurden von PETER WILSON fotografiert, mit Ausnahme von:
Michelle Chaplow 8o, 27o, 27m, 47u, 49u, 52, 80u, 88, 100, 110o, 111, 113o, 113u, 121, 127o, 127u, 128-130, 129, 140u, 160u, 178, 189o, 189mr; Jerry Edmanson 29, 53, 82/83u, 84/85, 86, 126, 140o, 146, 151, 158/159; Max Jourdan 16; Andrew Molyneux 142r, 144/145, 145; Jens Poulsen 65u; Douglas Robertson 6o, 8u, 59m, 81m, 89, 91, 94/95, 103, 114u, 122, 123, 160o, 180, 181; Clive Sawyer 31u; Rick Strange 159; Nick Summer 124u; James Tims 47o, 47m, 48r, 50u, 61u, 62, 63u, 64o, 65o, 189ml.

Abkürzungen: (o) oben; (u) unten; (l) links; (r) rechts; (m) Mitte.

Danksagung

Des Hannigan dankt den hilfsbereiten Mitarbeitern der Touristenbüros in Almería und Córdoba, den Touristenämtern in Cádiz, Jerez de la Frontera, Sanlúcar de Barrameda und Granada. Spezieller Dank geht auch an Paula Moreno Robledo aus Carmona und Cele Cuesta aus Montefrío sowie an Ana Griffin, Pam und Rob Murray, Josephine Quintero und zahlreiche Freunde in Andalusien, die zum Gelingen des vorliegenden Bandes maßgeblich beigetragen haben.

NATIONAL GEOGRAPHIC

Leserbefragung

Ihre Ratschläge, Urteile und Empfehlungen sind für uns sehr wichtig. Wir bemühen uns, unsere Reiseführer ständig zu verbessern. Wenn Sie sich ein paar Minuten Zeit nehmen, diesen kleinen Fragebogen auszufüllen, könnten Sie uns sehr dabei helfen.

Wenn Sie diese Seite nicht herausreißen möchten, können Sie uns auch eine Kopie schicken, oder Sie notieren Ihre Hinweise einfach auf einem separaten Blatt.

Bitte senden Sie Ihre Antwort an:
NATIONAL GEOGRAPHIC SPIRALLO-REISEFÜHRER, MAIRDUMONT GmbH & Co. KG,
Postfach 31 51, D-73751 Ostfildern,
E-Mail: spirallo@nationalgeographic.de

Über dieses Buch...
NATIONAL GEOGRAPHIC SPIRALLO-REISEFÜHRER **Andalusien**

Wo haben Sie das Buch gekauft? _____

Wann? Monat / Jahr

Warum haben Sie sich für einen Titel dieser Reihe entschieden? _____

_____

_____

_____

_____

_____

_____

_____

Wie fanden Sie das Buch?

Hervorragend ☐   Genau richtig ☐   Weitgehend gelungen ☐   Enttäuschend ☐

Können Sie uns Gründe angeben?

_____

_____

_____

_____

_____

_____

_____

_____

Bitte umblättern...

Hat Ihnen etwas an diesem Führer ganz besonders gut gefallen?

_____

_____

_____

_____

_____

Was hätten wir besser machen können?

_____

_____

_____

_____

_____

Persönliche Angaben

Name _____

Adresse _____

_____

_____

Zu welcher Altersgruppe gehören Sie?
Unter 25 ☐   25–34 ☐   35–44 ☐   45–54 ☐   55–64 ☐   Über 65 ☐

Wie oft im Jahr fahren Sie in Urlaub?
Seltener als einmal ☐   Einmal ☐   Zweimal ☐   Dreimal oder öfter ☐

Wie sind Sie verreist?
Allein ☐   Mit Partner ☐   Mit Freunden ☐   Mit Familie ☐

Wie alt sind Ihre Kinder? _____

Über Ihre Reise …

Wann haben Sie die Reise gebucht? Monat / Jahr

Wann sind Sie verreist? Monat / Jahr

Wie lange waren Sie verreist? _____

War es eine Urlaubsreise oder ein beruflicher Aufenthalt? _____

Haben Sie noch weitere Reiseführer gekauft? ☐ Ja   ☐ Nein

Wenn ja, welche? _____

_____

Herzlichen Dank dafür, dass Sie sich die Zeit genommen haben, diesen Fragebogen
auszufüllen.